U0504561

本书是全国教育科学"十三五"规划 2018 年度立项
教育部重点课题"中国传统家庭文化的现代教育价值研究"
（课题批准号：DAA180297）的研究成果

中国传统家庭文化的现代教育价值研究

张立驰 等著

上海三联书店

目　　录

序　言

如果说家庭是社会的细胞,那么文化就是家庭的血液。伴随着人们对文化研究热度的不断增加,家庭文化日渐成为新时期文化研究的一个新课题。如何让传统家庭文化得以体现其现实的教育价值,在促进文化育人的同时,探索优秀传统文化的传承与转化,为现代教育、社会发展提供有益的精神营养,是国内外文化研究者和教育工作者共同面对的一个现实问题,也是新时期党委政府高度重视的一个重大问题。淮北师范大学党委书记张立驰博士的著作《中国传统家庭文化的现代教育价值研究》就是在此方面所做的一个有益尝试和探索。

2016 年 12 月 12 日,习近平总书记在会见第一届全国文明家庭代表时指出:"家庭是人生的第一个课堂,父母是孩子的第一任老师。孩子们从牙牙学语起就开始接受家教,有什么样的家教,就有什么样的人。家庭教育涉及很多方面,但最重要的是品德教育,是如何做人的教育。也就是古人说的'爱子,教之以义方','爱之不以道,适所以害之也'。"2015 年,印发了《教育部关于加强家庭教育工作的指导意见》;2017 年,中共中央办公厅国务院办公厅印发《关于实施中华优秀传统文化传承发展工程的意见》。以上诸种,无不彰显了家庭、家风、家训、家庭文化传承的重要性以及在育人中的重要作用。

中国传统家庭文化是在绵延几千年的自给自足的农业经济的基础上形成的,其实质上主要是以儒家伦理为指导的文化形态。由于我国传统家庭文化十分注重对家庭成员的教育,因此具有较为丰富的教育学研究价值。传统家庭文化是中华传统文化的重要组成和具体体现，对传统家庭文化的研究和探讨，有利于推进传统文化的现代化；此外，中国传统家庭文化还为研究传统的婚姻、宗族、风俗等问题，提供了原始材料和依据。

《中国传统家庭文化的现代教育价值研究》一书以现代教育"五育并举"的理念为主线，从"德智体美劳"五个方面对中国传统家庭教育做了较为系统和细致的梳理，总结和阐释了中国传统家庭教育的内容、途径、方法和原则，并着重阐释和分析了其对现代教育的启发和影响，具有较强的现实意义。尤应指出，本书在研究中国传统家庭教育及其对现代教育的启发与影响时，力图从文化的视角予以观察和探究，从而使本书的写作具有更深厚的社会历史背景和较为新颖的视角，同时也增加了本书写作的难度。

综观全书，传统家庭文化现代教育的价值大致可以归纳为以下几个方面。一是有利于加深人们对民族和国家的认同，有利于人们强烈的爱国主义情感和爱国情操的培育，有利于建立文化自信；二是促使人们进一步关注新时期的社会伦理建设，使得家庭、传统文化成为现代伦理建设不可或缺的一种社会力量，让家庭伦理规范成为建设新时代伦理的一种重要文化因素；三是挖掘传统家庭文化的现代教育价值，总结基于新媒体、人工智能时代家庭教育的传承与创新路径，有利于促进现代家庭教育的创新，并为新时期学校教育、社会教育提供丰富的文化营养、实践经验和理论思考。

张立驰教授 2007 年—2010 年在北京师范大学攻读博士学位，学习刻苦认真，勤于思考。毕业后回到家乡安徽从事教育研究与管理工作，凭借厚重的理论基础和丰富的管理经验，先后在多所高校担任主要领导，建树颇丰。特别是在皖北工作多年，很是敬业、亦很辛苦，期间应其所邀，曾到其工作的亳州学院调研讲学，称赞其没有把论文写在北京的杂志上，而是用青春和汗水把"论文"写在家乡的大地上。

应张立驰教授所邀，在其承担的"十三五"全国教育规划教育部重点课题研究成果成书之际,欣然备以上文字,希望其继续努力,取得更大成绩。

是为序。

钟秉林

国家教育咨询委员会委员

北京师范大学原校长、教授

2023 年 2 月 26 日

第一章　德：为人之本

第一节　我国传统家庭德育的产生与发展

一、德育与家庭德育

德育作为教育基础的理论概念，在理论界并没有形成完全一致的意见。20 世纪初，德育作为一个新的名词传入我国，学者在德育原有概念的基础上，结合我国道德教育的实际，对德育的概念重新进行了界定，时人唐钺主编的《德育大辞书》认为："德育为教育之一方面，以儿童之道德心之陶冶为目的"；王克仁等编写的《中国教育辞书》中同样指出："道德教育，训练道德品格之教育也，一称德育"。可见，当时德育是教育的一种，是陶冶人心的一种教育，目的在于培养符合时代要求的人。这里的德育并没有指出具体的实施者。新中国成立后，德育与政治教育紧密结合，德育概念又有了新的变化，德育是"教育者按照一定社会或阶级的要求有目的、有计划、系统地对受教育者施加思想、政治、道德影响，通过受教育者积极的认识、体验、身体力行，以形成他们的品德和自我修养能力的教育活动。简而言之，德育就是教师有目的地培养学生品德的活动"。①由此可见，新中国成立后德育概念最大的变化就是其实施者明确为学校。实际上，德育有广义和狭义之分，从广义上讲，德育包括社会德育、社区德育、学校德育和家庭德育等方面，狭义的德育专指学校德育。作为德育重要组成部分的家庭德

① 王道俊、王汉澜：《教育学》，北京：人民教育出版社，1999 年，第 330 页。

育是指在家庭环境中,各成员之间有目的、有计划或者是无意识地对其他成员在德性、思想和政治等方面施加影响,从而转化为受教育者个体品德的教育活动。家庭德育所包含的内容极其丰富,不单是家庭与德育的简单组合,而是二者的相互融合、合二为一的整体再造。要深刻理解和把握家庭德育的概念就必须要从家庭入手,准确把握道德、道德教育、家庭道德、家庭德育以及家庭德育文化等概念。

(一)家庭并不是从来就有的,它是随着人类社会的发展而逐渐产生的。

在原始社会早期,原始人类过着群居的生活,并未形成今天的"家庭"。后来,随着社会物质生活条件的变化和婚姻禁例的增多,才出现了血缘家庭,普那路亚家庭和对偶家庭等家庭形式。

家庭是人类社会发展的基础,但由于历史文字资料的缺乏,再加上家庭内部构造及其运行机制的复杂性,对家庭史的研究起步较晚。家庭史研究最早出现在西方。学术界认为真正的家庭史研究始于巴霍芬的《母权论》的出版,但真正深入、科学研究家庭问题的人是美国民族学家摩尔根。1871 年,摩尔根发表了《人类家庭的血亲和姻亲制度》一书,提出了人类是由杂婚制到群婚制再到一夫一妻制的婚姻家庭进化理论,"确定原始的母权制氏族是文明民族的父权制以前的阶段的这个重大发现,对于原始历史所具有的意义,正如达尔文的进化理论对于生物学和马克思的剩余价值理论对于政治经济学的意义一样。它使摩尔根得以首次绘出家庭史的略图;这一略图,在目前已知的资料所容许的限度内,至少把典型的发展阶段大体上初步确定下来了。"[①]1877 年,摩尔根在前述研究的基础上出版了《古代社会》,将人类社会划分为蒙昧、野蛮和文明三个时代,据此提出了人类历史上前后相继的五种家庭形态:血缘家庭、群婚家庭、对偶家庭、父权家庭和单偶家庭。在摩尔根看来,"家庭表现为一种能动的要素;它从来不是

---

① 《马克思恩格斯选集》第 4 卷,北京:人民出版社,1995 年,第 15 页。

静止不动的,而是随着社会从低级阶段向高级阶段的发展,本身也从低级形态向高级形态进展,最后脱离一种形态而进入另一种较高的形态"。①

当然,由于时代的局限性,摩尔根的家庭理论也存在不少问题。19世纪40年代,马克思和恩格斯对家庭问题也给予较多关注,尤其是恩格斯,在1844写成了《家庭、私有制和国家的起源》一书,他认为,家庭产生之后便随着社会的发展而发展,"一定历史时代和一定地区的人们生活于其下的社会制度,受着两种生产的制约:一方面受劳动的发展阶段的制约,另一方面受家庭的发展阶段的制约"。同时指出历史上出现的不同家庭形态都是与人类社会发展的不同阶段相适应的,"群婚制是与蒙昧时代相适应的,对偶婚制是与野蛮时代相适应的,以通奸和卖淫为补充的专偶制是与文明时代相适应的"。他指出,"结婚的充分自由,只有在消灭了资本主义生产和它所造成的财产关系,从而把今日对选择配偶还有巨大影响的一切附加的经济考虑消除以后,才能普遍实现。到那时,除了相互的爱慕以外,就再也不会有别的动机了"。②马克思和恩格斯的家庭理论对于我们今天正确地认识家庭、了解和深入分析家庭问题都提供了非常有益的思路。

从上面的论述可以看出,不论是摩尔根,还是马克思和恩格斯,都认为理解家庭概念应该从婚姻与血缘关系入手,"每日都在重新生产自己生命的人们开始生产另外一些人,即增殖。这就是夫妻之间的关系,父母和子女之间的关系,也就是家庭"。③由此我们认为,家庭是指婚姻关系、血缘关系或收养关系基础上产生的,包括父母、子女和其他共同生活的亲属在内的社会单位。家庭有广义和狭义之分,从狭义方面看,家庭是指一夫一妻制构成的社会单元;从广义方面看,家庭则泛指人类进化的不同阶段上的各种家庭利益集团即家族。

---

① [美]摩尔根:《古代社会》,北京:商务印书馆,1977年,第433页。
② 《马克思恩格斯选集》第4卷,北京:人民出版社,1995年,第2、73、80页。
③ 《马克思恩格斯选集》第1卷,北京:人民出版社,1995年,第80页。

"当今时代,科学研究已进入一个新的历史阶段,它已由单纯的定性分析进入定性分析和定量分析相结合的阶段,有关人类家庭的历史资料和现实材料已大大充实起来,马克思主义的家庭理论,有待于进一步丰富和发展。"①20 世纪 80 年代以来,中国的家庭问题研究得到了逐步发展,内容涉及家庭规模、家庭结构、家庭权力、亲属关系等方面。随着中西文化的频繁交流和中国社会经济的快速发展,中国的家庭结构也发生了很大变化:当前主要有以一对父母和未成年孩子组成的核心家庭,由两代或两代以上父母构成的主干家庭,由父母和已婚子女、未婚子女及孙辈和曾孙辈构成的联合家庭,由离异、丧偶或未婚的单身父亲或母亲与子女构成的单亲家庭以及再婚的重组家庭和无子女的丁克家庭等。随着中国城市化的进一步发展,未来中国的家庭结构可能更简单。

(二)道德是一种社会意识形态,是人们共同生活中应该遵守的准则和规范。

道德是怎样产生的?古今中外,学术界有不同的声音存在。最早的道德起源说是古希腊和中国哲学家提出的"上(天)帝创造说",认为道德是"天"的旨意。譬如古希腊哲学家柏拉图认为道德即善的理念是由神产生的,孔子提出"天生德于予",董仲舒的"王道之三纲可求于天"。这种观点使道德陷入了宗教神秘主义,使道德成为一种凌驾于人类的不可捉摸的东西。针对上帝创造说的不可知性,有人提出了"天性论",认为道德起源于人类的天性或自然本性,孟子就认为仁义礼智根源于心,不是外在事物附加的东西。西方哲学家爱尔维修认为肉体的感受性是人类天性的基础,快乐和痛苦均来自感觉,最高的道德法则乃在于追求个人的利益和幸福的趋乐避苦中。②除此之外,道德起源还有习俗说、情感说、禁忌说等。但这些说法都只是从某一个

---

① 丁文:《家庭学》,济南:山东人民出版社,1997 年,第 23 页。
② 高尧德:《论道德的起源》,载《烟台师范学院学报(哲社版)》1996 年第 2 期,第 57—61 页。

方面对道德的起源进行了揭示,只见草木不见山,并不全面。

马克思主义认为,道德是人们的社会存在即社会关系的产物,是人类在长期的物质生活和社会实践中产生和逐步形成的。"思想、观念、意识,生产最初是直接与人们的物质活动,与人们的物质交往,与现实生活的语言交织在一起……表现在某一民族的政治、法律、道德、宗教、形而上学等的语言中的精神生产也是这样。"①在马克思主义者看来,道德源于人类的现实生活,是人与人之间、人与社会之间利益关系调整的需要。马克思主义的道德起源说解答了道德起源的主客观条件,并为道德的发展变化提供了理论支撑。

弄清了道德的起源,那么何为道德? 日文辞典《广辞苑》给出的定义是:"作为某社会对其社会成员或成员相互间的行为的一种约束,为公众所认可的规范的总体。它并不伴有诸如法律那样的外部强制力,而是一种个人的内在的精神力量。"②这个概念所包含的主旨内容有两个方面,一是道德是那个时代某个集团所承认的行为准则的总体,二是道德是随着时代变化而变化,随着环境、地域、民族而有所差异。毫无疑问,这种道德的含义是相对精当的,也能为绝大多数人所接受。但深入思考,又会发现这种定义法仍有一定的漏洞:那就是不同的人、不同的集团、不同的时代有不同的道德标准,那么我们就很难用一种道德标准去要求、评判他人。比如说德国纳粹政府屠杀犹太人,对于德国政府而言,自然是符合他们自己的道义,国际社会就不能用自己的道德标准去评判纳粹德国政府的这一做法;同样,我们也不能去评判日本法西斯对中国的侵略。毫无疑问,这种观点是大家所不能接受的。

针对前述道德无评判标准的缺陷,当代一些西方学者对道德从实然之意和应然之意两个方面进行了界定,他们认为,道德一词可

---

① 《马克思恩格斯选集》第1卷,北京:人民出版社,1995年,第72页。
② 钟启泉、黄志成:《西方德育原理》,西安:陕西人民出版社,1998年,第11页。

以用于以下两种情形：实然之意是指一个社会、群体（如宗教），或个人所提出的某些行为准则，也就是习俗，这种习俗不管是好是坏，它都是客观存在的，是不含价值评判在内的；应然之意是指在给定条件下，所有理性的人可能提出的行为规则，它是一种价值评判。因此，西方学者认为，道德应该是应然之道德，据此，他们给出了道德的概念，"道德是一个非正式的公共制度，它适用于所有理性的个人，规范那些影响到他人的行为，它包括通常意义上的道德规则、理想以及美德，并将减少恶或者伤害作为其目标"。①毫无疑问，这样的道德概念涵盖了道德的两种情形，并侧重于后一种情形，使得道德有了可评判的依据。

由此，我们认为道德是以善恶评价的方式调整人与人之间及个人同社会之间关系的行为规范的总和。它主要通过教育和社会舆论的力量，使人们逐渐形成一定的信念、习惯、传统并发生作用。道德不是天生的，人类的道德观念是受到后天的宣传教育及社会舆论的长期影响而逐渐形成的。

（三）家庭道德是指在一定社会历史条件下调整家庭成员之间的关系、处理家庭矛盾的道德原则和行为规范。

家庭道德随着家庭的出现而产生，随着时代的发展而变化。早在"对偶家庭"和早期"一夫一妻制家庭"，对于两性的结合、财产的分配、子女的归属等问题都有了不成文的规定，这些规定成了调整家庭内部问题的重要依据，成了家庭成员人人应当遵守的规则。进入奴隶社会尤其是封建社会后，儒家通过明媒正娶的仪式感强化了一夫一妻制，将家庭道德建设向前推进了一大步。春秋时期的儒家先后探讨了父子、兄弟、夫妇、君臣、长幼、朋友、宾客的关系，提出了所谓的"十义"（父慈、子孝、兄良、弟悌、夫义、妇听、长惠、幼顺、君仁、臣忠）和"十伦"

---

① Bernard Gert, *Morality: Its Nature and Justificationg*, Oxford University Press, 2005, p.14.转引自"爱课程"http://open.163.com/newview/movie/free?pid＝M970NCQ-RM&mid＝M973903KC。

（鬼神、君臣、父子、贵贱、亲疏、爵赏、夫妇、政事、长幼、上下）规范。孟子将其概括为"父子有亲,君臣有义,夫妇有别,长幼有序、朋友有信"的"五伦"说。①"五伦"要求为臣的,要忠于职守,为君的,要以礼给他们相应的待遇;为父的,要慈祥,为子的,要孝顺;为夫的,要主外,为妇的,要主内;为兄的,要照顾兄弟,为弟的,要敬重兄长;为友的,要讲信义。尽管孟子的"五伦"说涉及君臣、朋友关系,但主要是指夫妻、父子、兄弟关系,是属于家庭内部的习惯或规定。新中国成立后,过去三纲五常的家庭伦理规范逐渐被抛弃,新的家庭道德观逐步建立起来。男女平等、恋爱自由、民主平等的观念成为当代家庭道德的核心,反映在夫妻关系上是相互平等,反映在代际关系上是相互尊重,反映在邻里关系上是和谐共生。

家庭道德不仅随着时代的发展而发展,在不同的时代、不同阶层内还有不同的要求,也就是说家庭道德还具有阶级性。马克思认为,"道德始终是阶级的道德;它或者为统治阶级的统治和利益辩护,或者当被压迫阶级变得足够强大时,代表被压迫者对这个统治的反抗和他们的未来利益"。②处于不同利益集团的个人及家庭,不能不受本集团道德的支配。譬如在中国封建时代,皇家家庭道德最高要求就是如何统治天下,一般士大夫最高的家庭道德就是如何忠君报国,而一般的平民家庭则是以孝为核心的孝德规范。

同时,家庭道德还具有继承性的特点。家庭道德是历史发展的产物,与其他社会意识一样,其形成与发展,"都具有由它的先驱者传给它而它便由此出发的特定的思想资料作为前提"③,新旧道德之间有着割不断的、不以人的意志为转移的历史的继承关系。

良好的家庭道德对内能调节家庭成员关系,教育、导引家庭成员积极向善,对外能调节家庭与邻里、家庭与国家的关系,维护和谐、健

---

① 李学勤:《十三经注疏·孟子注疏》,北京:北京大学出版社,1999年,第146页。
② 《马克思恩格斯选集》第3卷,北京:人民出版社,1995年,第435页。
③ 《马克思恩格斯选集》第4卷,北京:人民出版社,1995年,第703页。

康、向上的邻里关系与社会秩序。

（四）家庭德育是在家庭内部对家庭成员进行的一种道德教育。

要理解家庭德育的概念，我们首先就必须要弄懂德育的概念。人类之所以能够繁衍生息，能够将生产、生活的经验发扬光大，根本原因就在于教育。人类社会不同于其他生物社会的一个区别就是人类有羞耻感，并且会将如何防止这种羞耻事件发生的经验代代下传，这个传递过程就是德育，它是"生活于现实各种社会关系中的有道德知识和道德经验的人们（亦可称道德上的先觉者），依据一定的道德原则和要求，对其他人有组织有计划地施加系统影响的一种活动"。[①]德育的根本目的就在于使整个社会能形成具有普遍的、可操作性的道德人格，使得下一代能够在未来生活中遵循，因而德育还可以看作是"一个帮助受教育者提高道德认识、陶冶道德情感、锻炼道德意志、树立并坚定道德信念并最后形成道德习惯的过程"。[②]

家庭德育是德育的一种具体表现形式。如前所述，家庭是"指婚姻关系、血缘关系或收养关系基础上产生的，亲属之间所构成的社会生活单位"，它实际上包含了因婚姻而结成夫妻的横向关系网和因血缘而形成父母子女的纵向关系网，家庭德育就是在这个关系网中展开的教育。在这个关系网中，父母长辈是天然的道德先知者，是家庭德育的组织者和实施者，而子女晚辈则是必然的受教育者，父母长辈通过日常生活，根据自己已有的道德认知水平，不断向子辈传授道德经验，以期提高子辈的道德认知，最终培养出符合社会要求的人才。

据此，我们认为家庭德育是在家庭内部通过父母或其他长者对子女或其他年幼者实施的以培养道德品质为主要内容的教育活动，其目的是使子辈掌握恰当的为人处世的能力，教会子辈如何做人，家庭德育贯穿于家庭成员的一生，是终身教育。

---

① 罗国杰：《伦理学》，北京：人民出版社，1999年，第449页。
② 同上书，第451页。

家庭德育有别于学校德育,具体来说家庭德育的普适性和独特性是学校德育的功利性和同质性无法取代的。学校德育是用来培养受教育者思想品德的教育,这种教育与整个社会的政治、经济、文化及统治需要相符合,也与受教育者的年龄特点和道德认知水平相关。不同国家、不同民族、不同历史时期和不同文化传统下,尽管学校德育的内容、方法、原则都有一定的差别,但其实质都带有极浓烈的功利性,统治者都希望通过这样的教育模式培养出顺从统治者意志、维护统治者统治的无条件顺从者,学校德育同质性不可避免,无法体现出个性化教育。家庭是人生的第一所学校,父母是孩子的第一任老师。每个家庭都有其独立的发展空间,都有其独特的教育模式。尽管家庭德育也有其功利性,但这种功利性与学校德育的功利性相比不值得一提。家庭德育关注的是受教育者的生命健康、生命价值和生命智慧。①尽管这三者是每个家庭德育所关注的核心内容,但不同家庭因其学识、经济、地位等不同,其教育的方式方法、具体内容、目标要求都有所不同。同时,由于家庭德育的施教者与受教者存在血缘亲情关系,在教育中温和、融洽的关系也是学校德育不可比肩的。

(五)家庭德育文化是家庭在实施道德教育过程中固有的或是营造的适宜于道德教育的文化形态、文化空间与文化环境,具体指家庭成员的思想、行为及价值取向,家庭成员之间的关系,家庭中利于道德教育的固态环境等。

"家庭是人成长的第一学校,是修炼心性、秉性、人性,人格、品格、性格的文化场。"②如果从社会的角度去思考家庭德育的未来走向,家庭德育应该呈现出积极的信仰追求、宽阔的文化视域和高尚的道德情操等。因而家庭德育文化的建设至少要从知识、文明与文化三个维度

---

① 所谓生命健康是生理与心理健康,是使受教育者能遵守自然规律,保有健康的体魄和积极乐观的心理状态;所谓生命价值实际是指为何而生的问题,解决人活着的本质是什么等问题;所谓生命智慧是解决人应该怎样活着等问题。

② 王继华:《家庭文化学》,北京:人民出版社,2010年,第1页。

去把握。

知识是道德教育的载体,无论哪个时代、哪个阶级在知识的传授中总附带着道德价值理念。如果知识传播中脱离了道德价值的判断,那么人类知识走向灭亡的步伐将难以遏制,当然,没有知识的道德也将成为无本之木。

文明是知识运用到实践中所产生的结果。以中国而言,无论是奴隶时代追求的以"礼"平治天下,还是封建时代"三纲五常"维护君主专制,抑或是民国时期的"自由""平等"思想等,这都是那个时代的知识应用到社会实践当中所产生的结果而已。而在今天,这些我们称之为文明的东西,都是在那个时代发挥过巨大作用的道德教育内容。文明是知识的凝结物,是家庭德育产生的有形结果的积累,是家庭德育传递的实在物体,它借助知识以一种有形的东西向家庭成员传递。

文化是经过人的加工改造的东西。"文化不仅使自然人化,而且它也是人本身的自我成长、自我组织过程",①文化包括物质文化、制度文化和精神文化。在家庭中,屋舍构造、内部装饰等都属于物质文化范畴,家规族约则属于制度文化,家庭成员的责任与担当、孝心与慈爱、理想与抱负、悲悯与体恤等则属于精神文化。

家庭德育文化的形成、延续与传播离不开知识、文明与文化。知识是打开家庭德育大门的钥匙,是家庭德育传播的潜在动力。没有知识,家庭德育就无法代代相传;没有知识,家庭德育也就不可能随着时代的变迁而创新、变革,自然也不可能在变化的时代中永葆青春。尽管在一张白纸上作画要容易、轻松得多,可以随心所欲没有约束,但没有约束很容易陷入歧途。家庭德育的形成需要长期的积淀、提炼,只有经过长时间考验的经验才是符合家庭生存发展的法宝,只有在原有知识凝结物上创新、提炼,才能形成适合时代发展需要的家庭道德规范。随着时代的发展变化,德育在不断变化中,如何在变化中把握德

---

① 郭凤志:《德育文化论》,北京:中国社会科学出版社,2008年,第8页。

育，只有从文化的角度才能解决这个问题，因为"无论是过程还是结果，都在文化视野的关照之下，都在意义和价值的笼罩之中"。①

二、我国传统家庭德育的历史演变

家庭是社会的细胞，是社会的重要组成部分。家庭影响着社会，也随着社会的发展变化而变化。人出生之后所受的教育首先来自家庭，其教育内容也因家庭的不同、时代的不同而不同，尤其是在中国，家庭德育始终随着社会道德要求而发生变化，同时又无时无刻不在影响着社会道德。

原始社会时期，由于社会生产力的低下与人们认知水平的局限，调节人与人、人与自然关系的手段一种原始的宗教，这种原始的宗教来源于人对某些超自然的神灵的崇拜，而这种"原始图腾、宗教禁忌成为最初的道德形态"，②家庭出现之后，这种道德形态通过口耳相传的方式代代传递，尊老爱幼、互助分享成为物资匮乏时期家庭德育的核心。

进入奴隶社会，"敬德保民"思想开始出现，统治者的"德"逐渐取代了"天"，现实生活中"王"的重要性逐渐超越了已经远逝的"祖先"。这种社会思想的变化，在家庭德育中的体现就是父权家长制的地位更进一步巩固，为了维护家庭的和睦，强调以孝悌为核心的"仁"，强调恻隐之心、羞恶之心、恭敬之心、是非之心。这种德育与社会中强调的"礼"相为呼应，共同维护和推动了社会的进一步发展。

进入秦汉，乃至整个封建时代，中国社会的道德要求大体未变。一方面仁、义、礼、智、信等道德规范被统治阶级无限提升，最终固化成扼杀人们思想、维护封建等级制度的"三纲五常"；另一方面，这些道德规范又在一定程度上发挥出其积极作用，维护了中国社会的秩序，促

---

① 郭凤志：《德育文化论》，北京：中国社会科学出版社，2008年，第4页。
② 曾广乐：《道德变迁论》，北京：人民出版社，2010年，第6页。

进了中华文明的大踏步前进,并汇集成了中华民族"威武不能屈"自强不息的民族精神,汇集成了舍小家顾大家的爱国主义精神。社会德育的这种两面性,直接影响了该时期的家庭德育。一方面,要求家庭成员要树立修身齐家治国平天下之志,在提升个人道德修养、维护家族荣耀的基础上献身国家、为国为民谋福利;另一方面在愚忠愚孝的观念主导下,压制个人思想,使个人需要无底线地服务于家庭。

进入近代,尤其是随着洋务运动的发生,如何谋求民族独立和国家富强,摆脱西方资本主义的统治成为中国最迫切的呼声,社会德育自然融入了新的内容,特别是"忠君爱国"开始转变为"为民爱国"。在这个时代背景下,近代的家庭德育也相应地发生了变化,在洋务运动的倡导者及其后的维新派家庭中,他们主张"中体西用""重商主义",要求自己的家庭成员在恪守固有家庭道德的基础上,要转变思想,积极学习西方科技,学习商战理论,敢于突破固有思维,积极图变。进入民国,这种变革的思想更加激进,尤其是五四新文化运动,对旧的道德观念进行了彻底的批判,民主与科学成为家庭德育中不得不接受的现实。

新中国建立后,封建思想遭到了彻底的清扫,与封建思想相依而行的道德观念该何去何从? 有人认为应该彻底清除,有人认为应该有所保留。文化大革命支持了第一种观点,旧的道德成为了被彻底铲除的对象。但道德稳定性在此时发挥了顽强的作用,尽管以革命的手段对其进行了清扫,但它依然顽强地存在着,并在一定程度上继续维系着社会秩序的稳定与和谐。改革开放以来尤其是党的十八大以来的历史表明,传统道德中的很多因素与社会主义核心价值观是一致的,它们对于增强社会主义制度的吸引力和凝聚力具有重要价值。在这个大的时代背景下,家庭德育也跟着发生了变化。但家庭德育比社会道德德育更直观地感受到了彻底放弃传统道德的痛,尤其是随着社会经济的日益增长、物质财富的丰富和家庭结构的变化,家庭成员的"向心力"越来越弱,家庭成员关系的融洽度日逐渐降低,这使得家庭教育的呼声日益高涨,家庭德育成为家庭教育的重中之重。

　　尽管家庭德育随着时代的发展在不断发生变化,但我们深入思考后发现,家庭德育中一些核心的内容只是发生了表达形式的变化,其实质或者基本精神依然存在,家庭道德及其教育始终处在"历史的变动性与普遍性"之中。①家庭德育的终极目的依然是"形成家庭成员的精神信仰,在生活的磨炼中、在家庭文化的浸润中、在社会实践中,揭示人性内化的规律,促进人的成长与社会的和谐,并且通过个体的自律提升社会的公德与秩序,以此调节人和人之间的关系,在信仰和人格上自我完善"。②例如孝悌这样的道德内容,过去的愚忠愚孝已经不适应社会发展的需要,自然早已被抛进历史的尘埃中,但孝悌思想中尊敬父母、长辈、关爱他人的思想却是不可抛弃也没有被抛弃的,它们已经渗透到了中华民族的每一寸土地。

　　为更好地说明上面的问题,我们仍然以孝道思想为例,来看看家庭德育的变与不变。

　　先秦儒家认为对父母的孝,首先是敬,其次才是养。荀子借助子路和孔子探讨有人侍养父母却得不到孝子之名的原因,提出了自己的敬养观,"意者身不敬与? 辞不逊与? 色不顺与? 古之人有言曰:'衣与! 缪与! 不女聊。'今夙兴夜寐,耕耘树艺,手足胼胝,以养其亲,无此三者,则何为而无孝之名也?"③在荀子看来,同样通过劳动供养自己父母的两个人,一个被称为孝子,而另一个却得不到孝子之称的根本原因就在于是否对双亲尊敬。那么怎样才算是对父母的尊敬呢?《礼记》提出,"孝子有深爱者,必有和气;有和气者,必有愉色;有愉色者,必有婉容"。④就是说,真正孝敬父母的人,对父母要语气和缓、脸带笑容。荀子和孟子把孔子的"弟子入则孝,出则悌"的孝悌思想加以

①　张岂之、陈国庆:《近代伦理思想的变迁》,北京:中华书局,1993 年,第 5 页。
②　王继华:《家庭文化学》,北京:人民出版社,2010 年,第 251 页。
③　(清)王先谦撰:《荀子集解》,北京:中华书局,1988 年,第 531 页。
④　李学勤主编:《十三经注疏·礼记正义》,北京:北京人民大学出版社,1999 年,第 1319 页。

推广,荀子把"孝悌"纳入到"礼"的范畴,认为"礼也者,贵者敬焉,老者孝焉,长者弟焉,幼者慈焉,贱者惠焉"。①就是对地位高贵的人要尊敬,对年老的人要孝顺,对年长的人要敬从,对年幼的人要慈爱,对卑贱的人要给予恩惠是符合礼义要求的。孟子则将"孝悌"与仁义礼智等结合起来,认为仁的实质是孝顺父母,义的实质是顺从兄长,智的实质是明白二者不可分离。"仁之实,事亲是也;义之实,从兄是也;智之实,知斯二者弗去是也。"②

先秦时期儒家的这种孝悌观在近代依然为人称颂。晚清中兴名臣曾国藩便认为,"科名之所以可贵者,谓其足以承堂上之欢也,谓禄仕可以养亲也。今吾已得之矣,既使诸弟不得,亦可以承欢,可以养亲,何必兄弟尽得哉? 贤弟若细思此理,但于孝弟上用功,不于诗文上用功,则诗文不期而自进矣"。③将孝敬父母、友爱兄弟放在了考取功名、获取利禄之前。

今天,孝悌精神依然是家庭德育的核心理念。习近平总书记在2015年春节团拜会上指出:中华民族自古以来就重视家庭、重视亲情。家和万事兴、天伦之乐、尊老爱幼、贤妻良母、相夫教子、勤俭持家等,都体现了中国人的这种孝悌观念。家庭是社会的基本细胞,是人生的第一所学校。不论时代发生多大变化,不论生活格局发生多大变化,我们都要重视家庭建设,注重家庭、注重家教、注重家风,紧密结合培育和弘扬社会主义核心价值观,发扬光大中华民族传统家庭美德,促进家庭和睦,促进亲人相亲相爱,促进下一代健康成长,促进老年人老有所养,使千千万万个家庭成为国家发展、民族进步、社会和谐的重要基点。④

社会存在决定社会意识,社会意识是社会存在的反映。道德属于

---

① (清)王先谦撰:《荀子集解》,北京:中华书局,1988 年,第 490 页。

② 李学勤主编:《十三经注疏·孟子注疏》,北京:北京人民大学出版社,1999 年,第210 页。

③ 邹博:《中华传世家训》,北京:线装书局,2011 年,第 1585 页。

④ 习近平:在 2015 年春节拜会上的讲话,http://www.xinhuanet.com/politics/2015-02/17/c_1114401712.htm。

社会意识范畴,是时代的产物,其性质、具体内容、要求随着社会制度、社会结构的变迁而变化。因此,家庭德育的内容、原则、方法随着社会制度、社会结构的变化而变化。比如说,传统的孝悌要求的子女对父母的孝,兄妹对兄长的敬,这种孝悌精神具有单向性,是一种权利与义务不对等的观念。这种德育是符合封建时代统治者的人才需求,移孝于忠,求忠臣于孝子之家,因而形成了"忠君爱国"思想,"君者,天也。天无处不覆,见天如见君,君者,日也。日无处不照,见日如见君"①。但这种观点随着鸦片战争的爆发而逐渐开始转变,洋务派官员周馥在训诫子孙时就多次提到自己的所作所为"大凡人存心公正,则虑事详审。先审此事于国有益否,于民有益否""但求有益于国于民,何尝计及一己厉害"。②晚清赵润生在致儿子的信中也说:"你有为国为民之志,我几有避言避世之思。"③由此我们可以直观地看到,鸦片战争之后,原有的"忠君爱国"思想已经发生了变化,出现了"为民爱国"的理念。因此,有学者认为,"家庭德育是由环境、主客体、目的、原则、内容、方式等要素构成的。在这些要素中,环境、主客体等是自然设定的,是客观要素,而目的、原则、内容、方式等则是主观要素,与人的需要相关,因而对形上依据(指的是孝慈精神)具有依赖性"。④这个观点承认家庭德育的不变性与可变性融为一体,变中有稳,稳中有变。

第二节 我国传统家庭德育的内容与方法

一、我国传统家庭德育的内容

如前所述,家庭德育是知识、文明与文化的综合体,家庭德育首先

---

① 楼含松主编:《中国历代家训集成》,杭州:浙江古籍出版社,2017年,第5872页。
② 同上书,第7049页。
③ 同上书,第7214页。
④ 王常柱:《传统家庭德育的形上依据》,载《河北学刊》2013年第1期,第45页。

所涉及的是教育家庭成员该怎么做,也就是哪些该做、哪些不该做的问题,这实际上也就是家庭德育的基本内涵问题。家庭德育的内容非常丰富,但主要包括尊老爱幼的孝悌教育、立志成才的勤学教育、耕读并举的勤俭教育、诚实有信的交友教育、和睦族邻的友善教育、施德于民的为政教育等六个方面。

（一）尊老爱幼的孝悌教育

童蒙教育读物《三字经》开篇就讲,"首孝悌,次见闻"。孝,指对父母要孝顺、服从;悌,指对兄长要敬重、顺从。"孝悌"讲的是长幼有序和人性博爱。孔子认为孝顺是做人的基础,不孝的人不能博爱。因此他提出了"弟子入则孝,出则悌,谨而信,泛爱众而亲仁"①的要求。

孝敬父母首先是要奉养父母,这是子女对父母尽孝的最基本的要求。奉养的首要是能在物质生活方面确保父母衣食无忧,《礼记·内则》认为,"孝子之养老也,乐其心不违其志,乐其耳目,安其寝处,以其饮食忠养之"。②明朝刑部尚书林俊也告诫子孙:"人子事亲,无论穷富,当以奉养为先。富者能奉以甘旨,而贫者以菽水承欢,各凭其力。"③"仓廪实而后知廉耻",温饱问题是人首要解决的问题,解决了温饱问题,才能谈到其他礼义道德之事。教育子辈如何通过自己的奋斗,能让父辈长者无衣食之忧,这是孝悌教育中首先要做的事。学而优则仕的目的从大的方面讲是为了光宗耀祖,从小的方面讲实际上还是为了在物质资料短缺的情况下确保父辈、家人的衣食之需。至于孔子所说的"今之所谓孝者,是谓能养,至于犬马,皆有所养,不敬何以别乎?"④决不能断章取义理解为只敬不养,孔子的这段论述实际上已经上升到孝的另一个高度,也就是解决了基本的温饱问题之后的事。

当然,养与敬本是浑然一体、不可分割的,怀着尊敬之心才能真心

① 李学勤:《十三经注疏·论语注疏》,北京:北京大学出版社,1999年,第7页。
② 李学勤:《十三经注疏·礼记正义》,北京:北京大学出版社,1999年,第854页。
③ 莲江东林谱志编委会:《莲江东林谱志》,福州:福建人民出版社,2005年,第76页。
④ 李学勤:《十三经注疏·论语注疏》,北京:北京大学出版社,1999年,第17页。

实意地去奉养父母,能在贫贱之时、在自己温饱都无法解决之时先想到父母的肯定是很敬重父母的人。在日常生活中该如何尊敬父母、照顾父母,尤其是对病榻之上的父母,清朝姚廷杰对子孙的教导或许能给我们较好的启发:"与其有病而药饵,不若未病而药饵。与其用药饵以治病之发,又不若慎寒暑以杜病之源。古之孝子,视无形、听无声,若夫寒燠,尤为易察。为人子者,知亲老矣,老则性易执而思忽迷,其于寒燠之节,饮食之宜,老人仅可自主一二。子若媳宜提携之,珍惜之,察其情形而哀益之,以待赤子者待老人,则老人安。"①

孝敬父母要避免让父母为自己担忧。《孝经》中"身体发肤,受之父母,不敢毁伤,孝之始也"的意思是说,我们的身体毛发皮肤是父母给我们的,我们必须珍惜它,爱护它,因为健康的身心是做人做事的基本条件,所以珍惜它,爱护它就是行孝尽孝的开始。《礼记》也说:"为人子者……不登高,不临深,不苟訾,不苟笑。"意思是登高临深,易至颠溺,近于危险;苟訾苟笑,易招反讥,近于羞辱。这两段话体现在日常生活中就是要求子辈们在做任何事情的时候都要注意安全,不能做危及自身安全的事。值得注意的是,这里的不危及自身安全并不仅仅是指生命安全,更主要的是指身名、气节、品行等方面。北宋司马光在教育子孙时就特别强调了这一点。司马光拿后魏巨鹿魏缉母亲房氏做例子,告诫子孙不要交损己之友。"缉所交游,有名胜者,(缉母)则身具酒馔;有不及己者,辄屏卧不餐,须其悔谢乃食。"②

孝敬父母要扬名后世。雁过留声,人过留名,扬名后世是中国传统社会核心价值观之一,这种价值观的培育在家庭,但其实现在社会。为了将这种价值观更好地灌输给下一代,并能有效得到实践,家庭教育中往往将孝与忠放在一起,《孝经·开宗明义》指出,"立身行道,扬名于后世。以显父母,孝之终也"。将扬名后世与孝道教育紧密联系

---

① 郭齐家、李茂旭:《中华传世家训经典》,北京:人民日报出版社,2009 年,第 412 页。
② 《中华传世家训(二)温公家范》,郑州:中州古籍出版社,1995 年,第 98 页。

在一起,要求后世子孙要子承父业,光耀门楣,并将其作为对父母孝敬中重中之重,清朝人张习礼在教育孩子如何尽孝是时也说,"孝有大小、有偏全。扬名显亲上也,克家干盅,不坠先人之志,次也。服劳奉养,又其次也"。①扬名后世看似是子承父业,是家庭内部事务,但其真实的目的是要求受教育能为国尽忠,要求受教育者能在行事中符合当时国家的道德要求,进而成为国家道德标兵。司马迁的父亲就教育孩子说,"且夫孝始于事亲,中于事君,终于立身。扬名于后世,以显父母,此孝之大者"。②因而在其去世之际,就要求司马迁能够继承自己的未竟事业,完成《史记》的撰写。

孝敬父母还做到兄友弟恭,姊妹和睦。在人的血缘关系中,除了父子关系之外,最亲近的就是兄弟关系了。在封建大家庭中兄弟之间关系的好坏会直接影响到整个家庭的安定,可见"悌"的重要性。"悌"是做哥哥的要照顾弟弟妹妹,弟弟妹妹要尊敬哥哥。一个自小就懂得照顾幼小、尊敬长者的人,在处理同事、朋友之间的关系时自然也会互爱、礼让、团结。正如《论语》中所说:"君子敬而不矢,与人恭而有礼,四海之内皆兄弟也。"司马光认为,"兄爱而友,弟敬而顺"是"礼之善物也"。颜之推也教育子孙:"兄弟者,分形连气之人也。方其幼也,父母左提右挈,前襟后裾,食则同案,衣则传服,学则连业,游则共方,虽有悖乱之人,不能不相爱也。"并认为"兄弟不睦,则子侄不爱;子侄不爱,则群从疏薄;群从疏薄,则童仆为仇敌矣",③指出兄弟不和最终导致家庭不和,家族衰落。清雍正帝明确把兄弟之和与孝结合,并将兄弟相和上升到国家治理高度,"故不孝与不悌相因,事亲与事长并重。能为孝子然后能为悌弟,能为孝子悌弟然后在田野为循良之民,在行间

---

① 张鸣、丁明:《中华大家名门家训集成》(下册),呼和浩特:内蒙古人民出版社,1999 年,第 961 页。

② 唐松波:《古代名人家训评注》,北京:金盾出版社,2009 年,第 50 页。

③ 《中华传世家训(一)颜氏家训》,郑州:中州古籍出版社,2015 年,第 5 页。

为忠勇之士"。①

孝敬父母还要诚心祭祀。儒家认为，事死如事生，人死之后，子孙后辈们应该像其生前一样侍奉父母。广为流传的《二十四孝》中就有东汉时期的丁兰刻木事亲的故事。丁兰因经常思念父母的养育之恩，于是在父母去世后用木头刻成双亲的雕像，凡事皆与木像商议、禀告。明末清初著名理学家朱柏庐教育子孙祭祀要真心实意，"祖宗虽远，祭祀不可不诚"。②曾国藩则将"诚修祭祀"作为治家八事之一，要求"凡器皿第一等好者留作祭祀只用，饮食第一等好者亦备祭祀之需"，并强调祭祀诚心与否直接关涉家族的兴旺长久大计，"凡人家不讲究祭祀，纵然兴旺，亦不久长"。③

百善孝为先，孝是一个人良好品格形成的道德源泉。《孝经》认为，"夫孝，德之本也，教之所由生也"。孝是一切德行的根本，是教育的源头。父母的养育之恩是最大的恩情，父母与子女之间的爱也是天性的、自然的。这种恩情与爱是无私的，是人性中最可贵的，而对于这种恩情与爱的回馈就称之为孝。因而孝道成为历朝历代家庭德育中必修内容之一。封建统治阶级也认识到了孝的重要作用，不仅大力宣传孝道教育，还打破学而优则仕的常规出仕藩篱，推选孝子做官，进一步推动家庭孝道教育。

（二）立志成才的勤学教育

志向教育就是要培养孩子早立志、立大志和为志向敢于拼搏的斗志。无论哪个朝代、哪个阶级、哪个家庭，都有自己所追求的职业，这种职业定位实际上就是一种志向。每个家庭在教育孩子的时候都会培养孩子树立远大志向的勇气，都会培养孩子为理想而拼搏的韧性。志向，能成为一个人前进过程中的不竭动力，并时刻激励他前行。

家庭德育中为什么要重视志向教育，清朝的康熙帝可谓一语道破

① 《中华传世家训（六）圣谕广训》，郑州：中州古籍出版社，2015年，第319页。
② 《中华传世家训（四）朱子家训》，郑州：中州古籍出版社，2015年，第248页。
③ 《中华传世家训（七）曾国藩家训》，郑州：中州古籍出版社，2015年，第365页。

天机,"夫志者,心之用也。性无不善,故心无不正。而其用则有正不正之分,此不可不察也。夫子以天纵之圣,犹必十五而志于学。盖志为进德之基,昔圣昔贤莫不发轫乎此。志之所趋,无远弗届;志之所向,无坚不入。志于道,则义理为之主,而物欲不能移,由是而据于德,而依于仁,而游于艺,自不失其先后之序、轻重之伦,本末兼该,内外交养,涵泳从容,不自知其入于圣贤之域矣"。①

康熙帝作为一位家长、一位执政的最高统治者,既向自己的孩子、家人,也向世人提出了读书要有远大志向并要有持之以恒精神的要求。他从志与道、志与心的关系,比较深入地阐述了立志的意义和如何立志的问题,强调任何人只要志向远大,再经过后天的努力,都可成为圣贤。这种倡导无疑对于"学而优则仕"年代的人具有极大的震撼力。

做人要立志、立大志、早立志并不只是皇帝家族才考虑的事情。诸葛亮在教育自己的外甥时也提到立志问题。"夫志当存高远,慕先贤,绝情欲,弃疑滞,使庶几之志揭然有所存,恻然有所感;忍屈伸,去细碎,广咨问,除嫌吝,虽有淹留,何损于美趣?何患于不济?若志不强毅,意气不慷慨,徒碌碌滞于俗,默默束于情,永窜伏于凡庸,不免于下流矣。"②诸葛亮的立志教育中没有康熙的高大与深奥,只是从现实生活中正与反两方面进行了对比分析,从最浅显的道理中说明了立志的重要性,让人一读便懂,不需要过多的阐释。

更有人从自己的生活经历中得出了立志的重要性,并及时把这种理念以一种实用主义的思想传递给子辈。比如明代大臣杨继盛因得罪当朝权臣严嵩而被下狱后,在狱中给儿子杨应尾、杨应箕写信,要求兄弟俩要早立志:"若初时不先立下一个定志,则中无所向,便为天下之小人,众人皆贱恶你。你发愤立志要做个君子,则不拘作官不作官,

① 《中华传世家训(五)庭训格言》,郑州:中州古籍出版社,2015年,第257页。
② 郭齐家、李茂旭:《中华传世家训经典》,北京:人民日报出版社,2009年,第24页。

人人都敬重你，故吾要你第一先立起志气来。"①杨应尾、杨应箕在母亲的教导下，遵照父亲教诲，坚持公理，秉承正道，没有辜负父亲的期望，刻苦读书，成了国家的栋梁之材。他们终生与人为善，爱护百姓，成为父亲所希望的"第一等人"。

如果我们认为家庭德育中的立志教育仅限于父辈对子辈的教育，那就太狭隘了。实际上这种励志教育不仅出现在长辈对子辈的教育中，也出现在夫妻之间。比如在战国时期就有一位车夫的妻子劝说其丈夫立志，并获成功的事。"晏子为齐相，出，其御之妻从门间而窥其夫。其夫为相御，拥大盖，策驷马，意气扬扬，甚自得也。既而归，其妻请去。夫问其故，妻曰：'晏子长不满六尺，身相齐国，名显诸侯。今者妾观其出，志念深矣，常有以自下者。今子长八尺，乃为人仆御，然子之意自以为足，妾是以求去也。'其后夫自抑损。晏子怪而问之，御以实对。晏子荐以为大夫。"②

一个人能成为什么样的人，与其当初的志向大有关系。孟子的母亲欲使孟子立志向学，为帮其立志，不惜三迁住所，终于使孟子成就一番大业；陈胜一句"燕雀焉知鸿鹄之志"道出志向精神动力的地动山摇，气贯长虹之势。那么怎样才能立志、立大志，并养成为了实现这个志向而必须具备的坚忍不拔的精神呢？那就是通过勤奋学习来锤炼意志。

中国是一个农业大国，学而优则仕不仅是跳出农门的最佳途径，也是能光宗耀祖的最快捷的方式。因为在权力高度集中的古代中国，尽管当官并不一定能带来多大财富，但可以参与资源与财富的再分配，可以优先获得别人不能得到的资源，因而，人人争着去当官，而当官的敲门砖就是读书，尤其是在唐朝科举制成为定式后，更多的寒门士子可以通过读书改变自己的命运，可以通过读书光耀门楣，因而勤

---

①　郭齐家、李茂旭：《中华传世家训经典》，北京：人民日报出版社，2009年，第42页。
②　吕思勉：《史学与史籍七种》，南京：译林出版社，2016年，第269页。

学成为衡量一个人道德品质的标准之一。无论是头悬梁锥刺股的苏秦,凿壁偷光的匡衡,还是程门立雪的杨时,都是勤勉好学的榜样。历代家庭德育中鼓励孩子勤奋好学,以实现远大理想抱负的例子比比皆是。

孟母三迁教子的故事历代流传,南宋时的启蒙课本《三字经》引证的第一个典故就是"昔孟母,择邻处,子不学,断机杼",这一启蒙读物,虽经明、清学者陆续修订补充,而孟母三迁、断机教子的故事始终冠于篇首。后人也对孟母三迁教子的行为给予了高度评价。明朝万历年间被誉为"钟青天"的钟化民所作的《祭孟母文》碑就称赞孟母天下无双,"子之圣即母之圣,妻之圣即夫之圣。不有三迁之教,孰开浩然之圣。人生教子,志在青紫。夫人教子,志在孔子"。[①]中国是一个农业大国,学而优则仕不仅是跳出农门的最佳途径,也是能光宗耀祖的最快捷的方式。所以读书取仕是各个阶层家庭德育中不可或缺的志向教育之一。唐朝甘肃张掖人赵武孟,"初以驰骋佃猎为事。尝获肥鲜以遗母,母泣曰:'汝不读书而佃猎,如是,吾无望矣。'竟不食其膳。武孟感激勤学,遂博通经史。举进士,官至右台侍御史,撰《河西人物志》十卷"。[②]赵武孟的母亲应该是一位同孟母一样知大义、识大体的女性,知道读书上进是男儿的第一要务,所以当儿子用获得的猎物向她表达孝心时,她并没有高兴,反而认识到儿子这样做不是长久之计,不会成就大事,所以通过绝食来刺激儿子读书学习,最终成就了一番大业。

尽管学而优则仕是读书的追求之一,但也有人明白,并不是每个人都能通过读书来取得功名,"大抵富贵之家,教子弟读书,固欲其取科第及深究圣贤言行之精微。然命有穷达,性有昏明,不可责其必到,

---

① 历代御史碑刻钟化民《祭孟母文》,http://www.ezjjjc.gov.cn/html/2018/07/14223.html。

② (后晋)刘昫:《旧唐书·赵彦昭传》,北京:中华书局,2000年,第2007页。

尤不可因其不到而使之废学。盖子弟知书,自有所谓无用之用者存焉"。①是不是这些"命有穷达,性有昏明"之人就不用了学习了?颜之推给出了否定回答。颜之推认为,"人生在世,会当有业:农民则计量耕稼,商贾则讨论货贿,工巧则致精器用,伎艺则深思法术,武夫则惯习弓马,文士则讲议经书",②士、农、工、商各行各业的人都应该勤奋学习本行业的知识,立志在本行业出人头地。

（三）耕读并举的勤俭教育

"耕读传家久,诗书继世长",自古以来都是家庭德育中不可或缺的内容之一,满含着长辈对子辈的殷殷教诲与期望。中国是一个以农业为主的国家,无论贫贱富贵都离不开农业,离不开土地,即使那些世家大族、权贵豪门,彰显自己富有的方式之一也是购置大片土地、修建大量房屋。正如上文所说,学而优则仕虽是人人向往的,但并非人人所能达到。后人又将"万般皆下品惟有读书高"断章取义地理解为读书才是唯一追求,导致了耕读并举思想长期不被人重视。读书到底放在一个什么高度,或者说怎样才算读书?实际上中学语文《孙权劝学》中孙权对吕蒙的灵魂拷问就给了我们答案,"孤岂欲卿治经为博士邪!但当涉猎,见往事耳"。即使是大教育家孔子也并没有将读书作为唯一的事,提出"行有余力,则以学文"的观点。因而当他的弟子樊迟"请学稼"时,他老老实实地承认"吾不如老农"。面对樊迟这样衣食无忧、有充足条件专心学习的人,孔子才发出了"小人哉,樊须也!上好礼,则民莫敢不敬;上好义,则民莫敢不服;上好信,则民莫敢不用情。夫如是,则四方之民襁负其子而至矣,焉用稼?"的感叹。③但面对失去节操与甘受稼穑之苦二者选择时,孔子毫不犹豫地选择了甘受稼穑之苦。面对"曾子衣敝衣以耕"而不受鲁国国君的赏赐,孔子就大赞,"参

---

① 《中华传世家训(三)袁氏世范》,郑州:中州古籍出版社,2015年,第171页。
② 《中华传世家训(一)颜氏家训》,郑州:中州古籍出版社,2015年,第121页。
③ 李学勤:《十三经注疏·论语注疏》,北京:北京大学出版社,1999年,第172页。

之言，足以全其节也"。①

曾子不受邑的故事实际上将耕种与读书紧密联系在了一起。西汉时期的扬雄就将这一思想明确提了出来，"耕道而得道，猎德而得德"。②其后，很多人都以身说法，证明耕种劳作也是一种道德修养。比如东汉时期的袁闳，"累征聘举召，皆不应。居处仄陋，以耕学为业"。③面对污浊的政治，袁闳不愿同流合污，宁愿守着半亩方田。

自古至今，许多家庭都把耕读传家作为家庭德育的重要一环，以此劝勉后世子孙重视耕读，做到以耕读为本，以求学修身为业。

明代吕坤《孝睦房训辞》教导子孙"传家两字，曰耕与读。兴家两字，曰俭与勤"。④教育子孙后代要勤于劳动，读书明理。耕读并举的原因，明末清初理学名儒张履祥说得很明白："人须有恒业，无恒业之人，始终丧其本心，终至丧其身。然择术不可不慎，除耕读二事，无一可为者。……然耕与读又不可偏废，读而废耕，饥寒交至；耕而废读，礼义遂亡。"耕与读是相一致的，"古人耕必曰力耕，学必曰力学"，且"农功有时，多则半年，谚云农夫半年闲，况此半年之中，一月未尝无几日之暇，一日未尝无几刻之息，以是开卷诵习，讲求义理，不已多乎。窃谓心逸日休，诚莫过此"。⑤

晚清中兴名臣曾国藩更是将重耕读、尚勤俭的德育形成了体系。咸丰四年，曾国藩写信给诸弟，希望他们"在家中教训后辈，半耕半读，同习劳苦，不习骄佚"，因为"一家能勤能敬，虽乱世亦有兴旺气象；一身能勤能敬，虽愚人亦有贤智风味"。⑥在曾国藩眼里，中国是农业为本的国家，农耕是一切的根本，是谋生的手段，能养家糊口，能全生命；读书是做人的路径，通过学习圣贤教诲，知诗书，达礼义，修身养性，可

---

① （西汉）孔安国：《孔子家语通解》，北京：北京联合出版公司，2015年，第224页。
② 陈志坚：《诸子集成》，北京：北京燕山出版社，2008年，第14页。
③ （宋）范晔：《后汉书》，北京：中华书局，2000年，第1028页。
④ 王人恩：《古代家训精华》，兰州：甘肃教育出版社，1997年，第191页。
⑤ 张履祥：《杨园先生全集》，北京：中华书局，2002年，第1352页。
⑥ 曾国藩：《曾国藩家书》，北京：北京燕山出版社，2001年，第358、373页。

以立道德。但读书的目的不是为做官，而是学习做人的道理。

曾国藩想让家人、子辈明白做人的道理之一就是勤俭持家。因为曾国藩出身贫寒之家，经历过生活的艰辛，明白勤俭的重要性。曾国藩多次告诫子女，"居家之道，惟崇俭可以长久。处乱世，尤以戒奢侈为要义"。①更为重要的是，曾国藩将勤俭持家与孝道结合起来，认为勤俭是孝悌的要义之一。"吾细思凡天下官宦之家，多只一代享用便尽。其子孙始而骄佚，继而流荡，终而沟壑，能庆延一二代者鲜矣。商贾之家，勤俭者能延三四代；耕读之家，谨朴者能延五六代；孝友之家，则可以绵延十代八代。……故教诸弟及儿辈，但愿其为耕读孝友之家，不愿其为仕宦之家，诸弟读书不可不多，用功不可不勤。"②孟子曰："君子之泽，五世而斩。"民间也有"富不过三代"的说法。饱读诗书又身经乱世的曾国藩对此应该有深刻的理解，因而他提出了系统的耕读并举、勤俭持家的系统思想，不仅总结了历代耕读传家的思想，还在一定程度上抵制了奢靡风气，推动了社会良俗的发展。

（四）忠信笃敬的处世教育

子张向孔子请教如何为人处世时，孔子语重心长地告诉子张："言忠信，行笃敬，虽蛮貊之邦，行矣。言不忠信，行不笃敬，虽州里，行乎哉？立则见其参于前也，实则见其倚于衡也，夫然后行。"③孔子给的答案很直接，那就是对自己说的话要负责（忠），说话要算数（信），做任何事要踏踏实实、实实在在、专心敬业，这样不论到哪儿、做任何事都能行得通。孔子忠信笃敬的答案成了历代圣贤为人处世的标准，是人们说话做事的准则，因而也成为历代家庭德育的必修内容之一。曾子杀猪的故事为家庭德育提供了父母诚信教子的范例。在物资匮乏的年代，一头猪可能就是一家人一年的重要收入，但面对孩子的教育，曾子没有半点犹豫，用实际行动给孩子上了一堂生动的信守诺言的课。

---

① 《中华传世家训（七）曾国藩家训》，郑州：中州古籍出版社，2015年，第381页。
② 曾国藩：《曾国藩家书》，北京：北京燕山出版社，2001年，第271页。
③ 李学勤：《十三经注疏·论语注疏》，北京：北京大学出版社，1999年，第208页。

南宋袁采重义气、守信用,对人真诚、谦虚,因而他在家庭教育中非常注重忠信笃敬教育。他认为,重义气、守信用是圣人教导人们博取乡邻敬重的办法,"言忠信,行笃敬,乃圣人教人取重于乡曲之术",①他要求子弟,不做损人利己之事;对别人许下的诺言,再小也要兑现;与他人约定的时间,一时一刻也不能改变;对待任何事都要严肃认真,真心实意;对任何人都要谦虚恭敬,礼貌相待。他认为,对人做事如果能做到忠信笃敬四个字,不单单可以博取乡邻的敬重,就是干任何事都会得心应手,顺顺利利。

从哪些方面对孩子进行忠信笃敬教育,尽管不同的家庭有不同的内容要求,但综合起来还是有以下几个方面。

首先,严于律己,宽以待人。

己所不欲勿施于人,忠信笃敬,先要严格要求自己,然后才希望别人做到,如果自己都做不到,很难要求别人去做。即使自己做到了,也不必一定要求别人都做到。袁采告诫自己的家人,在严于律己时不必苛求他人,"今世之人能自省其忠、信、笃、敬者盖寡,能责人以忠、信、笃、敬者皆然也。虽然,在我者既尽,在人者亦不必深责"。②清朝医学家史典也要求自己的家人要宽以待人,他教导孩子对朋友不能轻出恶语,随意怪罪,对小人要远避,但不能明显地将其划为仇敌。"朋友即甚相得,未有事事如意者,一言一事之不合,且自含忍,不得遂轻出恶言……小人因当远,然亦不可显为仇敌。君子因当亲,然亦不可曲为附和。"③

其次,待人接物,以敬为首。

古人很重视日常生活中待人接物的行为表现,因为这不仅是一个人道德修养的表现,还关涉到一个家庭、家族的教养水平,因而长辈在子辈的教养中,对待人接物的礼仪教育很重视。几乎所有的家庭都认

---

①② 《中华传世家训(三)袁氏世范》,郑州:中州古籍出版社,2015 年,第 189 页。

③ 郭齐家、李茂旭:《中华传世家训经典》,北京:人民日报出版社,2009 年,第 749 页。

为,不管是面对长辈还是晚辈,不管是与君子还是小人相交,最主要的是做到"敬"。"若待尊长,必须言温面貌恭,情亲而意洽……待卑幼又在自敬……待君子之敬根于心……待小人则不然。外若敬而内则疏,包容退让,宁受亏一分,使之自满自愧,于我亦无所损。"①曾国藩也告诫子侄,"至于做人之道,圣贤千言万语,大抵不外'敬恕'二字"。②很多家庭在教育孩子时都要求孩子要谦虚礼让,保持吃亏是福的积极心态。唐代朱仁轨《诲子弟言》中就说:"终身让路,不枉百步;终身让畔,不失一段。"所谓退一步海阔天空,处处与人争强,事事与人讲理,一点亏也不肯吃,未必就是真正的精明;学会容忍退让,往往能收到意想不到的结果。

第三,谨言慎行,知足安贫。

中国人一直主张谨言慎行,《礼记·缁衣》:"君子道人以言,而禁人以行故言必虑其所终,而行必稽其所敝,则民谨于言而慎于行。"③孔子提倡:"讷于言而敏于行。"民间谚语中也有"病从口入,祸从口出"的说法。由此可见,谨言慎行是一种社会道德要求。南宋袁采深知"言多必失"的道理,因此常劝家人言语慎重,少说为好。"谚语简寡,在我,可以少悔;在人,可以少怨。"④言多不仅仅会招来别人的怨恨,甚至会招来杀身之祸。北周贺若敦因为常有抱怨,被大司马宇文护记恨处死。临刑前,贺若敦告诫儿子,一要立大志,二要慎言行。"吾欲平江南,然尽不果,汝当成吾志。吾以舌死,汝不可不思。"⑤说话要谨慎,行事更要小心。东阳县官吏陈婴,从小就注意加强道德品行的修养,为人一向诚信谨慎,在县里中很有名望,因此被人称道为敦厚长者。秦末人民暴动,东阳县的年轻人杀死东阳县令,大家推举陈

---

① 郭齐家、李茂旭:《中华传世家训经典》,北京:人民日报出版社,2009年,第729页。
② 《中华传世家训(七)曾国藩家训》,郑州:中州古籍出版社,2015年,第343页。
③ 李学勤:《十三经注疏·礼记正义》,北京:北京大学出版社,1999年,第1505页。
④ 郭齐家、李茂旭:《中华传世家训经典》,北京:人民日报出版社,2009年,第729页。
⑤ 同上书,第415页。

婴做领头人。陈婴的母亲很有见识,她劝告陈婴要谨慎行事,"自我为汝家妇,未尝闻汝先古之有贵者。今暴得大名,不祥"。并劝告儿子将领头人的位置让出来,甘做下属。①陈婴听从了母亲的劝告,主动让位于项羽,受封上柱国,封五县。后降汉,受封堂邑侯。

第四,交友之道,贵在谅直。

万章问孟子,应该怎样交朋友,孟子回答说,"不挟长,不挟贵,不挟兄弟而友。友也者,友其德也,不可以有挟也"。②孟子认为,交朋友应该看他的品德。纪晓岚也告诫家人,"交友之道,贵乎患难相扶助,缓急可通商;若以势利相攀缘,酒食相征逐,一朝失势,便视同陌路亦"。③在家庭德育中,很多人将交友问题视为检视子辈品德的一个窗口。曾国藩也教育子侄"择交是第一要事,须择志趣远大者"。④很多人告诫子辈,"吾人防患,首在择交。所交非人,未有不为其所累者"。对于那些明知是小人还要去结交的子辈,轻则责罚,重者逐出家门,"明知而乐交,忘祖父之训,而甘为匪类,吾不享共祀矣"。⑤

第五,和睦族邻,以礼相待。

民间有联:"结善邻同照乘宝,正家风胜满籯金。"短短十四个字,既道出了建立良好邻里关系的重要性,又提出了正家风培养教育子孙的要求。中国是一个农业国,土地对于国民来讲是最主要的生产资料。在长期的生活中形成了以家庭为单位的生活群落,这种生活群落又因地缘关系形成了具有相同认同感的邻里关系。孟子就为我们描述了一幅乡邻和睦共处的画卷,"乡田同井,出入相友,守望相助,疾病相扶持,则百姓亲睦"。⑥如何处理好邻里关系,也成为家庭德育中教育后辈必须掌握的一项技能。在教育子侄如何处理邻里关系时,多强

① 郭齐家、李茂旭:《中华传世家训经典》,北京:人民日报出版社,2009年,第633页。
② 李学勤:《十三经注疏·孟子注疏》,北京:北京大学出版社,1999年,第276页。
③ 郭齐家、李茂旭:《中华传世家训经典》,北京:人民日报出版社,2009年,第766页。
④ 《中华传世家训(八)曾国藩家训》,郑州:中州古籍出版社,2015年,第418页。
⑤ 郭齐家、李茂旭:《中华传世家训经典》,北京:人民日报出版社,2009年,第732页。
⑥ 李学勤:《十三经注疏·孟子注疏》,北京:北京大学出版社,1999年,第137页。

调互相忍让,以礼相待,认为邻里相帮,对各自都有好处。王夫之提出以礼相待,开诚布公的和睦之道,"勿以言语之失,礼节之失,心生芥蒂。如有不是,何妨面责,慎勿藏之于心,以积怨恨"。①日常生活中,邻里应该相互帮助、照应。清朝汪辉祖认为,"望衡对宇,声息相通,不惟盗贼、水火呼援必应,即间有力作之需,亦可借侪将伯",他要求子辈在处理与相邻关系时,"富,则用财稍宽;贵则行己尽礼;平等则宁吃亏,毋便宜。忍耐谦恭,自于物无忤",做到了这些,"虽强暴者,皆久而自格",就是那些颠顸之人,也会自行纠正错误。②

(五)清正廉洁,勤政为民

古人认为,"修身齐家治国平天下"是一个有序的、连贯的培养理想人格的教育程式:修身是塑造理想人格的手段,齐家是塑造理想人格的途径,治国平天下是塑造理想人格的终极目标。尽管古人将"明礼"作为读书的第一要义,但学而优则仕是每个人家庭教育中必不可少的内容。如何做官、做什么样的官,这自然成为古代家庭德育中必须回答的问题。

首先要有清正廉洁之心。北宋的贾昌朝告诫子孙:"仕宦之法,清廉为最,听讼务在详审,用法必求宽恕,追呼决讯,不可不慎。"③在古代,打官司是一件劳神费力的事,一旦遇上处事不公的官员,两头收钱,偏袒恶霸,有冤无处伸,甚至会招来无妄牢狱之灾。"青天大老爷"成了民间最值得尊敬的人。所以为官清廉成了家庭德育必修的内容之一。如何做到"清廉"?为政者要在官位上做到清廉,必须在日常生活中做到勤俭、防微杜渐。只有耐得住寂寞、耐得住清贫,只有摒除私念、一心为公,才能在面对权力、面对诱惑时不为所动。范仲淹以自己做官的经历告诫子孙,"莫纵乡亲来部下兴贩,自家且一向清心做官,

---

① 郭齐家、李茂旭:《中华传世家训经典》,北京:人民日报出版社,2009年,第731页。
② 同上书,第778页。
③ 从余:《中国历代名门家训》,上海:东方出版中心,1997年,第261页。

莫营私利,当看老叔自来如何,还曾营私否?"①要求子孙不得为家人亲戚谋私利。清末民初翻译家林纾对时任县官的儿子林珪提出了种种为官忠告,其中就有为官清廉、爱民亲民的勤政为民内容,他将传统的忠孝一体加以发挥,将勤政为民与尽孝完全融合,"汝能心心爱国,心心爱民,即属行孝于我"。②

再次要有勤俭淡泊之志。勤俭虽是个人的生活习惯,却与一个人的品行修养关系密切,尤其对于为政者而言,始终保持勤俭的生活作风,才能不被外在的物欲所侵蚀,也才能保证在为政期间能始终保持廉洁之心。贪欲是一个人修身进德的最大障碍,自然也是勤俭淡泊之志养成的绊脚石。如何才能克制自己的贪欲之心,康熙帝认为要知足,要从内心认识到衣服不过是遮体之物,饮食只是充肠之物,要能自觉抵制外在物质的利诱。朱用纯也告诫子孙:"不勤不俭,约有二病:一则纨绔成习,素所不谙;则自负高雅,无心琐屑。乃至游闲放荡,博弈酣饮,以有用之精神,而肆行无忌,以已竭之金钱,而益喜浪掷。"③清代张履祥也认为:"凡人用度不足,率因心侈。心侈则非分以入,旋非分以出,贫固不足,富亦不足。"④而为官者一旦养成骄奢习性,必出现贪欲之心。因而勤俭淡泊之志是为政者清正廉洁之要。

最后要有爱民养民之情。"民为邦本,本固邦宁。"人民是国家的根本,为政一方,应时刻体察民情,及时回应人民诉求,将爱民养民、为国固基作为自己的职责。清末丁宝桢就多次忠告在山西为官的儿子要亲民爱民,"百姓之性命身家,则皆待尔以安。尔自以为苦,则必剥民以自奉。是尔之苦,实不为苦,而百姓则真苦中苦矣!"要求自己的儿子要"持心须公正,操守须廉洁,做事要勤速,问案更细心",要立意做一清官。为此,丁宝桢要求自己的儿子在为官期间要严格约束自己

---

① 王爽:《中国家训》,海口:海南出版社,2018年,第333页。
② 邹博:《中华传世家训》(第四卷),北京:线装书局,2011年,第1395页。
③ 楼含松:《中国历代家训集成》,杭州:浙江古籍出版社,2017年,第3877页。
④ 张履祥:《杨园先生全集》,北京:中华书局,2002年,第1356页。

的家人、仆役"勿使扰民"，为民谋利，"能得一分即是一分"，同时要乐于做善事，"公余之内稍有盈余，即以之救济穷苦贫民"。①只有从内心深处懂得人民之苦、怀有爱民养民之情，才能将勤政为民落到实处。

二、我国传统家庭德育的基本方法

家庭道德教育不同于学校道德教育，它没有固定的教育地点、教育时间和教育方法，甚至于教育内容，也因家庭不同而有所不同，实施什么样的家庭道德教育，是由家庭道德教育实施者的家庭道德观决定。怎样实施家庭德育，将家庭德育内容有效传递给下一代人，也因家庭的不同而有所不同，但不论是皇室家庭、士大夫家庭还是一般贫民家庭，在家庭德育的传授中还是遵循以下几种方法。

一是养正于蒙的终身教育。

家庭德育是一种终身教育，尤其是在文化内敛的中国，不论孩子有多大，父母时刻有教育孩子的权利和义务。中国的家庭德育从怀胎的那一刻就开始了。中国古代胎教始于西周，据刘向《列女传》记载，周文王的母太任在妊娠期间，"目不视恶色，耳不听淫声，口不出敖言，能以胎教"。这才有了"文王生而明圣"，"教之以一而识百"。②周文王儿时聪明伶俐、触类旁通，长时意志坚定、志向远大、宅心仁厚，在刘向看来都源自其母亲在妊娠期间的自律与良好的生活习惯。

人性有先天与后天之分，出生之前的怀胎是先天，出生之后的教育是后天，而后天的教育才是关键。尽管孔子提出了"生而知之者，上也。学而知之者，次也。困而学之，又其次也。困而不学，民斯为下矣"③的观点，但他也承认"生而知之者"很少见到，即使像他那样学富五车的人也是通过后天努力学习才获得的成功，"我非生而知之者，好

---

① 丁宝桢：《丁文诚公家信》，济南：山东画报出版社，2012 年，第 66、251—253 页。
② 马墉：《中国家庭教育史》，长沙：湖南教育出版社，1997 年，第 9 页。
③ 李学勤：《十三经注疏·论语注疏》，北京：北京大学出版社，1999 年，第 228 页。

古,敏以求之者也"。①因而,在家庭德育中幼儿教育受到了格外重视。南宋时期的袁采就对幼儿教育的重要性进行了论述,"幼而示之以均一,则长无争财之患;幼而教之以严谨,则长无悖慢之患;幼而有所分别,则长无为恶之患。"②袁采认为,兄弟为财相争、行事飞扬跋扈、纵性作恶多端等的根源就在于父母在孩子幼时没有教育好。其实在古代家庭德育中像袁采这样重视童蒙教育人俯拾皆是。明末嘉善学者陈龙正在其《惠蒙》一文中,就专门谈到了蒙养的重要性与方法。"人自十五六以下,志识未定,记性偏清,一善言入耳,终身不忘;一邪言入耳,亦时时动念,先入为主,年少其尤。是以长愿亲朋惠我子弟,勿述市井之事,尤戒媟秽之谈。或称贤圣高踪,或陈古今治迹,切无如孝弟忠信,泛不过山水图书。"③这段话的意思是人在十五六岁以下时,志识未定,听了好的话,终身不忘;听了不好的邪言,也会时时动念,形成先入为主的恶劣影响。因此,陈龙正要求长辈们要眼光长远,一定不要在家中当着幼童的面谈论"市井之事",更不要涉及"媟秽之谈"。给孩子讲圣人事迹、齐家治国等历史要讲授孝悌忠信,要多讲事件积极正面的内容,对其错误不足或反面的东西,含蓄隐晦点明即可,要让孩子在不知不觉中接受正面教育。

在古人看来,要让孩子在家庭中获得有益的教育,进而使其终身受益,就必须于幼时就督促他们养成良好的思想品质、价值观念和生活习惯,形成良好的品格,否则,等到孩子形成消极的人生观再去教育,不但难以纠正,反而会使其形成逆反心理,偏离教育初衷造成不利影响。

二是以德为主的因材施教。

孟子指出,"教亦多术矣,予不屑之教诲也者,是亦教诲之而已矣"。④

---

① 李学勤:《十三经注疏·论语注疏》,北京:北京大学出版社,1999年,第92页。
② 《中华传世家训(三)袁氏世范》,郑州:中州古籍出版社,2015年,第171页。
③ 中共嘉兴市纪委、嘉兴市检查局编:《嘉兴名人家风家训》,嘉兴:吴越电子音像出版有限公司,2016年,第70页。
④ 李学勤:《十三经注疏·孟子注疏》,北京:北京大学出版社,1999年,第348页。

汉代徐干认为,"大禹善水,君子善导,导人必因其性,治水必因其势,是以功无废而言无弃也"。①孟子与徐干所阐述的思想实际上中国古代的一个重要的教育思想——因材施教。就中国传统家庭德育而言,尽管没有所谓统一的教育模式——每个家庭有每个家庭的教育模式,每个家庭有每个家庭的教育方法,但也正是这种不同的教育方法丰富了中国传统教育思想:每个家庭都根据自己的家庭实际情况、孩子的个性差异,有的放矢地进行有差别的教学,使每个家庭的每个孩子都能扬长避短,从而获得最佳发展。

传统中国社会被分为士、农、工、商四个阶层,不同阶层有不同的教育理念。孟母三迁中,从孟子学丧葬、学商贾、学屠杀到居于学宫而学礼,实际上说明了一个问题:那就是社会阶层不同,教育目的与要求不同。因而在古代家庭德育中,不同阶层的家庭对其孩子的道德规范要求不尽相同,"富者之教子须是重道,贫者之教子须是守节"。②明代温以介的《温氏母训》中,也记载了温母关于不同家庭教子重点亦不同的教育思想:"远邪佞,是富家教子第一义;远耻辱,是贫家教子第一义。至于科第文章,总是儿郎自家本事。"

因材施教不仅实用于不同的家庭,更实用于同一家庭不同秉性人的教育中。前面提到的《温氏母训》中的温母,她认为:"儿子是天生的,不是打成的……是铜打就铜器,是铁打就铁器,若把驴头打作马面,有是理否?"③龙生九子各不相同,每个孩子的资质都不相同,古代中国的父母对此有清醒的认知,因而在教育自己孩子的时候,大体能做到有的放矢,根据孩子实际情况量体裁衣,把孩子的潜质挖掘出来。对此问题,南宋的袁采有较为完整的论述,"人之智识固有高下,又有高下殊绝者。高之见下,如登高望远,无不尽见;下之视高,如在墙外欲窥墙里。若高下相去差近,犹可与语;若相去远甚,不如勿告,徒费

① 毛礼锐:《中国教育史简编》,北京:教育科学出版社,1984年,第255页。
② 王爽:《中国家训》,海口:海南出版社,2018年,第335页。
③ 楼含松:《中国历代家训集成》,杭州:浙江古籍出版社,2017年,第3145页。

口颊舌尔。譬如弈棋,若高低止较三五着,尚可对弈,国手与未识筹局之人对弈,果何如哉?"①

概言之,古人在德育方面实际上已经认识到:人的知识与见识,一方面来自天资,一方面来自后天教育学习,天资聪颖的人,能够过目成诵,出口成章,下笔成文,历代圣贤都属于这类人;而资质稍差的人,如果遇到名师指点,自己又心虚若谷,怀抱谦诚,严于律己,恭敬有礼,勤奋好学,不耻下问,善于思考,则也能够救弊救偏,成一番大事业,有一番大作为;那些特别愚顽的人也不必灰心,因为上天既然降生了他,便不会唾弃不管,所谓天生我材必有用,行行出状元。

三是修身养德的育人环境营造。

家庭德育离不开实际生活环境,正如上文所述,不同的家庭、不同的生活环境所要求的道德标准是有差异的,反之亦然,不同的道德水平的养成与家庭环境有极大的关系。古代家庭德育中非常重视修身养德的育人环境的建设,这种育人环境可以分为家庭生活环境和人际交往环境。

"橘生淮南则为橘,生于淮北则为枳,叶徒相似,其实味不同。所以然者何? 水土异也。"②从古至今,无论贫贱富贵、村夫王侯,都承认良好的家庭生活环境在子孙修身养德教育的不可替代作用。"孟母三迁"的故事和"蓬生麻中,不扶自直"的成语无不说明环境对个人成才的重要性。马克思也指出:"人创造环境,同样,环境也创造人。"③环境教育是一种无声的教育,他对儿童心理的发展和优良品格的形成是潜移默化的作用,颜之推提出,"与善人居,如入芝兰之室,久而自芳也;与恶人居,如入鲍鱼之肆,久而自臭也"。在家庭德育中为什么要重视环境建设,颜之推也给出了原因,"人在少年,神情未定,所与款

---

① 《中华传世家训(三)袁氏世范》,郑州:中州古籍出版社,2015年,第185页。
② (春秋)晏子:《晏子春秋》,哈尔滨:北方文艺出版社,2018年,第173页。
③ 《马克思恩格斯选集》(第1卷),北京:人民出版社,1995年,第92页。

狎,熏渍陶染,言笑举动,无心于学,潜移暗化,自然似之"。①

荀子提出了"君子居必择乡,游必就士,所以防邪僻而救中正也"。②一个人如果决定去学习,他首先要做的就是找到一个有利的学习环境,结交那些贤达有才能的人,这样才能有效地促使自己学习、匡扶正义。宋代司马光在其所著的《家范》中写道:"夫习与正人居之,不能毋正。犹生长于齐,不能不齐言也;习与不正人居之,不能毋不正,犹生长于楚,不能不楚言也。"认为习惯于同品行端正的人相处,品行就不会不端正。还指出生活在哪个地方就会讲那个地方的方言。明朝的吕德胜也说,"要成好人,须寻好友,引醋若酸,那得甜酒?"③荀子、司马光和吕德胜等人既指出了物化环境在人格塑造中的作用,也指出了道德修养中另一个活动环境——人——的选择。

清朝张英将"择交"与"读书"、"守田"、"积德"相提并论,作为个人立身处世的四条良法。他在《家训》中写道:"予之立训,更无多言,止有四语:读书者不贱,守田者不饥,积德者不倾,择交者不败。……择交之说,予目击身历,最为深切。此辈毒人,如鸩之入口,蛇之螫肤,断断不易,决无解救之说,尤四者之纲领也。"④将"择交"看作人生"大事"的,不仅仅是一个张英,其实早在春秋时期,孔子就提出了交友的重要性,"益者三友,损者三友。友直,友谅,友多闻,益矣。友便辟,友善柔,友便佞,损矣"。⑤在古代家庭德育中,古人对子孙重视交友的谆谆教诲俯拾皆是。

良好的家庭德育环境,不仅仅需要长者注重居所、注重家居环境、注重日常的言辞措意;需要家长善于择友,慎重邀请访客到家;需要家长善于引导,培养孩子正确的择友观。尤其是在人际交往过程中,如

---

① 《中华传世家训(一)颜氏家训》,郑州:中州古籍出版社,2015 年,第 20 页。
② (清)王先谦撰,沈啸寰、王星贤点校《荀子集解》,北京:中华书局,1988 年,第 6 页。
③ 夏家善:《家训要言》,天津:天津古籍出版社,2017 年,第 196 页。
④ 王爽:《中国家训》,海口:海南出版社,2018 年,第 255 页。
⑤ 李学勤:《十三经注疏·论语注疏》,北京:北京大学出版社,1999 年,第 226 页。

果有难以谢绝的来访者信口雌黄、价值观偏颇，就要对孩子及时加以引导教育，让孩子近善避恶。

四是克己修身的言传身教。

在社会关系中，父母和子女是最亲近者，尤其是在幼年时期，父母和子女长期生活在一起，父母的举止行为对子女起着关键作用。"夫同言而信，信其所亲；同命而行，行其所服。"子女的道德观念和道德行为多从模仿父母的言行中形成。因而，在家庭德育中，父母长辈不仅要注意自己的语言，还要注意自己的行为。恰如颜之推所说，"夫风化者，自上而行于下者也，自先而施于后者也。是以父不慈则子不孝，兄不友则弟不恭，夫不义则妇不顺矣"。①北宋司马光也借用古人的话强调身教的重要性："曾子曰：'君子之于子，爱之而勿面，使之而勿貌，遵之以道而勿强言；心虽爱之不形于外，常以严庄莅之，不以辞色悦之也。不遵之以道，是弃之也。然强之，或伤恩，故以日月渐摩之也。'"②要求父母在教育子女时要不动声色，既不能过分溺爱孩子，也不能强迫孩子去做，父母要在日常生活中通过自己的一言一行，慢慢感化，让孩子自己体悟。儿童教育学家孙敬修说："孩子的眼睛是录像机，孩子的耳朵是录音机，父母个人的范例，对于未成年人的心灵，是任何东西都不可能替代的最有用的阳光。"③

父母言行不一不可能培养出言行一致的子女。古人非常重视家长言行举止对孩子的约束与规范教育，"为家长者，当以至诚待下，一言不可妄发，一行不可妄为，庶合古人以身教之意"。④如何要求孩子诚信待人，培养孩子诚信品格，全来自父母，父母都不能以诚待人，怎能要求孩子做到？

---

① 《中华传世家训(一)颜氏家训》，郑州：中州古籍出版社，2015年，第8页。
② 《中华传世家训(二)温公家范》，郑州：中州古籍出版社，2015年，第94页。
③ 程玉冰：《再谈"言传身教"——家庭教育成功的必要条件》，载《湖北广播电视大学学报》2012年第7期，第23页。
④ 何桂美：《古代家庭道德教育》，武汉：中国地质大学出版社，2010年，第113页。

言传身教教育的不仅仅是一代人，实际上数代人，它教育的不仅仅是一个人、一个家庭，而是一个家族。"人有数子，无所不爱，而为兄弟则相视如仇仇，往往其子因父之意遂不礼于伯父、叔父者。殊不知己之兄弟即父之诸子，己之诸子，即他日之兄弟。我于兄弟不和，则己之诸子更相视效，能禁其不乖戾否？子不礼于伯叔父，则不幸于父亦其渐也。故欲吾之诸子和同，须以吾之处兄弟者示之。欲吾子之孝于己，须以其善事伯叔父者先之。"①

第三节　我国传统家庭德育的现代教育价值

家庭德育是随着时代变化而变化的，因而在家庭德育的传承中要注意那些追求明哲保身、消极避世的思想；要留意"贞女从夫，世称和淑。事夫如天，倚为钧轴"的男尊女卑的大男子主义思想；②要合理使用"卑幼不得抵抗尊长"的古训。同时，家庭德育是一个家庭经过几代人甚至几十代人的长期生活经验的总结，它对于个人成长、家庭团结和睦等都有极强的指引作用。因而，探讨家庭德育的传承发展与当代重构问题就极为必要。

一、我国传统家庭德育蕴含的时代价值

2017 年新年伊始，中共中央办公厅、国务院办公厅为建设社会主义文化强国，增强国家文化软实力，实现中华民族伟大复兴的中国梦印发了《关于实施中华优秀传统文化传承发展工程的意见》（以下简称《意见》），《意见》明确提出要"要大力弘扬自强不息、敬业乐群、扶危济困、见义勇为、孝老爱亲等中华传统美德"。中华传统美德的内容可谓博大精深，涉及社会生活的各个领域。归纳起来，可分为志向高远、诚

---

① 《中华传世家训（三）颜氏家训》，郑州：中州古籍出版社，2015 年，第 176 页。
② 魏舒婷：《传统家训》，合肥：黄山书社，2012 年，第 24 页。

实守信、刚正不阿的"修身"美德,尊老爱幼、兄友弟恭、勤俭持家的"齐家"美德和精忠报国、勤政爱民、礼貌谦让的"治国"美德三个方面。而这三方面美德的养成离不开传统家庭德育。

(一)传统家庭德育有利于新时代和谐家庭理念的养成

2016年12月12日,习近平总书记在会见第一届全国文明家庭代表时讲到,"尊老爱幼、妻贤夫安、母慈子孝、兄友弟恭,耕读传家、勤俭持家,知书达礼、遵纪守法,家和万事兴等中华民族传统家庭美德",并强调,传统家庭美德"是支撑中华民族生生不息、薪火相传的重要精神力量,是家庭文明建设的宝贵精神财富"。习近平总书记所提到的这些传统家庭美德为建设民主平等、学习求知、创业致富、道德高尚、环保节约的新时代和谐家庭指明了道路和方向。新时代和谐家庭建设离不开传统家庭德育,一则传统家庭德育是一个历史的延续性过程,我们不能割断历史寻求无源之水;再则,传统家庭德育的内容及方法具有极其重要的借鉴价值。中国古代的家庭德育中和谐思想主要围绕亲子之间、夫妻之间和兄弟之间关系而展开。

父慈子孝"孝慈"是中国传统文化的根,是中国传统道德标准和家庭德育的基础。离开了"孝慈"这一基本的人伦道德,家庭也就失去了它存在的基础。父母对孩子的爱是一种本性,"慈父之爱子,非为报也,不可内解于心;圣人之养民,非求用也,性不能已",①每位父母都希望自己的孩子能生活得更美好,"丈夫生而愿为之有室,女子生而愿之有家。父母之心,人皆有之"。②所有生物都具有关心繁衍后代的天性,这种天性在人的身上体现得更充分、更强烈,但人的注意力和精力有限,过多的关注下一代必然会忽视或弱化对上一辈的关注度,尤其是在物资匮乏的时候,上一辈的养老就成了问题,"老有所终"也就成了一种理想状态。如何将这个理想变为现实,"子孝"应运而生。如何

① (西汉)刘安:《淮南子》,长沙:岳麓书社,2015年,第87页。
② 李学勤:《十三经注疏·论语注疏》,北京:北京大学出版社,1999年,第164页。

才能让"子孝"也成为自然，除了国家的法制进行规范外，更多地是靠家庭内部的代代相传，靠的是家庭内部的德育。"夫风化者，自上而行于下者也，自先而施于后者也，是以父不慈则子不孝，兄不友则弟不恭，夫不义则妇不顺矣"，父辈通过自己身体力行的做法，给孩子进行示范，使孩子懂得孝敬长辈，尊重长者，为将来自己老了有人养老做好准备。至于那些"父慈而子逆，兄友而弟傲，夫义而妇陵"的孩子，这是因为他们天性残暴，冥顽不化，只能靠法律制裁。①在家中能够服从父母长辈的教育，能够认同他们在家庭事务处理中的核心地位，就做到了"孝"。这种处世态度离开家庭，进入社会，也必然会自觉遵守社会规则，自然会尊重长者，因为"其为人也孝悌，而好犯上者，鲜矣"。②

夫义妻顺。夫妻关系是家庭关系的核心，《三字经》中就有"五伦者，始夫妇。父子先，君臣后。次兄弟，及朋友"。将夫妻关系排在五伦之首，可见其重要性。夫妻关系和谐与否不仅关系夫妻二人的幸福，对子女、整个家庭都会产生极为重要的影响。古代中国的夫妻关系，看似毫无可谈之处：女子完全是丈夫的附庸，男尊女卑、以夫为纲、夫贵妻贱是常态。无论是班固的"阴阳殊性，男女异行。阳以刚为德，阴以柔为用；男以强为贵，女以弱为美"，③还是司马光的"夫阳也，妻阴也……阳唱而生物，阴和而成物"，④都可看出，在古代夫妻关系中妻子根本没有什么独立人格，完全依附于丈夫。源自父权思想、定格于儒家价值观的社会环境掩盖了古代家庭关系中夫义妻顺的价值、忽略了古代家庭关系中夫妻和谐关系的养成及重要性。尽管古代有"三从四德"的思想禁锢，但依然倡导女子要接受文化教育，要培养自我德行。虽然古人固执地认为，女子只能接受日常的蒙养教育水平之知书义。"教女子只使之识字，不可知书义。盖识字则可理家政，治货财，

① 《中华传世家训（一）颜氏家训》，郑州：中州古籍出版社，2015年，第8页。
② 李学勤：《十三经注疏·论语注疏》，北京：北京大学出版社，1999年，第3页。
③ 陈宏谋编：《五种遗规》，北京：线装书局，2015年，第90页。
④ 楼含松：《中国历代家训集成》，杭州：浙江古籍出版社，2017年，第205页。

代夫劳。若书义则无所用之。"但他们又不得不承认,"读书则见礼明透,知伦常日用之事",①承认女子懂得一定的文化知识,有助于提高相夫教子、治家理财、维护和谐家庭关系的能力,有利于明礼修德。尽管他们眼里的女德是侍奉父母公婆、顺从丈夫、治家教子的贤妻良母,除却人格平等与否的因素外,女子的这些德行又何尝不是我们今天社会中所渴求的? 实际上古代家庭关系中,也并不是一味要求妻子无偿付出,对丈夫的行为也有所约束,"夫不义则妇不顺",妻子的不顺,完全源自丈夫的不义。因此,透过古代夫妻家庭地位、人格不平等的这层面纱,我们还是能够从中触及夫唱妇随对和谐家庭建设的重要性,还是能从古代夫妻关系中汲取到和谐家庭建设的养分。

兄友弟恭。古人关于兄弟关系对和谐家庭建设重要性的论述莫过于颜之推,其专门做了兄弟篇来阐述兄弟关系。"兄弟者,分形连气之人也,方其幼也,父母左提右挈,前襟后裾,食则同案,衣则传服,游则共方,虽有悖乱之人,不能不相爱也。"兄弟是形体虽然分开、元气却是一脉相连的人,他们在幼小的时候,父母左拉右牵、前引后扶,吃饭共同伏在一个桌子上,衣服是轮流着往下穿,游玩时一起去一个共同的地方,即使其中有悖逆作乱的人,兄弟之间也是能够相亲相爱的。和谐团结友爱的兄弟关系能够促进家庭和睦,反之则会导致家庭败亡。"兄弟不睦,则子侄不爱;子侄不爱,则群从疏薄;群从疏薄,则童仆为仇敌矣。"②兄弟关系紧张,影响的不仅仅是兄弟之情,而且是下一代人的关系,两代人的矛盾交织在一起,则将整个家庭牵涉其中,家无宁日,纷争不断。兄弟关系恶化给家庭带来的负面影响,明末清初的孙奇峰讲的更加直接,"父不父,子不子,兄不兄,弟不弟,人人凌竞,各怀所私,其家之败也,可立而待"。③兄弟之间做到了你敬我让,那么做父母的看在眼里,也会喜在心上。兄弟之间也会因此而更加恭敬谦

---

①　文章编著:《北大国学课》,天津:天津科学技术出版社,2015 年,第 279 页。

②　楼含松:《中国历代家训集成》,杭州:浙江古籍出版社,2017 年,第 10 页。

③　同上书,第 3383 页。

让,让整个家庭的气氛更加和睦。

为官之道,亲民为要。习近平多次强调,老百姓是天,老百姓是地,要求党员干部要有赤子情怀,做到亲民爱民、善政为民。为政者要多替老百姓考虑,"为自己考虑多了,就会离全心全意为人民服务越来越远"。凡事先替老百姓着想,那么自己做的事、说的话也就不会太出格。元朝郑大和在其家规中对出仕子孙爱民安民有详尽的道德要求,"子孙倘有出仕者,当早夜切切,以报国为务,抚恤下民,实如慈母之保赤子,有申理者,哀矜恳恻,务得其情,勿行苟虚。又不可一毫妄取于民"。①告诫子孙要像慈母保护初生的婴儿一样保护百姓,把百姓的事当作自己的事,不敷衍了事。晚清名臣丁宝桢,在其长子丁体常为官期间,多次去信强调做官之道,把爱民养民作为第一要事。他告诫儿子"至做官,只是以爱民养民为第一要事,即所谓报国者亦不外此。盖民为国本,培养民气即是培养国脉。缘民心乐,民气和,则不作乱,而国家予以平康,此即所以报国也"。并要求儿子"凡有害民者,必尽力除之;有利于民者,必实心谋之"。②要做亲民爱民的官,心中要对老百姓怀有敬畏之心,以谦卑之心对待老百姓,时时刻刻把老百姓放在最重要的位置,把老百姓的事放在第一位。在丁宝桢的不断教导下,丁体常在仕途上不断成长,在山西地方赢得了很高的声誉。

(二)传统家庭德育有利于新时代和谐乡村建设的推进

党的十八大以来,党中央提出并完善了乡村振兴战略,要求按照产业兴旺、生态宜居、乡风文明、治理有效、生活富裕五大标准推进农业农村现代化。在如何落实五大标准问题上,习近平多次强调要创新乡村治理模式,推进移风易俗,培育文明乡风、良好家风、淳朴民风。数千年的农业生产和血浓于水的血缘亲情认知,使得中国农村多是聚族而居的状态,一个家族便是一个大的家庭,在这样的"家庭"内部都

---

① 何桂美:《古代家庭德育》,武汉:中国地质大学出版社,2010年,第98页。
② 丁宝桢:《丁文诚公家信》,济南:山东画报出版社,2012年,第205页。

有各自不同的道德要求与德育方法,而这些德育与当时国家的道德标准是高度一致的;即使出现了异姓杂居的现象,邻里相望的心理也使得家家户户都向道德标杆看齐。恰如梁漱溟在《中国文化要义》中所论述的那样,中国是一个伦理本位的社会,"伦理始于家庭,而不止于家庭","它没有边界,不形成对抗。恰相反,它由近以及远,更引远而入近;泯忘彼此,尚何有于界划?"①无论是家族内部硬性的道德要求还是邻里之间这种柔性的引领与模仿,良好的家风必然会孕育出淳朴民风,文明乡风离不开淳朴民风。

传统家庭德育中有大量的尊老爱幼、诚实有信、与人为善、吃苦耐劳、遵纪守法、邻里互助的教育内容。

尊老爱幼是中华民族优良的道德传统。"老吾老,以及人之老;幼吾幼,以及人之幼;天下可运于掌。"②孟子认为,一家一户的尊老爱幼,能够影响到社会,影响到国家治理。尽管每个家庭不可能像孟子一样站得那么高,看得那么远,但源自血缘亲情,每个家庭都在积极传递着这个思想,都希望自己的家人能够做到这一点。尽管在古代社会,"老有所终,壮有所用,幼有所长,鳏寡孤独废疾者,皆有所养"③的社会理想是可望不可求的,但每个家庭都在积极向这个目标努力。在家庭教育中不仅要求孩子"明仁、孝、礼、义",还强调礼仪道德才是长辈留给子辈的最好遗产,"圣人遗子孙以德、以礼,贤人遗子孙以廉、以俭"。④这些内容对于当前农村的空巢老人问题和留守儿童问题的关注与解决都有较强的现实意义。"黄发垂髫并怡然自乐"依然是令人向往的田园生活。

"一家之事,贵于安宁和睦悠久也,其道在于孝悌谦逊。"⑤孝悌是

---

① 中国文化书院学术委员会编:《梁漱溟全集 3》,济南:山东人民出版社,2005 年,第 82 页。

② 李学勤:《十三经注疏·孟子注疏》,北京:北京大学出版社,1999 年,第 21 页。

③ 李学勤:《十三经注疏·礼记正义》,北京:北京大学出版社,1999 年,第 658 页。

④ 《中华传世家训(二)温公家范》,郑州:中州古籍出版社,1995 年,第 91 页。

⑤ 从余:《中国历代名门家训》,上海:东方出版中心,1997 年,第 54 页。

中国家庭教育的核心,是中国传统文化的根。上至皇亲国戚之家、下至山野村夫之室,孝悌教育都是各种教育之首。一家之中,老老少少,性格各异,难免有不和谐之声音,"人之至亲,莫过于父子兄弟。而父子兄弟有不和者,父子或因于责善,兄弟或因于争财"。①因此,相互谦让、重情义、轻财利是处理好家庭关系的主要原则。作为子辈,除了懂得孝敬长辈外,兄弟之间要互谅互让,富者要力所能及地周济贫者,贫者要懂得勤劳致富、勤俭持家之道,要自力更生,兴家兴业。在婆媳关系上,公婆作为一家主内之人,要心平气和,对儿媳、子女一视同仁,"虐妇,则姊妹之馋行焉";②儿媳也要懂得性情柔顺、做事清洁、不妒忌、尚俭约、懂恭谨、知勤劳。婆婆慈祥,儿媳自然会听从,婆媳和睦,家庭自然少争端。"男女议亲,不可贪其阀阅之高、资产之厚。""嫁女须随家力,不可勉强。然或财产宽裕,亦不可视为他人,不以分给。"③不以财产多寡而择婿、女子有继承家产的思想,有力批驳了高彩礼现象,同时承认女子能养老,有继承家产的权利,为养老提供了新的方向。

处理家庭关系需相互谦让、重情义、轻财利,处理邻里关系也要心平气和、忍让耐心。远亲不如近邻,从功利主义角度而言,维护好邻里关系,可以防止不时之需,"居宅不可无邻家,虑有火烛,无人救应"。④在家有余力的情况下,要储存货物,以在灾荒之时救济乡邻,"秋成谷贱,量家余力籴米若干石别储,遇歉时价粜,存籴本,以羡贷乡邻之饥乏者。券约丰偿,免息,连歉则展期侯丰"。⑤在邻里关系中广为流传的是"六尺巷"的故事,家人因修房问题与邻居发生矛盾,请做京官的家人出面撑腰,京官修书一封,"千里修书只为墙,让他三尺又

---

① 《中华传世家训(三)袁氏世范》,郑州:中州古籍出版社,2015 年,第 167 页。
② 《中华传世家训(一)颜氏家训》,郑州:中州古籍出版社,2015 年,第 10 页。
③ 《中华传世家训(三)袁氏世范》,郑州:中州古籍出版社,2015 年,第 183 页。
④ 同上书,第 206 页。
⑤ 从余:《中国历代名门家训》,上海:东方出版中心,1997 年,第 138 页。

何妨？万里长城今犹在，不见当年秦始皇"。家人主动让出三尺，邻家知道后也让出三尺。"六尺巷"的故事有很多版本，这也恰恰说明了处理邻里关系中心平气和、忍让耐心的重要性。

中国传统社会本质上是以血缘为纽带的社会，尤其是农村，"血缘和地缘的高度结合，再加上姻缘关系，使得同一村庄的人往往交织在一个错综复杂的亲属网络之中"，①家庭—家族—国家的结构体系，使得家庭在整个国家治理中居于基础核心地位，家族和睦必然会带来村落的和谐稳定。

（三）传统家庭德育有利于新时代爱国主义情感的培养

习近平总书记在 2019 年春节团拜会上提道："在家尽孝、为国尽忠是中华民族的优良传统。没有国家繁荣发展，就没有家庭幸福美满。同样，没有千千万万家庭幸福美满，就没有国家繁荣发展。我们要在全社会大力弘扬家国情怀，培育和践行社会主义核心价值观，弘扬爱国主义、集体主义、社会主义精神，提倡爱家爱国相统一，让每个人、每个家庭都为中华民族大家庭作出贡献。"《孝经》认为，"君子之事亲孝，故忠可移于君"。君子侍奉父母亲能尽孝，所以能把对父母的孝心移作对国君的忠心。由于古代家国一体，对国家的忠与对君主的忠视为一体，当时的人不可能将国家与国君分割开来，因此我们也就不能苛求古人忠于国君的这种想法，但在今天，我们完全可以理解为他们忠于的是当时的那个国家。因而，以孝悌为核心的家庭德育对于今天的爱国主义思想的养成有重要借鉴作用。

初中语文课文《卖油翁》的主人公陈康肃公尧咨善射，时人无不佩服，但他的母亲却不以为然，并忠告他，"汝父教汝以忠孝辅国家，今不务善政异化，而专卒伍一夫之技，岂汝先人之意耶？"②陈尧咨始愤而读书，勤勉为政，终为翰林学士，入掌京畿。1840 年鸦片战争爆发后，

---

① 黄宗智：《中国乡村研究》，北京：商务印书馆，2003 年，第 153 页。
② 夏家善：《家训要言》，天津：天津古籍出版社，2015 年，第 168 页。

列强依靠坚船利炮打开了中国大门，大肆侵略中国，中国面临着沦为西方殖民地的危险。在这种情况下，以曾国藩、李鸿章、张之洞等人为首，掀起了以求强求富为目标的洋务运动。但他们在处理洋务中都认识到了学习西方语言和天文算法的重要性。曾国藩积极鼓励其子曾纪泽放弃科举考试，放弃读八股文，改学天文与英语，1978 年，曾纪泽受命出使沙俄，收回了新疆伊犁，成为一代有名的外交家。张之洞也顶住世俗的压力，让自己的儿子出国留学，"父之所以令汝不远万里而去国求学者，又为何故？即欲汝学成归来，得以上致君、下泽民耳"。①上报国君知遇之恩，下爱黎民百姓拥戴之情，这就是古代中国最质朴的爱国情怀。

习近平总书记在全国教育大会上曾强调，"要在厚植爱国主义情怀上下功夫，让爱国主义精神在学生心中牢牢扎根"。树立爱国主义情感，需要从娃娃抓起，系好人生第一粒扣子，走好人生第一步台阶。爱国主义的起始教育在家庭。2020 年的新冠肺炎疫情中，全体中国人民，团结一致，共抗疫情，一方有难，八方支援，再次弘扬了中国人高度的爱国热情。

二、当代家庭德育存在的问题

随着社会经济的快速发展，我国的各项事业均取得长足进步，教育、医疗、社保等民生事业发展较快，人们的思想道德素质和精神文化素养大幅提升，然而仍有一些不和谐的画面在我们的社会生活中发生，需要引起我们的反思和重视。2020 年的新冠肺炎疫情就像一面透视镜，让我们看到了白衣天使和大量国人默默无闻的工作，看到了大量国人倾其所有地援助国家抗疫救灾，但也让我们看到了少数人的拙劣表现。一个人的道德底线在哪里，虽因人因事因时而异，但和家庭德育有直接关系，和一个人后天的学习有直接的关系。反思我们今天的家庭德育，依然存在以下不足。

---

① 夏家善：《家训要言》，天津：天津古籍出版社，2015 年，第 169 页。

（一）急功近利的功利主义问题严重。

毫无疑问、也不用讳言，教育是有功利性的，通过受教育来获得生存的利益是无可厚非，而且是正当的。"学而优则仕""鲤鱼跳龙门"都是中国人坚守的教育改变命运的信条，但在千百年的流传中，尤其是随着工业社会的发展，教育的功利性被无限放大，很多人几乎忘记了教育功利性的前提：学会如何做人。儒家强调"弟子入则孝，出则悌，谨而信，泛爱众而亲仁。行有余力，则以学文"，懂得了孝悌之道，能诚信待人，能友爱大众，拥有患难与共的心态之后，才能谈得上学习文化知识。也正是这个原因，曾经很长一段时期，语文的第一课教的不是其他知识，而是让学生认识和理解"人"字。

改革开放以来，教育资源特别是优质教育资源的相对不足和适龄入学人口的激增，使得教育问题，尤其是中产阶层家庭的教育问题急剧增加。他们渴望孩子获得更好的教育资源，因而不断拔高孩子的教育目标；再加上为适应科技快速发展需要大量专业技术人员，致使学校教育更加注重专业技能的培养。家庭与学校不再将孩子的兴趣与爱好放在第一位，孩子的学习观在家庭、学校和社会的合力下发生了扭曲：凡是能为自己带来眼前功利的知识便学习，而较少考虑知识对自身和人类的终极价值。

十年前风靡全国的奥数热，原本为了选拔具有潜力的专业人才，却因为抢夺优质教育资源而变了味，导致大多数中产阶级的孩子奔波在奥数辅导的路上。在国家叫停奥数竞赛后，有些学校又以特长生的名义选拔学生，致使大量家长又把孩子送到各种艺术培训班，参加所谓的才艺培训。疫情期间暴露出来的低龄儿童赴国外学习的事情，依然是这种功利主义的表现，他们试图逃避中国的高考制度，甚至是提前做好移民国外的打算。凡此种种，家长的许多行为可以理解，但教育的功利性色彩展露无遗。

我们不否认教育的功利性也不反对教育的功利性，但我们反对这种急功近利的教育功利性。传统家庭德育中从不讳言教育的功利性，

"夫所以读书学问，本欲开心明目，利于行耳"。学习的目的就是使不懂孝悌的人懂得敬老爱幼，不知忠君爱国的懂得忠君爱国之道，不知勤俭操守的人知道勤俭的持家之道；使那些脾气暴躁的人懂得收敛，使那些怯懦之人变得勇敢，使那些不守诚信的人信守诺言……"世人但知跨马被甲，长槊强弓，便云我能为将；不知明乎天道，辩乎地利，比量逆顺，鉴达兴亡之妙也。但知承上接下，积财聚谷，使云我能为相；不知敬鬼事神，移风易俗，调节阴阳，荐举贤圣之至也。但知私财不入，公事夙办，便云我能治民；不知诚己刑物，执辔如组，反风灭火，化鸱为凤之术也。但知抱令守律，早刑晚舍，便云我能平狱；不知同辕观罪，分剑追财，假言而好露，不问而情得之察也。"[①]教育的目的不是为了培养精致的利己主义者，也不是培养空谈治国之道的"纸上谈兵"者，而是培育明天理、易风俗、赏罚明的实用人才。

（二）轻德育，重知识灌输。

从严格意义上讲，轻道德，重知识灌输也是家庭教育中功利性的一个表现，其根本的目的依然是为了孩子能成为"人上人"。但与前者所不同的是，这种教育更狭隘，他更关注的是文化知识，而忽视德育的养成。他们坚信"知识改变命运"，注重教育的工具性，因而紧紧抓住中考和高考指挥棒，要求孩子"一心只读圣贤书，两耳不闻窗外事"。轻视乃至忽视了"仁、义、礼、智、信"的孝善文化、诚信文化、君子文化等家庭德育的传承。当前家庭德育理念的偏差，严重影响了社会主义核心价值观的涵养。

意大利诗人但丁曾说："道德常常能填补智慧的缺陷，而智慧却永远填补不了道德的缺陷。"古代家庭在教育子女时，对于道德与学问，始终是将道德修养放在第一位。明朝王守仁教子侄说："吾非徒望尔辈但取青紫，荣身肥家，如世俗所尚，以夸市井小儿。尔辈须以仁礼存心，以孝悌为本，以圣贤自期。"清朝陆陇其也告诫自己的儿子："非

---

① 《中华传世家训（一）颜氏家训》，郑州：中州古籍出版社，2015年，第24页。

欲汝读书取富贵,实欲汝读书明白圣贤道理,免为流俗之人。读书做人,不是两件事。将所读之书,句句体贴到自己身上来,便是做人的法。"①今天,在社会竞争日益激烈、多文化交流与交锋的现实环境中,古人对德智并重的育人观念对我们有很强的现实意义。

(三)不重视家庭教育环境建设。

家庭教育环境对子女的道德养成非常重要,这已经为当代教育学家所认可。天津社会科学院的关颖认为:父母们做好自己、为孩子创造和谐宽松的家庭环境、与孩子共同享受学校以外更广阔世界中的种种乐趣必定能够给孩子的成长增加正能量,促进亲子和谐,也肯定会有利于孩子学业水平的提升。②实际上,家庭环境对子女成长的重要性在古代家庭教育中,已经得到了高度重视。宋朝有名的爱国诗人苏轼,其人豁达乐观又不乏柔情,其成就的取得与其家庭教育有莫大的联系。苏轼在回忆他的学习环境时曾写道,"门前万竿竹,堂上四库书。高树红消梨,小池白芙蕖。常呼赤脚婢,雨中撷园蔬"。在这样恬静、优美的环境中,苏轼的母亲知书明理、善学善教,常用古代名人事迹教育苏轼立大志、勤学习,同时,苏轼的母亲天性善良,悲天悯人,对花花草草、来庭院中的鸟雀爱护有加,因而培养了苏轼同情民间痛苦、关心民生的品质;苏轼的父亲常游学在外,但对苏轼的功课要求严格,为其学习制定了详细的计划,同时因其游历大山名川,常向苏轼讲述旅途见闻,这使得苏轼从小便见识不凡,胸怀天下。颜之推也在其家训中提到了家庭环境对孩子教育的重要性,"人在少年,神情未定,所与类狎,熏陶染,言笑举动,无心于学,潜移暗化,自然似之,……是以与善人居,如入芝兰之室,久而自香也;与恶人居,如入鲍鱼之肆,久而自臭也"。③一个人童年时养成的生活习惯、道德情感、性格等,都会长

---

① 何桂美:《古代家庭德育》,武汉:中国地质大学出版社,2010年,第13—14页。

② 关颖v的博客:《教育孩子 靠别人不如靠自己》,blog.sina.com.cn/s/blog_4915a-6860102wagg.html。

③ 《中华传世家训(一)颜氏家训》,郑州:中州古籍出版社,2015年,第20页。

时期乃至终身影响他的为人处世行为。

但可惜的是,今天许多家庭并没有对家庭环境在教育中的重要性给予足够的重视,或者说还没有正确理解家庭环境对孩子道德养成的重要性。前者如 2020 年未成年出国学习事件,据相关权威媒体披露,2020 年 4 月 3 日首批包机回国的未成年出国学生最小的只有六七岁。这样年龄段的孩子正是接受母语的最佳时期,让他们长期生活在非汉语体系的国度,会降低对汉语语言文化的理解和接纳,也会降低对民族、国家文化的热爱与认同。现实生活中,许多父母不惜重金购买了学区房,努力为孩子的上学铺好路,也将自己的家装修得富丽堂皇,满以为这样就可以比拟"孟母三迁"了,但在家中却没有孩子嬉戏乃至学习的独立空间;现代化的电器设备取代了书架,电脑、手机、iPad 取代了书籍;一边苦口婆心劝孩子好好读书,一边不停聊天刷视频;一边要孩子懂得勤俭,一边点外卖晒名牌……口是心非、表里不一的教育自然不会起到应有的作用。可见,即使认识到了家庭环境对孩子成才的重要性,但不知何为良好的家庭育人环境,甚至环境与人分离,这些都是不利于孩子成长的。

(四)缺乏勤俭的实践教育。

明朝的姚舜牧告诫家人:"家处穷约时,当念守分二字。家处富盛时,当念惜福二字。"[①]言简意赅的"守分"与"惜福"道出了勤俭不仅仅是一种生活方式,更是一种道德品质,是一种人格修养。面对物质资料丰富的现状,我们的简朴生活不是要求降低生活质量,回到节衣缩食的过去,而是要懂得理性消费,懂得如何提高精神生活的质量,而不只是追求物质生活;工业化、信息化的新时代,我们对勤快的理解也应该更新,它不仅仅是早起晚睡的标志,而应该是讲求体力与智力的结合,应该从工作、学习效率上去认识;勤俭是一个人道德修养的表现形式,透过勤俭与否可以看到一个人是否有较强的意志力和正确的生活

---

① 从余:《中国历代名门家训》,上海:东方出版中心,1997 年,第 77 页。

价值观。由此可见,个人的勤俭与否,于家庭而言,是家庭价值观的导向标,于国家而言,是自力更生、艰苦奋斗的民族精神的传承。

勤俭节约是中华民族的传统美德,但随着物质生活水平的日益提高,这一传统美德已经出现淡化,尤其是在青少年身上,勤俭节约甚至已经成为他们只识其字不知其意的字词而已。由于现在绝大部分家庭都只有一个或两个孩子,而在生活质量和医疗保障的双重作用下,爷爷一辈人身体依然硬朗,不需要投入过多精力照顾,因而年轻的父母将所有精力都倾注在孩子身上,甚至一部分爷爷奶奶还能继续照顾孙子辈,这使得一家人都成了孩子的"服务员",孩子要什么有什么,助长了孩子享乐和浪费的奢侈之风。家长包揽一切的做法,实际上剥夺了孩子体验劳动的权利。今天,尤其是在城市中,能让孩子体验劳动的场所越来越少,家务劳动成了最好、最直接的体验方式。但在父母及其爷爷奶奶的庇护下,孩子基本过着衣来伸手、饭来张口的生活,即使父母让孩子干,由于爷爷奶奶的庇护,孩子们很难真正体验到劳动的艰辛,长此以往,导致了他们做事恒心不够、缺毅力,遇到困难缺乏克服困难的勇气。

在节约方面,父母尤其是祖辈经常会给孩子讲,但在生活实践中孩子却无法直观感受到这一教育,反而是一些父母长辈的高消费、高浪费给孩子做了反面教材。意大利教育家玛莉亚·蒙台梭利提出,儿童受教育的直接方式就是感官教育。生活在这样的环境中,耳濡目染父母的这种做法,再加上被剥夺的劳动体验,还怎能奢谈孩子养成勤俭节约的好习惯?

（五）缺乏家国情怀的担当教育。

"所谓家国情怀,就是个人对家庭、国家等共同体的认同和热爱。其基本内涵包括家国同构、共同体意识、仁爱之情、进取之心,其实现路径强调个人修身、行孝尽忠、重视亲情、乡土情结、民族精神、爱国主义和天下意识。从本质上说,家国情怀是对家庭、家乡和国家,以及生于斯长于斯的人民所表现出的深情大爱,是一种高度的认同感、归属感、责任感和使命感。"①家国情怀是在中华民族优秀传统文化中积淀形成的,责任担当是其精髓所在。千百年来,无数圣贤伟人、革命志士为了国家的存亡和黎民百姓的安危,抛头颅、洒热血,留下"先天下之忧而忧""天下兴亡,匹夫有责""苟利国家生死以,岂因祸福避趋之"等脍炙人口的名言壮志。习近平总书记也在 2019 年春节团拜会上强调,"我们要在全社会大力弘扬家国情怀……让每个人、每个家庭都为中华民族大家庭做出贡献"。

爱家的前提是家和。家和需要"父慈子孝","骨肉之失欢,有本于至微而终至不可解者",②和睦的家庭能给孩子心理上的愉悦,使孩子乐于待在家中,成年人乐于为家贡献力量。爱家需要有常业,"贫贱有业,则不至于极寒;富贵而有业,则不至于为非",③职业追求实际上是一种担当意识,懂得为"家业兴旺"贡献力量。

爱国是一种社会价值,但对每个具体的个体而言,爱国更是一种真实的情感。这种真实的情感源于对家的依赖。"中国人把自己看作属于他们家庭的、同时又是国家的儿女。"④因此,中国人认为自己归属于家,也归属于祖国,家与国是一体的。也正是在这种情感支配下,中国人才形成了"天下之本在国,国之本在家""家贫显孝子,国难识忠臣"等家国相通的思想。爱国与爱家是两位一体,互不分离的。

但遗憾的是,这种爱家爱国的情感教育在今天的家庭教育中有时被淡化,甚至被漠视。一则是城市化打破了安土重迁的传统思想,"家"越来越小,"家人"越来越少,孩子为"家"所担负的责任意识也日趋减弱;二是功利主义思想泛化,父母为孩子赢在"起跑线"上,有选择地进行教育,重智轻德;三是盲从主义思想泛滥,家庭教育缺乏个性

① 朱永新:《重构新时代语境下的家国情怀》,《中国教育报》2019 年 11 月 28 日,第 9 版。

② 《中华传世家训(三)袁氏世范》,郑州:中州古籍出版社,2015 年,第 169 页。

③ 同上书,第 171 页。

④ 黑格尔:《历史哲学》,北京:商务印书馆,1963 年,第 16 页。

化,在功利主义泛化影响下,很多家庭盲从他人,追逐时尚,实行民主化"绅士"教育,但由于教育不得要领,不仅没有培养出"绅士",反而培养了一部分"数典忘祖"之人:打着民主自由的旗号举报老师、向老师要自由;部分留学生三观不正的言论等现象,虽然只是一小部分人的思想、行为,但折射的却是当前家庭德育中爱国情怀教育的不到位,表现的是部分青年缺乏为国分忧的担当意识。

三、当代家庭德育的重构

家庭是以婚姻和血统关系为基础的社会单位,包括父母、子女和其他共同生活的亲属在内。不管时代如何变化,家庭德育的内涵如何变化,但家庭德育的施动者依然是父母和孩子。因而当代家庭德育的重构也应该从父亲、母亲、夫妻与孩子等四个方面去考虑。

（一）家庭德育重构需要父亲的"阳刚之气"。

何为阳刚之气?百度认为"阳刚之气是形容人的内在精神、气度及言行,多用于形容男性。意指积极向上的精神,宽厚豁达且刚强凌厉的气度,坚持正确的行事准则,正直仗义的言行"。学者王继华也认为"阳刚之气表达的是风度、气概、体魄的伟岸和强健气质的外化,而其内涵却是执着、进取、顽强、正直、勇敢、坚韧、自信、自强的精神的体现"。①2021年1月教育部答复"防止男性青少年女性化"的提案称,男性在风度、气概、体魄等方面表现出刚强之气,是一种美,但阳刚之气并不等于简单的"行为男性化"。教育不只是培养"男人""女人",更应注重培养人的担当和责任感。文明其精神,野蛮其体魄,让身体和心智一并健康成长,才是最该被关注的。阳刚之气的养成不是一蹴而就的,它需要长期的培养、浸润。阳刚之气的养成离不开父亲。

1. 修身处世

先做人后做事是人人明白但又非人人能做到的。尤其是在今天,

---

① 王继华:《家庭文化学》,北京:人民出版社,2010年,第119页。

很多家庭关注孩子的学习成绩远远超过了关注孩子的身心健康,做人与做事的先后性或孰轻孰重的问题更显得重要。实际上,早在春秋时期,孔子就给出了明确的答案,"弟子入则孝,出则悌,谨而信,泛爱众,而亲仁。行有余力,则以学文"。①作为教育家,孔子极其重视道德教育,怎样从一个无知的孩童成长为对社会群体有用之才,孔子给出了浅显明了的回答,那就是,做人应当先修德,再学知识。也就是说,对于弟子的教育,孔子认为应当从伦理教育入手,首先在家孝顺父母,敬重兄长;其次,学习待人接物,做到严谨守信;这些根基打好后,再进行文化知识的学习。如果只学习文化知识而不懂得孝敬父母、待人接物,那他所学与所做之事就会相差千里。清代大学士张英在教育孩子时更是多次强调做人的重要性:"读经书,修善德,慎威仪,谨言语。"读书的根本目的不在其他而在修善德,在这种道德修养中,站在他人立场考虑问题,与人为善是十分重要的一环。张英的思想对同样是大学士的儿子张廷玉影响极大,张廷玉也说:"与人相交,一言一事,皆须有益于人,便是善人","能处心积虑,一言一动,皆思益人而痛戒损人,则人望之若鸾凤,宝之如参苓,必为天地之所佑,鬼神之所服而享有多福矣"。张英因为人淳厚,学识渊博而被康熙帝选入专门"学习儒经、研究历史,探求治国方略"的南书房供职,长期与皇帝相处使其身份显赫,但作为一家之主的他并没有使用这份特权,在老家因宅基地与他人相争之时,告诫家人主动退让,留下了著名的"六尺巷"。也正是在其高尚道德情操和宽宏的处事风格下,其子张廷玉与其孙张若霭、张若澄先后入职南书房,成为罕见的"南书房世家"。

2. 励志勉学

在人的所有品格中最核心的当属立志。明朝黄宗羲曾说,"学者志不立,一经患难,愈见消沮,所以要先立志"。古人认为,志向是一个人学业和事业走向成功的起点,虽然有志者不一定都能成就事业,但

---

① 李学勤:《论语注疏》,北京:北京大学出版社,1999 年,第 8 页。

能成就事业的人一定是有远大志向的人。明朝著名谏臣杨继盛受奸臣陷害,在临死时教育自己的孩子,"人须要立志。初时立志为君子,后来多有变为小人的。若初时不先立了个定志,则中无定向,便无所不为,便为天下来之小人,众人皆贱恶。我希望你们发愤,立志要做个君子,即使不做官,人人也都敬重你们。故我要你们第一先立起志气来"。"你读书若中举中进士,思我之苦,不做官也是。若是做官,必须正直忠厚,赤心随分报国。"①杨继盛一生官职未过五品,却被誉为"明代第一直谏义士"。从 32 岁中进士到 38 岁被陷害下狱,始终没有向奸臣低头。在短暂的六年为官生涯中,深刻体味到小人当道的危害,因而要求自己的孩子一定要立志向学。他并没有因为自己深受奸臣陷害而怨恨国家,反而更激进地要求儿子为官之后一定要做清官,为国家解忧分难。冰心在青年时代,出于为母亲治病的动机,打算将来做一名医生,他的父亲知道这事后,不仅没有反对,还从国家与民族的高度鼓励女儿的学医选择,"古人说,'不为良相,必为良医',东亚病夫的中国史需要良医的,你就学医吧!"②父亲给孩子传递和营造的这种励志勉学的氛围潜移默化地渗透在孩子的成长中,激励着孩子持续向上。晚清中兴名臣曾国藩的父亲就教育曾国藩在从政时要以国家和人民为重,不可急求名利,这种大格局的教育对于曾国藩的从政生涯影响深远,这或许也是其能在晚清政局中能独挡一面而又独善其身的原因。

3. 齐家兴业

古语云:"家和万事兴。"中国人最重视家庭的和睦,认为家庭的和睦是一个人取得事业成功、社会认可的根本。然而治家犹治国也,治理好一个几十人乃至几百人的大家庭实在不是一件容易的事。尽管今天家庭的规模越来越小,但面对日益加快的生活节奏与物质欲望的

---

① 邹博:《中华传世家训》(第一卷),北京:线装书局,2011 年,第 44、45 页。
② 同上书,第 119 页。

不断提升,家庭内部的矛盾也是层出不穷。尽管家庭的和睦是全家人共同努力的结果,但父亲应该起到更大的作用。不论哪个朝代,望子成龙(凤)是所有父母的殷切期望,然而常常不能如意,颜之推认为这是因为在教育孩子时没有帮助孩子养成良好习惯,存在溺爱、骄纵、偏爱孩子的现象,杜绝这种现象发生的主要责任人在于父亲,"父子之严,不可以狎;骨肉之爱,不可以简。简则慈孝不接,狎则怠慢生焉","人之爱子,罕亦能均,自古及今,此弊多矣"。①作为父亲,不仅要以宽广的胸怀引导孩子互相谦让,还要引导孩子勤俭持家。"为人父祖者,莫不思利其后世,然果能利之者鲜矣。何以言之? 今之为后世谋者,不过广营生计以遗之,田畴连阡陌,邸肆跨坊曲,粟麦盈囷仓,金帛充箧笥,慊慊然求之犹未足,施施然自以为子子孙孙累世用之莫能尽也。然不知以义方训其子,以礼法齐其家,自于十数年中,勤身苦体以聚之,而子孙以岁时之间,奢靡游荡以散之,反笑其祖考之愚,不知自娱,又怨其吝啬无恩于我而厉之也。"②

(二)家庭德育重构需要母亲的"柔顺之美"。

司马光在其《家范》一书中引用司马迁对女子的论述说:"太史公曰:'夏之兴也以涂山,而桀之放也以妹喜;殷之兴也以有娀,纣之杀也嬖妲己;周之兴也以姜嫄及大任,而幽王之擒也,淫于褒姒。故《易》基乾坤,《诗》始关雎。夫妇之际,人道之大伦也。礼之用,唯婚姻为兢兢。夫乐调而四时和,阴阳之变,万物之统也,可不慎欤?'为人妻者,其德有六:一曰柔顺,二曰清洁,三曰不妒,四曰俭约,五曰恭谨,六曰勤劳。夫天也,妻地也;夫日也,妻月也;夫阳也,妻阴也。天尊而处上,地卑而处下。日无盈亏,月有圆缺。阳唱而生物,阴和而成物。故妇人专以柔顺为德,不以强辩为美也。"③无论是司马迁还是司马光,认为夏朝的兴盛,是因为有了涂山,而夏桀最终被流放,罪在妹喜;商

---

① 楼含松:《中国历代家训集成》,杭州:浙江古籍出版社,2017年,第9页。
② 邹博:《中华传世家训》(第三卷),北京:线装书局,2011年,第1014页。
③ 楼含松:《中国历代家训集成》,杭州:浙江古籍出版社,2017年,第205页。

朝的兴起,功归于有娀,商纣王残酷杀戮朝臣,是因为他宠爱妲己;周代的兴起是因为有姜嫄及大任,而幽王最终被擒,是因为有褒姒的荒淫,将一个朝代的兴替归结为女子。尽管他们都是站在男权主义的角度看待女子,这种认识自然也不值得提倡,但他们所述之事却也折射出了女子在家庭德育中的重要性,尤其是将女子的柔顺之美列为六德之首,这种认识无疑是正确的。

母亲在家庭德育中所起的作用绝不亚于父亲。由于母亲是孩子饮食起居的主要负责人,母亲的一举一动、一言一行、穿衣戴帽、待人接物等都会对孩子日后的发展产生深刻的影响。"不管是母亲有意还是无意,对于子女都是一种水滴石穿式的精神浸润。它既是一种文化的取向,又构成一种文化育人的精神激励,对于子女日后走上社会独立生活或工作起着刻骨铭心的引领作用。"①母亲在家庭德育中不是通过自己的说教发挥作用,而是通过自身品格的提升来浸润孩子。

首先,母亲是孩子迷途中的指路人。人的一生会碰到无数或大或小的困境,有时候我们的失败往往来自一些不起眼的困境。母亲作为孩子最亲近的人,依靠女性特有的观察力,往往会成为孩子迷途中的一盏明灯。杞梁是春秋时期齐国大夫,齐庄公攻打莒国时,杞梁没有受到重用,情绪低落,杞梁的母亲看到后说,"汝生而无义,死而无名,则虽非五乘,孰不汝笑也? 汝生而有义,死而有名,则五乘之宾尽汝下也"。杞梁听后,心情豁然开朗,追随齐庄公至莒国,并以死相拼,替齐国攻占莒国。②杞梁的母亲或许不会有太高的国家政治观,只是依靠自己对人生的理解,激励自己的孩子走出低迷情绪,而她的寥寥数语却成就了儿子的扬名后世。我们耳熟能详的孟母三迁成就孟子一代亚圣的事迹,充分展现了母亲在孩子迷途中指点出路的高超教育艺术。唐代赵武孟的母亲深明大义,知道读书是男儿的第一要务,面对

---

① 王继华:《家庭文化学》,北京:人民出版社,2010 年,第 147 页。
② 邹博:《中华传世家训》(第一卷),北京:线装书局,2011 年,第 5 页。

儿子四处游荡驰骋田猎用所获猎物向她表孝心时,她并不因此而高兴,反而机智地认识到,长此下去,儿子是不会有所成就的,于是通过不吃儿子送来的猎物使之将精力放在学习上,"武孟感激勤学,遂博通经史,举进士,官至右台侍御史"。①

其次,母亲是孩子包容心的营建者。心有多大,天地就有多大,梦想有多远,路就能走多远。一个目光短浅、心胸狭隘的母亲不可能培养出志向高远、胸怀宽广的孩子。包容心要求豁达的胸怀,能够淡然看待世界万物,在日常生活中我们经常会面临各种物质的、权力的诱惑,面对诱惑该怎么做,东晋陶侃的母亲给出了答案。陶侃做寻阳县令时,主管鱼粱,拿公家的鱼给母亲吃。陶母知道后说,"汝为吏,以官物见饷,非唯不益,乃增吾忧也"。②陶侃深受教育,尽心为公,成为一代名相。一位城市上班族准备与结发妻子离婚,在离婚前回乡下将这件事告知了母亲,母亲没有任何的表示,只是将半个馒头扔在院子,家中的两只狗为半个馒头互吠,母亲对两只狗说,争什么,互相让让不行吗?结果两只狗竟不再争夺。儿子看到,幡然醒悟,回家不再提离婚之事。这位母亲就用自己的方式无声劝说儿子,让其作出慎重抉择。

仁者心怀天下,智者上下通达。大智者必谦和,大善者必宽容,唯有小智者才咄咄逼人,小善者才斤斤计较。孩子宽广胸怀、礼貌待人的养成需要从小事养起,从小时养起。一个家庭中如果母亲品行低劣、脾气暴躁、专断跋扈、自私自利、目光短浅,她所教育的孩子也会鼠目寸光、急功近利、贪得无厌、不思进取。因而,家庭德育中母亲的角色是不可或缺的,母亲以其特有的教育方式,在浸润中影响、引导孩子的健康成长。

(三)家庭德育重构需要夫妻的"中和之美"。

中和思想是中国儒家处事之道,深刻影响着中国人的行为处事。

---

① 邹博:《中华传世家训》(第一卷),北京:线装书局,2011年,第35页。
② 邹博:《中华传世家训》(第三卷),北京:线装书局,2011年,第1314页。

就夫妻关系而言,这种中和思想表达的是夫妻双方要在互谅互让、诚信友善的基础上达成一种刚柔相合、内外相别、前后相随的认同点;要在日常生活中展现出夫唱妇随、携手并进、白头偕老的互助精神;要体现出面对困难时夫妻并肩、其利断金的克难精神;要表现出面对荣华富贵,物质利诱而不为所动的淡泊精神;还要表现出面临重大抉择时协商合作,周密思考的理性智慧。

和谐的夫妻关系必然能营建出和谐的家庭氛围,和谐家庭氛围是一种无声的道德教育资源。在和谐、互助、互信、互爱的家庭中,孩子自然会有一种温暖、快乐、安全的感觉,也自然会养成性格开朗、热情大方、乐于助人的习惯。孩子品德的培养,尤其是幼儿时期,行为与环境的教育往往胜过言语的说教。和谐的夫妻关系告诉孩子何为赏识别人、不妄自菲薄。人性都有渴望别人赏识的趋利面,尤其是少年儿童,他们极力想表现自我,想得到大人的认同,但由于意志薄弱、理解力正在提升中,他们的一些想法不可避免地带着幼稚,在和谐夫妻氛围中,夫妻会以赏识的眼光和态度去对待孩子的不足,并及时引导孩子认识自己的不足和他人的不足,并对这种不足给予客观的评价。和谐的夫妻关系告诉孩子如何感恩。一个人如果在年幼时没有感受到感恩别人,在成年之后几乎不可能成为一个乐于助人、懂得感恩的人。在家庭中,夫妻双方虽各有其责、各有其事,这只是分工不同而已,其实都是为了家庭的兴旺发达而努力。夫妻之间彼此的谦让、彼此的感谢、彼此的理解与帮助,都会映入孩子的眼帘、深入孩子的心田,最终在天长日久中转化为孩子的感恩行为。

宋代史浩对夫妻关系有深刻而全面的认识,他在《童蒙须知·夫妇篇》中写道:"天地生万物,阴阳相配偶。两家因媒妁,是以为夫妇。男贵有器识,不问财薄厚。女贵有贤行,不问色妍丑。二者既相值,家肥得长久。二者傥不然,举动多掣肘。夫无妇承顺,何以事父母。妇无夫应援,何以事姑舅。外或专放荡,薄游酗樽酒。内或资悍厉,争竞恣纷纠。傥信牝鸡晨,长舌肆谗口。离间骨肉亲,败乱廉洁守。居官鲜德操,居家失孝友。渐渍不觉知,顿使初心负。故须砺刚方,循循常善诱。使其良心生,悔恨能自咎。若也纵沉迷,一切俱听受。"①尽管他的认识中依然有男尊女卑的认识,但他明确指出了夫妻关系对家庭和睦的重要性,指出了夫妻关系对后代的影响。

夫妻关系实际是家庭德育中重要的文化因素。夫妻关系和谐与否直接关系到孩子未来发展。营建和谐的夫妻关系,营造和谐的家庭氛围,为家庭德育提供宽松的文化环境,这是家庭德育能否正向发展的关键因素。

（四）家庭德育重构需要孩子的"孝悌之义"。

孩子在家庭道德教育中永远处于受教育者的地位,在代际更替过程中,不论年龄有多大,只要父母在,就永远是孩子。在家庭德育的重构中,孩子所担负的角色是多重的,但在家庭德育文化氛围的营造中,履行孝悌之义是孩子的责任与义务。

孝是中国文化的根,体现了儒家亲亲、尊尊、长长的伦理精神,著名哲学家黑格尔认为,"中国纯粹是建筑在这样一种道德的结合上,国家的特征便是客观的'家庭孝敬'"。孝是一种纵向关系,规范着家庭中父母和孩子之间、孩子和长辈之间的行为,其行为方式随着时代的变化在发生变化,但其基本的内涵精神也就是晚辈对长辈的尊敬是不变的。孝是一种感恩。"人当婴孺之时,爱恋父母至切。父母于其子婴孺之时,爱念尤厚,抚育无所不至。盖由气血初分,相去未远,而婴孺声音笑貌自能取爱于人。亦造物者设为自然之理,使之生生不穷。虽飞走微物亦然,方其子初脱胎卵之际,乳饮哺啄必极其爱。有伤其子,则护之不顾其身。然人于既长之后,分稍严而情稍疏。父母方求尽其慈,子方求尽其孝。飞走之属稍长则母子不相识认,此人之所以异于飞走也。然父母于其子幼之时,爱念抚育,有不可以言尽者。子虽终身承颜致养,极尽孝道,终不能报其少小爱念抚育之恩,况孝道有

---

① 楼含松:《中国历代家训集成》,杭州:浙江古籍出版社,2017年,第325页。

不尽者。"①袁采从一个人出生受父母的百般抚爱的情景谈起,意在告诫所有子弟不要辜负父母的养育之恩。父母养育孩子,千辛万苦,孩子对父母尽孝顺之心,是天经地义的事,即使是努力侍奉父母,也难以报答父母的恩情。唐诗"谁言寸草心,报得三春晖"讲的就是报答父母养育之恩的事。当这种感恩之心外延,就变成了对朋友的忠诚与对国家的爱,即所谓的移孝作忠。实际上,一个在家不能孝敬父母的人,不可能对朋友忠信,更不可能做到对国家忠诚。

悌是一种横向关系,是兄弟姊妹之间的长幼互助关系。兄弟关系是《颜氏家训》中专门讨论的一个话题,颜之推重视兄弟之间的骨肉亲情,他从兄弟关系在整个家庭关系中的重要性,劝告子辈一定要保持兄弟之间的团结、友爱,"兄弟者,分形连气之人也""兄弟相顾,当如形之与影,声之于响""兄弟不睦,则子侄不爱;子侄不爱,则群从疏薄;群从疏薄,则童仆为仇敌矣"。②袁采也认为兄弟相爱是极为重要的事,认为世人因情感和财产纠纷问题发生兄弟之间互相争斗的事是可憎的现象。清代姚延杰将兄弟关系与对父母的孝放在一起,"若阋墙有变,定伤庭帏之心,是不友即不孝矣"。③认为兄弟之间因为财务而争斗,导致兄弟不和,家庭不稳,最终使父母心里难过,这实际上就是不孝。

总之,中国传统家庭德育不是单纯的说教,而是在一定的时代背景下、在一定的文化氛围中长辈对晚辈进行的一种润物细无声的教化。家庭德育的内容与方法是随着时代的发展而不断发生变化的。今天我们不可能完全照搬过去的家庭德育,也不可能完全按照过去的家庭德育方法教育和要求自己的孩子,但我们也不能无视传统家庭德育的内容与德育方法,我们只有通过对顺应时代变化的家庭德育核心要素的抽取,并赋予这种要素文化的内涵,或者从文化的角度去重新定义这种核心要素,才能真正重构起顺应时代的家庭德育。

---

① 楼含松:《中国历代家训集成》,杭州:浙江古籍出版社,2017年,第711页。
② 同上书,第10页。
③ 邹博:《中华传世家训》(第四卷),北京:线装书局,2011年,第1545页。

第二章 智:创造之源

第一节 我国传统家庭智育的产生与发展

一、智育与家庭智育

(一)智育

智育是一个现代教育学的概念,关于智育的内涵最早可追溯至古希腊时期亚里士多德的关于德育、智育和体育分类的学说,其后夸美纽斯、洛克等也都提及智育的相关概念。最早明确提出智育概念并对其进行论述的,是19世纪英国教育家斯宾塞在《教育论》(1861)一书中谈及的。《教育论》包含四篇论文:《什么知识最有价值》《智育》《德育》《体育》,斯宾塞首次明确提出包括智育、德育、体育的教学体系,并将智育置于首位,提出了一个以自然科学为主要内容的学科体系。[①]

智育是一个历史范畴,亦是一个文化范畴。智育的产生、发展都是随着文明的发展而不断演进。任何一个民族的文化,都有它自己的土壤和空气,都有它自己的载体和灵性,当然也就都有它自己的长处和短处,稚气和老练。[②]在中国古代的教育思想中,虽然没有形成专门且系统的智育理论,甚至极少使用我们现在常常讲的"智育"概念,但

---

① 〔英〕赫·斯宾塞:《斯宾塞教育论著选》,胡毅、王承绪译,北京:人民教育出版社,2006年,第5页。

② 中华文化通志编委会:《中华文化通志·教化与礼仪典·智育志》,上海:上海人民出版社,1998年,第1页。

是,中国古代的教育家、思想家却提出了一些与智育相接近的概念,并且非常深入地探讨了智育方面的理论问题,提出了丰富的智育思想。中国古代智育发展时段起源于远古时期一直到清朝末年封建社会结束为止。在古代的历史文献中,与"智育"概念关系最大、最接近的概念是"智"与"学"。首先看"智"的概念。最早论述"智"的是在先秦的文献典籍中。在许多文献古籍中,"智"与"知"常常通用。《墨子》曾经给"智"下个定义:"恕,明也。"(《墨子·经上》)此处的"恕"即古"智"字,其含义是一种明察事物的智力。这种智力又是以主体已掌握的知识为前提的,《墨子·经说上》云:"恕:恕也者,以其知论物,而其知之也著,若明。"这里在定义"智"时,是指人用已经掌握的知识去探讨事物,就能获得明晓的认知能力。这时,"智"不仅是一种能认识事物的智力,还包括已经掌握的知识。荀子也曾给"智"下了个定义,他说:"是是,非非,谓之知;非是,是非,谓之愚。"(《荀子·修身》)他认为"智"就是一种正确判断是非的智慧和能力。他说:"所以知之在人者,谓之知。知有所合,谓之智。"(《荀子·正名》)这里的"所以知",是指一种认识能力或智力;这里所言的"智",则是指人的认识、知识若能与客观事物相合,便是那些正确的知识。可见,荀子也是从智力、知识两个方面来定义"智"的。西汉扬雄也提出相关学说:"智也者,知也。夫智,用不用,益不益,则不赘亏矣。"(《法言·问道》)他认为"智"就是知道一切,能够利用不用的东西,使无益的变得有益。这里,"智"既是认识的知识,又是一种智慧和能力。还有学者认为"智"是一种创造能力,《周礼·考工记》云:"知者创物,巧者述之,守之。"这里,"智者"和"巧者"的区别在于前者有创造能力,后者则只能模仿。从上面所列举的材料来看,先秦文献所论述到的"智",包含着智育所要发展的智慧、聪明和所要传授的知识技能等含义。在古代,"学"也是一个和智育的意义有关的概念。"学"的本义无非是学习、仿效。《尚书·说命下》云:"学于古训,乃有获。""学"作为一个动词,是指对他人的经验、知识、技能及智慧的学习和仿效,因此,古代思想家们总是将"学"与"智"

两个概念结合起来。虽然也有些思想家认为一些"圣人"是"生而知之",但他们基本上都承认,一般人都须是"学而知之"的。因此,他们常常将"学"与"智"放在一起考虑。孔子认为自己非"生而知之"者,并将人的知识、智慧和能力均看作是学习的结果,他说:"好知不好学,其蔽也荡。"(《论语·阳货》)"少而不学,长无能也。"(《荀子·法行》)在这里,他将智("知")、能与学联系起来,认为"学"是获得智慧、能力以及知识的根本途径。以后的教育家、思想家们也往往是将"学"与"智"联系起来。《中庸》有云:"好学近乎知(智)。"这里提出好学是获得知识、发展智力的途径。

《墨子·经说下》云:"唱而不和,是不学也,智少而不学,必寡。"这里指出,智少而不学习,必然是孤陋寡闻。《荀子·儒效》云:"我欲贱而贵,愚而智,贫而富,可乎?曰:'其为学乎!'"荀子认为通过"为学",即可使人由愚蠢而变得聪明。宋张载《理窟·义理》云:"人不知学,其任智自以为人莫及,以理观之,其用智乃痴耳。"他认为不通过学,其智乃是一种"痴",这就绝不是真正的智。由此可见,古代思想家、教育家主张"学"是达到"智"的根本途径和手段,那么,这里所言的"学",均可以理解为现代的智育。

另还有一个与智、学非常接近的概念,即是知。"知"作为动词,常常与"学"接近,指获得认识、知识。《荀子·解蔽》云:"凡以知,人之性也;可以知,物之理也。"这里所言"知",指去认识并获取知识。"知"作为名词,又往往接近于"智",意指一种认知能力和智慧。这在前面已有论述。所以,"知"也是一个和智育很有联系的概念。

中国近代智育主要是在1840年鸦片战争之后到1949年中华人民共和国成立之前这个阶段。在近代的各种文献中,"智育"已经作为一个明确的概念被提出,并被广泛应用。如,1897年南洋公学学生编辑蒙学课本时,曾经介绍"泰西教育之学,其旨万端,而以德育、智育、体育为三大纲。德育者,修身之事也;智育者,致知格物之事也;体育者，卫生之事也。蒙养之道，于斯为备"。①王国维1903年在《论教育之宗旨》一文中提到，"德育与智育之必要，人人知之"。报刊中发有直接以"德育、智育、体育"为题的小文，如《妇女缠足于德育、智育、体育全有妨害》，②1905年，陕西高等学堂学生尹钧发表习作《德育、智育、体育论》，③这些都足以说明"智育"这个概念在20世纪初的时候已在中国确立了其明确的地位。

中国现代智育主要指1949年中华人民共和国成立以后这个阶段。新中国成立之初，我们在智育养成上秉持马克思关于人的全面发展的学说，特别是借鉴前苏联凯洛夫、马卡连柯、乌申斯基等人的教育学思想，注重培养共产主义社会的全面发展的人。在智育的内容上，要求所有学校必须进行马克思列宁主义的政治教育和思想教育，包括阶级观点、群众观点、劳动观点、辩证唯物主义观点教育。④改革开放以后，在拨乱反正的基础上，我们大量引入国外教育理论，结合中国实际情况进行反思借鉴。我们国家逐渐确立了培养"有理想、有道德、有文化、有纪律"的社会主义"四有"新人，智育上也突出教育与生产劳动和社会实际相联系。例如1985年5月27日通过的《中共中央关于教育体制改革的决定》就对教育的思想、内容和方法上进行反思，并指出，教育在"从小培养学生独立生活和思考的能力很不够，发扬立志为祖国富强而献身的精神很不够，生动活泼地用马克思主义思想教育学生很不够，不少课程内容陈旧、教学方法死板、实践环节不被重视、专业设置过于狭窄，不同程度地脱离了经济和社会发展的需要，落后于当代科学文化的发展"。党的十八大以来，中国特色进入新时代，国家对人才培养也做出了新的要求，我国的智育在内涵、内容、方法方面也

---

① 朱有瓛、高时良：《中国近代学制史料（一辑下）》，上海：华东师范大学出版社，1983年，第514页。

② 《妇女缠足于德育、智育、体育全有妨害》，载《大公报》，1904年11月22日。

③ 尹钧：《德育智育体育论》，载《秦中官报》，1905年第5期。

④ 阮成武：《新中国70年培养新人的教育进路》，载《教育研究》，2019年第8期，第15—23页。

都有了相应的改革。

智育不等同于知识、技能、智力,而是一种相互融合的关系,亦是一种历史长河中不断发展的产物。人们一般是根据智育的任务来界定智育的,由于人们对智育任务的认识不尽相同,所以人们对于智育的定义也就存在差异。但是人们一般认为智育作为我国社会主义教育的一个重要组成部分无疑是一个相对独立的范畴。①综上,智育则是指有目的、有计划、有组织地向受教育者传授知识和技能,启迪发展受教育者智力的教育活动。对于智育来说,传授知识与技能、发展智力已成为基本共识,同时也有学者指出,智育是提升学生的核心素养,培养创新精神和实践能力的活动。②

(二)家庭智育

智育是人类教育活动的重要组成部分之一,而家庭智育则是智育的基础和根本。家庭智育是家庭教育的重要一环,和家庭德、体、美、劳育等结合在一起构成完整的人的教育。家庭智育伴随家庭的出现而产生,家庭智育的产生和发展以及继承和延续经历漫长的历史阶段,而且在继续传承、延续和发展。

中国古代的家庭智育不仅是古代智育的一个重要组成部分,而且也是中国历史文化体系中重要的一个方面。中国古代历史上早就存在丰富的家庭智育思想。古代的思想家、教育家们虽然很少有关于智育的专论和专著,但在论述到有关教育、人才等方面的问题时,则对家庭智育理论问题发表了很深刻的见解。对于"家庭教育"最早提及的是《论语》,孔子曾多处论述了"智",他说:"知者不惑。"(《论语·宪问》)"知之为知之,不知为不知,是知也。"(《论语·为政》)这里两处的"知"均同于"智",前者认为有智慧的人不会被迷惑,后者强调对知与不知有一个正确的态度就是"智"。虽然没有明确定义家庭智育,但在

---

① 瞿葆奎:《教育学文集智育》,北京:人民教育出版社,1993年,第72页。
② 教育学原理编写组:《教育学原理》,北京:高等教育出版社,2019年,第166页。

论述中无不透露家庭智育的内涵。显然，这里是从聪明、才智、智慧的意义上定义"智"，亦是"家庭智育"中"智"的精髓。这是对"智"的一个比较通用的理解和解释，当时以及后期许多思想家均是从这个意义上来定义"智"的。

中国家庭智育是伴随家庭的出现而存在，并与中华文化同时产生和演进的，对中华文化的保护、发展起到了重要的促进作用。在远古的原始社会，人们只能通过捕捉猎物、采集植物以维持生活，这时，关于捕猎、采集的知识、技能成为当时最重要的家庭智育文化。所以，当时出现"教民以猎"、"教民以渔"（《尺子》卷上）的家庭智育活动。随着时间的发展，后来人民慢慢依靠农业生产和畜牧业以维持生活，农业知识技术、畜牧业技术则成为家庭主要的智育内容和智育文化。据史籍记载："神农乃始教民播种五谷，相土地，宜燥湿肥跷高下，尝百草之滋味，水泉之甘苦，令民知所避就。"（《淮南子·修务训》）

古代时期的农业知识技术并非某一个圣人创造并传授的，更多的是人们在学习后，通过环境熏陶、耳濡目染、榜样示范等方式在家庭中进行传授和教育。从这些历史追溯中可以发现，以远古农耕为核心的文化，决定了传授农耕知识和技能是家庭智育的核心。后来随着文字的出现，学校的产生以及生产水平和科技的提高，家庭智育有了新的发展。但是，古代家庭智育更多地强调躬行实践，主张一切知识的学习，必须从实际经验出发，而离开实际经验则被认为是"叛道以流于恍惚之中"，（王夫之：《尚书引义》）无论远古的农耕时代还是现代知识学习时代，家庭智育主要是通过家长身体力行开展的。到后期，随着时间的推移，家庭智育的发展逐渐不再局限于农耕、狩猎知识，更多的拓展到经学、佛学等中国传统文化知识以及西方一些科技知识。对于家庭智育的概念并没有明确的定义。

家庭智育有其特有职能，它是将人类创造的文明和积累的知识一代代地传递下去，以实现人类知识、智力的保存、传承和发展。所以，自从人类教育产生，智育就在人类教育中占有极其重要的地位。随着人类文明的发展、认识的深入,知识体系日益丰富,对人的智能水平的要求也越来越高,智育也就显得越来越重要。如果说智育是有目的、有计划、有组织地向受教育者传授知识和技能、启迪发展受教育者智力的教育活动。那么,家庭智育则是指以家庭为主体,依托家庭,结合家庭人员实际情况,有计划、有目的、有系统的开展相关智育活动,以增加家庭成员智力发展进而促进智力能力提升的一项智育活动。对于家庭智育来说,传授知识与技能、发展智力已成为基本共识,同时也有学者指出,家庭智育是提升家庭成员的核心素养,培养创新精神和实践能力的活动的重要部分。

中华文化绵延了五千年的历史,它坦诚似天,虚怀若谷,在漫长的岁月里,家庭智育作为智育文化的一种,伴随着家庭的存在而存在,这个与生俱来的命题,千百年来却像蒙娜丽莎式的微笑,让一代又一代的人去探索背后的奥秘!

家庭智育作为家庭教育的重要组成部分,承担着无言的职责和重任,家庭智育承担着重要的任务,延展着重要的内涵。

传授基础知识和基本技能。向家庭成员传授系统的基础知识,是家庭智育的第一个目标。人类的认识是建立在实践的基础之上,并受到实践的检验。哲学研究的成果告诉我们,知识有不同的种类,例如,知识可以分为关于"是什么"的知识和关于"怎样做"的知识,前者是"知道是什么",后者是"知道如何做"。知识还可以分为"可言说的知识"和"缄默的知识"。前者可以通过语言来表达和传递,后者则主要是通过心领神会,通过长期的观察和模仿而习得。从知识获得的途径看,知识可以分为直接经验的知识和间接经验的知识。家庭成员之间亲密的关系和时间的自由性相比学校而言,对于直接经验和间接经验知识的获得更容易,尤其间接经验的知识,可以通过模仿、询问等方式获得。

技能是通过练习而获得的控制动作执行的合乎法则的行动方式。技能可以分为心智技能和操作技能。心智技能是人在头脑中借助内部语言,以简约的形式进行的智力活动,例如默读、心算、构思等;操作技能由一系列外部动作构成,以完成个体行为意图,例如舞蹈、骑车、运动等。家庭中宽松的环境为技能的学习提供条件,例如,骑自行车等技能学习不一定需要去学校学习,很多都是通过家庭成员的互相学习而获得。

发展智力。智力是指个体认识、适应和改变外部世界的心智能力,它是适合于多种活动要求、为人所共有的一般能力,包括观察力、记忆力、想象力、思维力、行动力、创新力等,是个体在特定的社会或文化环境下用以解决问题或生产、创造产品的能力。发展家庭成员的心智能力或理性思维能力,一直都是家庭智育的主要目标之一,也是当今世界教育十分关心的重大问题。随着现代生活劳动以及科学技术在日常生活中的应用,家庭智力的因素日益渗透到工作、生产和生活中来,从而凸显出智力的地位和作用。具有高度的抽象思维能力、想象力、探索力、创新能力,已经成为现代人才的重要素质要求之一。因此,家庭智育越来越注重发展和培养家庭成员的智力。

培养实践能力。培养人的实践能力是现代智育的基本要求,也是家庭智育的基本目标之一。实践能力是指应用所学理论知识以及各种能够获得的信息,有效解决实践问题的能力。随着社会的发展,对于人的要求越来越不仅仅停留在"静态"上,而是追求会学以致用的"动态"整合。家庭智育中从最初狩猎、务农等知识技能学习并运用到现在计算机等电子产品高科技的使用,无不透露家庭智育中实践能力的重要。

家庭智育它和以直,健以稳,文而质,博而精,在家庭教育历史长河中弥留亘古不变的意蕴。随着时代的变迁,它呈现其亦有的姿态,又展现它遗留的风华,随着时代的变化,辉映着"身姿",摇曳着"涟漪","流淌"在历史的长河中。

二、我国传统家庭智育的历史演变

中国传统的家庭智育在历史的长河中经过不断的演绎和变迁。

不同的时期呈现不同的姿态，现有时期的家庭智育在原有家庭智育的基础上继承和发展，传承着优良品质，延续着深刻的内涵。中国传统家庭智育不是一个横向的节点，更像是一个纵向的基点，是基础亦是起点。中国传统家庭智育是教育思想也是文化范畴，是中国传统文化的重要组成部分，丰富中国传统家庭文化，延续和发展家庭智育思想。

中国古代的家庭智育主要指从远古到清朝末年封建社会结束这一漫长历史的智育发展时期。中国古代的家庭一直都很注重对子女的教育，其中有很多家风、家训、家规的文献留存下来，在智育方面有着较多的"戒子""勉学""训子"等家庭教育的文献。先秦时期的家庭教育更多呈现出严重的等级性，对于家庭教育中的智育教育不同阶级所接受到的家庭智育也有很大的区别。据《墨子·尚贤》中记载："伊尹为有莘氏女师仆。"女师仆就是奴隶主贵族子弟的家庭教师。教育史上，伊尹是我国古代第一个见之于甲骨文记载的教师。他开创了我国古代最高统治者贵族家庭教育的风气。作为国王家的家庭教师，伊尹十分注重家庭教育的内容和方法，他认为家庭教育不仅只注重德育，还应该包括最基本的知识、常识、能力的教育。而且还十分强调"慎终于始"，也就是说教育要及早进行，并且要始终如一的持续性，一刻也不能放松。尤其对于家庭智育更应遵循这一准则。另外因为是贵族国王的家庭教育，在智育上更多注重先进知识的传递以及阶级等级内涵的延伸。伊尹的出现使家庭智育也从狭义的家庭成员之间的教育延伸到在家庭中实施智育，这个主体拓展既可以是家庭成员也可以是外来人员在家庭中开展的智育。另外，周公制订了《世子法》，《世子法》是我国古代文献记载中的第一个专门以世子（太子）为对象的法令性文件。《世子法》曰："世子有'师'、'傅'陪奉，其职责是'教以事而喻诸德者也'，这是我国最早提出知识学习和道德培养相结合的思想"。孔子是我国古代伟大的教育家，不仅创立了经久不衰的儒学，而且在家庭教育上也有很大的贡献，尤其在家庭智育上有很多卓越的贡献。孔子就曾勉励其儿子孔鲤潜心治学，孔子曰："鲤，君子不可以不学,见人不可以不饰,不饰则无根,无根则失理,失理则不忠,不忠则失礼,失礼则不立。夫远而有光者,饰也;近而逾明者,学也。"(《吕氏春秋·建本》)主要讲述的是孔子勉励其儿子,品德高尚的人不能不学习,见别人时不能不修饰,不修饰就没有好的容貌,没有好的容貌就会失去理性,丧失理性就会不忠诚,不忠诚就会丧失礼仪,丧失礼仪就不能立身处世。那些看上去放光彩的是需要经过修饰的,越接近就越明白清楚的,一定是通过学习获得的。①

汉魏六朝时期,中国古代开始了漫长的封建社会发展史。秦王朝时期推崇"独尊儒术"的文教政策,因此家庭智育中多半也是经学的内容。而到了魏晋南北朝时期,家庭智育中除了经学还包括玄学、佛学、史学以及一些自然科学技艺及生产技艺等。著名历史学家司马迁,就是因继承家学,才成为汉朝的史官,并著有不朽的史学著作《史记》。班彪也是历史学家,其子班固、其女班昭皆传其家学,班固也成为史官,并著有《汉书》。又如西汉著名经学家、目录学家刘向,曾著有《新序》《说苑》《五经通义》等,刘歆从小即受学于父亲,学识超群,长大以后又奉命与父亲一道校勘秘书,涉猎了经学、史学、诗文、科技等许多学术领域,并著有第一部图书分类学著作《七略》,此外,他在经学方面也很有造诣。汉代盛行学攻专经,于是又出现了许多专经方面的家学。诸如:翟醋四代传习《诗经》;杨宝习、杨震及子杨秉等三代传习《欧阳尚书》;桓郁继承父业,传其家学,又以《尚书》教授后代;甄宇研习《严氏春秋》,他"传业子普,普传子承,承尤笃学,未尝视家事,讲授常数百人。诸儒以承三世传业,莫不归服之,……子孙传学不绝。"(《后汉书·甄宇传》)这种家学形式的学术传授,在中国历史上非常普遍,许多著名的学者,尤其是某一专业领域的专家,往往是和他们的家学传授有关。

---

① 郭齐家、李茂旭主编:《中华传世家训经典》,北京:人民日报出版社,2009 年,第179 页。

到了唐宋时期,家庭智育中儒、释、道并盛,但儒学则恢复了它在文化思想界的统治地位。而且这一时期首次提到要对儿童进行早期教育,尤其从家庭开始。朱熹也特意为儿童早期的学习编著了《童蒙须知》。对儿童的家教开始很早,甚至在婴儿出生之前,就可能进行"胎教"。古代早就有"胎教"的理论和实践。贾谊《新书·胎教》云:"周妃后妊成王于身,立而不跛,坐而不差,笑而不喧,独处不据,虽怒不骂,胎教之谓也。"所以如此,因为"胎教"是人的品质、智力发展的基础。幼儿出生后,家长们就得正式开始对其施以教育。这些早期教育包括生活常识、社会规范之类的知识。由于女子一般不能进学校,所以,她们所要学习的知识技能往往都是通过家教的形式而传授的。《礼记·内则》又载:"女子十年不出,姆教婉娩听从。执麻枲,治丝茧,织纴组紃,学女事,以共衣服。观于祭祀,纳酒浆笾豆菹醢,礼相助奠。十有五年而笄,二十而嫁。"而韩愈在《进学解》则指出"业精于勤,荒于嬉;行成于思,毁于随。"他认为学生的学业要能精益求精,必须要勤奋学习。他还说:"读书勤乃有,不勤腹空虚。"(《符读书城南》)这些智育思想延伸到家庭中,进而传承和影响着家庭智育的延续和发展。而且这个时候的家庭智育不仅仅存在于王公贵族的家里,更多的家庭智育思想流传于民间普通家庭。宋元明清属中国封建社会的后期,在这段时期内,中国古代的家庭智育又有新的发展与演进,并且表现出这样的双重特征:一方面,中国古代的家庭智育思想、家庭智育实践又有许多重大发展,家庭智育思想更加精深,家庭智育实践又更为丰富;另一方面,中国古代的家庭智育也日益显示出许多严重的弱点和弊端,需要做深入的变革。清代曾任东阁大学士兼工部尚书的陈宏谋,他曾编有《五种遗规》,作为仕宦之家的家教教材。这一教材汇集了自汉至清八十多位名臣的著述,内容包括各种为官之道。如其中的《从政遗规》,就有关于如何识别官吏、处理公务、提高吏治水平方面的内容。许多官宦人家不仅自己学习这些遗规,而且将它们作为家教内容。这个时期很多农民子弟也进入学校,因此,家庭智育的教育不再仅仅局限于农耕、狩猎等知识，而且随着西方国家的知识不断涌入，家庭智育不仅学习我们国家先进知识和技能，还包括西方先进技术的学习。

中国近代家庭智育主要是 1840 年鸦片战争之后到 1949 年中华人民共和国成立之前这个阶段。在中国，德育、智育、体育"三育论"是斯宾塞的主要教育思想，这一观点在民国时期或者更早就成为教育学者的共识。①作为洋务运动的代表人物，严复翻译并引入了很多西方的文献。严复于 1895 年发表《原强(修订稿)》一文，其中以《明民论》为题介绍了斯宾塞的《教育论》中的几篇文章："斯宾塞尔全书而外，杂著无虑数十篇，而《明民论》《劝学篇》二者为最著。《明民论》者，言教人之术也。《劝学篇》者，勉人治群学之书也。其教人也，以瀹智慧、练体力、厉德行三者为之纲。"②严复批判了中国传统德育为本的思想，提出智、德、力(体)、美育全面发展的教育目标论，他不仅明确地提出"智育"概念，并将智育放在教育中的最重要地位。另外，在他的思想下，家庭教育也不仅仅只注重传统八股辞章、汉学宋学等，更多注重西方自然科学和社会科学知识的学习和掌握。他说："富强之事，造端于民，以智、德、力三者为之根本"，同时，严复也指出智育重于体育、德育的观点。③"天心欲启大同世，国以民德为劣优。我曹爱国起求学，德、智、体育须交修。"④严复明确提出"智育"的概念，并倡导改革智育教学的内容，传授那些为国为民所能利用的科学文化知识等。并在此基础上，人们进一步认识到家庭智育与学校智育的区别与联系。智育大的方向明确，也为近代家庭智育指明了道路。从此，斯宾塞的智育、德育和体育的"三育"思想在中国教育界广为传播。这一切，也有力的促

---

① 张小丽：《"德育""智育""体育"概念在近代中国的形成考论》，载《教育学报》，2015 年第 6 期。
② 严复：《严复集(诗文集)》，北京：中华书局，1986 年，第 17 页。
③ 同上书，第 514 页。
④ 同上书，第 689 页。

进了近代家庭智育的变革和发展。

近代家庭智育的发展和变化建立在思想政治变革的基础上,并依托智育的变革继承和发展。在斯宾塞"三育"思想的基础上,近代中国很多思想家开始思考中国智育的变革,因为他们深刻察觉到中国教育体制的弊病。在西方教育思想的影响下,他们着手推动中国智育的变革。当然智育的变革不仅仅包括学校智育,还包括家庭智育。由于中国当时急剧的社会政治变革,先后涌现出变革派、洋务派、维新派、革命派等几大社会政治思潮,他们关于智育变革的思想在传承的过程中也有了丰硕的成果,同时推动着家庭智育的变革。

变革派以龚自珍、魏源为代表,他们首先批判了中国封建社会教育的种种弊端,特别是科举取士的制度,主张学习西方,扩充新的教育内容。新的教育内容首先应包括"道问学",他所说的"道问学",即包括各种有用的传统文化知识。他说:"圣人之道,有制度名物以为之表,有穷理尽性以为之里,有话训实事以为之迹,有知来藏往以为之神。"同时在智育的教学中倡导务实,提出重视实际,重视实践的原则。因此,在家庭智育中,很多家庭也越来越注重实践知识的重要性,而不仅仅停留在经学、古文等的知识的背诵和记忆上。龚自珍、魏源关于教育改革和"师夷长技"的教育思想虽有一定进步意义,但受中国长期封建思想的束缚,智育改革的总体比较保守。①对家庭智育上,变革派没有明确提出家庭智育的做法,但是通过学校智育等隐性揭示了家庭智育的内涵和要求。

维新派以康有为、梁启超为代表,兴起了维新教育思潮,进一步加速了中国教育现代化的进程。康梁以"开民智"的智育作为教育的首要任务,改革教育,兴办学校。即如梁启超所说:"智恶乎开,开于学;学恶乎立,立于教。"改革教育的首要任务就是改革科举制度,建立新

① 中华文化通志编委会:《中华文化通志·教化与礼仪典·智育志》,上海:上海人民出版社,1998年,第262—265页。

式学校体系以及课程内容,对"西学"持更加开放的态度。康梁提高智育地位,改革科举考试等教育思想进一步推动了中国教育现代化的进程。①尤其康有为在家庭中也非常注重对其子女进行智育教育,并鼓励其子女接受西方新的思想。

辛亥革命的民主革命派代表也提出了自己的智育以及家庭智育思想,其中以孙中山和蔡元培为代表。孙中山指出,国家的兴旺发达离不开发展教育、培养人才,指出"盖学问为立国之本,东西各国之文明,皆由学问构来。"他主张普及教育,让所有国民都享受到应有的教育。而且认为教育不仅局限于学校,言外之意,家庭和社会也有教育,也存在智育。蔡元培提出"培养健全人格"教育目的论,提出"五育并举"。"五育"之一是实利主义教育,也就是智育。所谓"实利主义教育",就是向学生传授各种科学文化知识,包括物理、化学、博物学、算学、历史、地理、金工、木工等各种有用的专业知识,学习从事各种实业所需的技术知识和操作技能。同时蔡元培指出智育的原则和方法主要是发展个性,同时做到思想自由兼容并包。②民主革命家的智育和家庭智育思想丰富了智育的理论,不断为中国智育及中国家庭智育的现代化添砖加瓦。

1919 年"五四"运动以后,中国人逐渐开始认识世界,并引入国外的教育思想,中国的教育逐渐开始向现代化的方向迈进。"五四"运动前后,美国实用主义思想在中国开始传播,特别是当时一批在美国哥伦比亚大学师从杜威的一批中国留学生,他们学成归来后,积极传播杜威的实用主义思想。例如,胡适认为,智育教学的根本任务就是要训练学生的能力,尤其是官能的训练,如训练眼睛的观察能力,耳朵的听受能力,手脚身体的活动能力,头脑的思想能力。胡适尤其强调应培养学生运用工具的能力,要求一切课程的设置,应着重使学生获得

① 中华文化通志编委会:《中华文化通志·教化与礼仪典·智育志》,上海:上海人民出版社,1998 年,第 271—273 页。

② 同上书,第 274—286 页。

工具，即获得求知的工具，生活的工具。学生的学习目的就是获得求知的工具，以应付生活环境。这显然是实用主义对智育目的的见解。①同时，晏阳初、陶行知、陈鹤琴、黄炎培等民主人士也都大力传播实用主义的智育思想。

三民主义教育宗旨在智育方面亦有体现。国民政府在公布教育宗旨时，附有该宗旨的实施方案，其中也包括在智育方面的内容。如在普通教育方面，要养成国民之生活技能，增进国民之生产能力；在社会教育方面，必须使人民认识国际情况，了解民族意义，并具备近代都市及农村生活之知识、家庭经济改善之技能；在大学及专门教育方面，必须注重实用科学，充实学科内容，养成专门知识技能；在农业教育方面，凡农业生产方法之改进、农民技能之增高，农村组织与农民生活之改善，农业科学知识之普及等等，都要全力推广。这里所述的，均是与智育有关的实施方案。总之，要能实现民族、民权、民生的三民主义教育宗旨，就应努力实施上述具体的教育方案。②

新中国成立之初，我们在智育养成上秉持马克思关于人的全面发展的学说，特别是借鉴前苏联凯洛夫、马卡连柯、乌申斯基等人的教育学思想，注重培养共产主义社会的全面发展的人。在智育的内容上，要求所有学校必须进行马克思列宁主义的政治教育和思想教育，包括阶级观点、群众观点、劳动观点、辩证唯物主义观点教育。③

改革开放以后，在拨乱反正的基础上，我们大量引入国外教育理论，结合中国实际情况进行反思借鉴。我们国家逐渐确立了培养"有理想、有道德、有文化、有纪律"的社会主义"四有"新人，智育上也突出教育与生产劳动和社会实际相联系。例如1985年5月27日通过的

---

① 中华文化通志编委会：《中华文化通志·教化与礼仪典》(智育志)，上海：上海人民出版社，1998年，第309页。

② 同上书，第322页。

③ 阮成武：《新中国70年培养新人的教育进路》，载《教育研究》，2019年第8期，第15—23页。

《中共中央关于教育体制改革的决定》就对教育的思想、内容和方法上进行反思,指出,教育在"从小培养学生独立生活和思考的能力很不够,发扬立志为祖国富强而献身的精神很不够,生动活泼地用马克思主义思想教育学生很不够,不少课程内容陈旧,教学方法死板,实践环节不被重视,专业设置过于狭窄,不同程度地脱离了经济和社会发展的需要,落后于当代科学文化的发展"。党的十八大以来,中国特色进入新时代,国家对人才培养也做出了新的要求,我国的智育在思想、内容、方法等方面也都有了相应的变革。

第二节　我国传统家庭智育内容、原则及方法

智育伴随着人类的文明而产生,在人类的发展过程中,智慧传承一直是文化传承的重要组成部分。人类在生存发展的过程中一直尝试通过多种方式去传递自身的智慧,从最原始的符号到文字的产生、书籍的印刷,很多口耳相传的知识得以被大量记载。同时,技能也在家庭和师徒之间进行代际传递中被图文记载。中华传统文化中一直蕴含着强烈的家国情怀,所以,家庭智育的传承与国家对民众的智育有着千丝万缕的联系,家庭中的智育和国家对于民众在智育的内容上存在一定重合性。

一、我国传统家庭智育的内容

中华文化博大精深,五千年的文化传承中积累了大量的人类的智慧。智育的教育内容,跟整个民族文化的积累、文化特色是分不开的。中华文明的发展是人类发展史上少有的文明发展没有中断的民族。在家庭教育中,家庭一直承担着智育传承的任务。纵观我国的各种史料,家庭中的智育大致可分为经学教育、写作教学、生活训练和技术传承。

（一）以经学教育传递知识、启迪智慧

经学是古人智慧的结晶。《说文》有云"经,纵织丝也。""经"本为织物的直线和纵线,班固在《白虎通》中将其引申为经久不变的义理、

法度、原则。《释名·释典艺》解释说："经，径也，常典也，如经路无所不通，可常用也。""经"本是一些重要典籍的通称。由于中国古代思想中儒家思想一直占据重要地位，经学便演变为以儒家经典为主要研究对象的学问，后来"经"也便成了儒家典籍的特称。

墨子有《墨经》，《荀子·解蔽篇》引有《道经》。《庄子·天运篇》最早提出了儒家的六经，即《诗》《书》《礼》《乐》《易》《春秋》。当然我们比较熟知的"四书五经"是由南宋朱熹删繁就简编成。"五经"是《周易》《尚书》《诗经》《礼记》《春秋》，"四书"是《论语》《孟子》《大学》《中庸》。不同朝代也有很多学者对其进行注疏。由于经学作为古代科举考试的主要内容，所以其在家庭教育中的地位也越发凸显。

这些经学都是古代家庭教育的重要组成部分，《论语·季氏》就曾记录孔子和他的儿子子鲤的对话，孔子问子鲤有没有学《诗》和《礼》，并训斥道"不学《诗》，无以言"，"不学《礼》，无以立"。表达的意思是不学《诗经》就不会说话，不学《礼》就无法立足于社会。[1]

《勉学》是《颜氏家训》中篇幅最长的一篇，可见颜之推对于后代学习的重视，颜之推谈到"士大夫子弟，数岁以上，莫不被教，多者或至《礼》《传》，少者不失《诗》《论》"。"夫明《六经》之指，涉百家之书，纵不能增益德行，敦立风俗，尤为一艺，得以自资"。颜之推指出士大夫的子弟，从幼儿开始，都要接受教育，多的读到《礼经》和《春秋》三传，少的也读过《诗经》《论语》。明了《诗》《书》《礼》《易》《乐》《春秋》六经的要旨，涉猎诸子百家的著述，即使不能增加德行修养，使风俗敦厚淳朴，任算有一技之长，好歹也可用它谋身。[2]

清朝名臣官至宰相的张英也是特别重视对子女的教育，其次子张廷玉也是清朝有名的大学士。我们比较熟悉的"千里家书只为墙，让他三尺又何妨"就是出自张英之笔，并且六尺巷的故事广为流传。张

---

① 郭齐家、李茂旭主编：《中华传世家训经典》，北京：人民日报出版社，2009年，第180页。

② 颜之推：《颜氏家训》，曾德明译，武汉：崇文书局，2017年，第66—69页。

英曾在《聪训斋语》告诫自己的后代,指出《四书》为"天地间至文",原文是这样的:

> 《论语》文字,如花工肖物,简古浑沦,而尽事情。平易涵蕴,而不费辞,于之外,别为一种。《大学》《中庸》之文,极闳宽精微,而包罗万有。《孟子》则雄奇跌宕,变幻洋溢。秦汉以来,无有能有此四种文字者,特以儒生习读而不察,遂不知其章法字法之妙也,当细心玩味之。

大致说的是,《论语》里面的文字,就像大自然的杰作,浑然一体,说尽了一切,不用多费言语。《大学》《中庸》中的文字及其广大,包罗万象。《孟子》雄奇跌宕,变幻洋溢。自秦汉以来没有其他文章能比上这四种文字的书了。只是很多读书人没有体会到,不懂得它章法和字法的精妙,所以,你们应当细心体会其中的意味。

经学在我国古代文化教育中占据非常重要的地位,同时也是德育、智育、美育教育的重要内容。经学之所以为家庭智育的重要内容,是因为它蕴含着丰富的哲学、语言、治术、科技等智慧。例如《周易·系辞上传》就指出:"夫《易》,圣人之所以极深研几也。惟深也,故能通天下之志;惟几也,故能成天下之务;惟神也,故不疾而速,不行而至。子曰:《易》有圣人之道四焉者,此之谓也。"所以《周易》中蕴含着古代丰富的哲学思想,精妙之极,这些哲学思想和思维方式都是家庭智育要求后代领悟的内容。《尚书》和《春秋》当属历史教材,记录了夏商周及鲁国的各种历史文献。《诗经》也是一部重要的语言文字教学的著述,《周易》中也蕴含了很多科技的知识。所以,传统中国的家庭教育中无不重视经学在后代智育中的地位,要求子女精读深思,以悟出其中的真谛。

(二)通过识字教学与书法练习保障家庭智育的习得

1. 识字教学

作为一种符号,文字的产生让文明得以不断传递。汉字作为世界最古老的文字之一,有着非凡的魅力。印度前总理尼赫鲁曾这样称赞中国的汉字:"世界上有一个古老的国家,它的每一个字,都是一幅美丽的画,一首优美的诗……。"识字是教学的开端,也是蒙学的一项重要任务。从古代流传下来的识字教材看,最早出现专门的识字教材的是在西周时期,相传为西周王时太史籀为配合当时的文字整理而编写的《史籀(zhòu)篇》。据专家考究,《史籀篇》一书按字的意义关系编排,四字为句,隔句押韵,以便习诵。秦始皇统一六国后开始统一文字,经过秦代的"书同文"工作,文字异形的历史基本宣告结束,小篆成为全国统一的字体。班固在《汉书·文艺志》有记载,秦代尚有丞相李斯著《仓颉》、中车府令赵高著《爰历》、太史令胡毋敬著《博学》推行小篆的范本,也是用于蒙童识字的读本。①后人以这三篇为蓝本,将其合并为《仓颉篇》,共收入 3300 字,其书四字一句,隔句押韵,每章一韵到底,把字义相同、相近、相关、相类的字编写在一起,分类分组选字编文。汉代影响较大且保存下来的是西汉元帝时史游作的《急就篇》,用三言、四言或七言成句,把 2144 个常用词汇编辑在一起,比较实用。当然最有名的当属南北朝的《千字文》,它以四言成句,对仗工整,琅琅上口的韵语,叙述有关自然、社会、历史、地理、伦理、教育、人物掌故等方面的知识,是我国历史上最著名的儿童识字课本。而宋朝出现的《百家姓》与《三字经》,则同《千字文》合称"三、百、千"蒙学识字课本,流传甚广,基本上都是以韵语和部首为识字基础。到了清代,文字学家王筠著《教童子法》,其间明确提出利用汉字构形规律进行识字教学的主张,他说:"蒙养之时,识字为先,不必遽读书,先取象形、指事之纯体教之。识日、月字,即以天上日、月告之;识上、下字,即以在上在下之物告之,乃为切实。纯体既识,乃教以合体字。"

而通观我国古代的识字教学,我们不难发现,它首先是集中在一

---

① 徐贞:《古代识字教学与小学语文新课程识字教学比较研究》,重庆:重庆师范大学硕士论文,2009 年,第 4 页。

段时间内吟诵和识记两千左右个的汉字。崔学古在《幼训》里也说："凡训蒙勿轻易教书。识字至千字外，方用后法教书。"而清人潘子声统计发现，连续学习"三、百、千"可以累计识字 1452 个。所以，我们可以发现，早期重视识字教学的过程中，特别重视对于识字规律的探索，利用对称、押韵、整齐等方式让内容朗朗上口。同时，识字教学以识字为主，增加了很多伦理道德的内容，并与日常生活紧密联系。作为容城"三贤"之一清初理学家孙其逢在对后代的"勉学三则"中就谈到识字的内容，"读一孝字，便要尽其亲；读一悌字，便要尽从兄之道。"说的是当读到一个"孝"字的时候就要理解侍奉父母的道理；读到"悌"字的时候就要明白尽力服从兄长的道理。①

2. 书法练习

以汉字为载体的书法自汉字的产生之时就慢慢发展，书法慢慢作为一门艺术流传在中国的文化长河中。家庭中的书法教学也从童蒙教学时期开始，古代蒙童书法教育作为专门的功课进行，是从唐代开始的。唐代特别在李世民的倡导下，将王羲之称为"书圣"，朝廷上下竞相学习王羲之的字，民间一般以欧阳询、虞世南、褚遂良的书法为范本。明清时期的蒙童书法教育，不仅有专门的写字教材，或欧体，或颜体，或柳体，或赵体，而且有一整套的写字教法。②清代张英在《聪训斋语》中就专门论述书法的教学，谈到"学字当专一，择古人佳帖，或时人墨迹，与已笔路相近者，专心学之。若朝更夕改，见异思迁，鲜有得成者。……汝小学可学《乐毅论》……学字忌飞动草率，大小不均，……"③指出，在练字的时候必须专一，选准前人的字帖，找准自己的笔路，潜心练习，朝令夕改，很难成气候。清代思想家何伦在《何氏

---

① 郭齐家、李茂旭主编：《中华传世家训经典》，北京：人民日报出版社，2009 年，第 227 页。

② 黄义成：《试论中国古代书法教育》，载《丹东师专学报》，2002 年第 S1 期，第 77—78 页。

③ 郭齐家、李茂旭主编：《中华传世家训经典》，北京：人民日报出版社，2009 年，第 237 页。

家规》就对于后代书法练习要求是"凡写字务要庄重，端楷有骨格，有锋芒，有棱角，不得潦草歪邪，微妙软弱。古人云：用笔在心，心正则笔正矣。吾以为，用笔固在心正，又在手活。……"曾国藩也曾对自己后代谈及写字"习字临《千字文》亦可，但须有恒。每日临帖一百字，万万无间断，则数年必成书家矣。""至于写字，真、行、篆、隶，尔颇好之，切不可间断一日，既要求好，又要求快。余生平因做字迟钝，吃亏不少。"①

在书法教学中，前人作品不仅作为书写的一个教学内容，强调书写的内容，更重视在书写过程中的训练策略。专心是练字的第一要务，专心主要有两条：一是写字时候专心，另外就是刚开始临摹练字字体的专一，选择一位书法家的字，小有所成后再练其他字体。坚持是练字的第二要务，练字务必持之以恒，不可断断续续，不然很难有所成就，也就是我们通常所说的"字无百日功"。

（三）通过文学熏陶与写作训练提升家庭智育的精神内涵

1. 文学熏陶

中华文化五千年的发展传承中，中国的文学一直占据一席之地，各个朝代的名家名作也是层出不穷。文学，是一种用口语或文字作为媒介，表达客观世界和主观认识的方式和手段，主要包括诗歌、散文、戏剧、小说、寓言、童话等。文学让很多我们看不见的东西得以被感知。文学作品给我们提供一种审美的享受，同时它也蕴含了一定的教育意义并帮助我们认识大千世界。中国的文学作品有很多，最能彰显传统文化的特色和精髓的代表作品有《诗经》《离骚》、先秦诸子散文、《史记》、唐诗、宋词和明清四大名著等。《诗经》虽是经学的一个组成部分，其中最具光彩的是"十五国风"，国风部分的诗篇具有浓烈的现实主义精神，反映了上古时期的国人热爱生活、纯朴善良、勤奋上进和

---

① 郭齐家、李茂旭主编：《中华传世家训经典》，北京：人民日报出版社，2009 年，第278—283 页。

追求美好爱情婚姻的人生风貌。《离骚》是我国先秦战国时期伟大的爱国主义诗人屈原所作的一首充满激情的政治抒情诗,是一首现实主义与浪漫主义相结合的艺术杰作。《离骚》表现了屈原热爱祖国、为了祖国九死不悔的伟大的爱国主义情怀。诸子百家的思想学术精髓凝聚在诸子散文之中,对于中国人的人格、品德、思维方式和民族性格的形成,起到了不可忽视的作用;司马迁的《史记》"不虚美、不掩恶"的实录精神、进步的大一统的国家观、对底层人民的同情与赞美和强烈的现实批判精神;唐诗宋词是中华文化的代表性符号,盛唐诗歌积极向上的昂扬风貌,自信乐观的豪迈气概,对国家和人民的关心热爱,北宋词婉约幽美的艺术特质,南宋爱国词派所表现出的报国热情;明清四大名著代表了中国古典长篇小说的最高成就;近现代的文学也是在揭示真实的生活,与世界文学交融。

中国古代的士大夫们无不将吟诗作赋视为自己文化素养的标志,所以在他们的家训中无不勉励自己的子女精读、细读,用心作文。通过广泛阅读,提高自己的文学素养,通过精读,理解文章的意蕴。颜之推在《颜氏家训》除了有《勉学》篇强调习读外,《文章三易》也是其关于作文的一篇论述,谈到"文章当以理致为心胸,气调为筋骨,事义为皮肤,华丽为冠冕。今世相承,趋末弃本,率多浮艳。……古人至文,宏材逸气,体度风格,去今实远。"①颜之推分析古人文章的优劣实质,勉励子女如何阅读和写作。张英在对子女讲述如何写好时文,主要用了一个"简"字,其包含万千。张英指出,文章要精读多写,"读文不必多,择其精纯条畅,有气局词华者,多则百篇,少则六十篇,神明与之浑华,始为有益。……"②主要讲的是精选阅读内容,选择其中精美的部分多加阅读,把自己的精神与文章浑然化为一体,才是有益的。曾国藩也经常督促子女写诗先用心去模仿,然后在逐渐形成自己的风格。对

---

① 颜之推:《颜氏家训》,曾德明译,武汉:崇文书局,2017 年,第 103—105 页。
② 郭齐家、李茂旭主编《中华传世家训经典》,北京:人民日报出版社,2009 年,第 239 页。

儿子曾纪泽在作文、作诗上进行了具体指导的家书就谈到"尔七古诗，气清而词亦稳，余阅之欣慰。凡作诗最宜讲究声调，余所选抄五古九家，七古六家，声调皆极铿锵，耐人百读不厌。"(《谕纪泽·作诗写字之法》)

2. 写作训练

写作是古代家庭教育的一项重要任务。吟诗作赋是文人身份的标志，但科举考试更是推动写作教学的巨大动力。我们常说语言是思维的外壳，思维水平也是一个人智慧水平的标志。历朝历代在朝廷官员选拔过程中都特别重视对选拔者语言文字及写作水平的考核。特别是科举制度的发展，写作水平成了选拔官员的重要手段。为了能够让后代通过科举进入仕途，家庭中的长辈无不重视后代的写作教学。

写作是运用语言符号表达思想的一种方法，主要是将内部的言语转换为外部言语的过程。我国传统的写作教学也是经历了从诗赋写作到公务文写作、八股文写作到现代文写作。在科举制度未以经学考核之前，我们的写作主要是以辞赋为主。《诗经》是我国古代经学教育的内容之一，其中也有很多辞赋的写作手法在内。孔子办学，教"诗"就是其重要内容之一。《论语·阳货》就记载，子曰："小子，何莫学夫《诗》，《诗》可以兴，可以观，可以群，可以怨。"孔子教"诗"不仅包括语言技能方面的学习，也应包括如何从事诗歌写作的教学，教弟子如何获得诗歌的写作技巧。汉代比较流行辞赋，司马迁、贾谊、司马相如等人就是典型代表。唐代在诗歌的写作方面最为突出，当时涌现出许多著名的诗人。当然，这和唐代科举制度有一定关系。唐代科举各科目中，以进士科最受重视。而进士科考试注重考核士子的文学才能，尤是吟诗作赋的才能。[①]宋元以后，科举制度改革，淡化了辞赋，强调经学写作，公务文就是其中一种，但辞赋写作依然是很多民间文人创作

---

① 中华文化通志编委会：《中华文化通志·教化与礼仪典·智育志》，上海：上海人民出版社，1998年，第182页。

的方向。公务文简称"公文"主要是政府机构在行政管理中的一种固定格式的文书,像诸葛亮的《出师表》李密的《陈情表》就是比较有名的公务文。写作的目的除了抒发情感,同时也表达对各种问题的看法。唐朝初期的紧实考试就有"实务策",策论一直被科举考试沿用。直到明代因科举考试而产生一种新的文体——八股文,这种选仕制度的建立后,世人竞相练习八股文的写作,也使得八股文成为家庭习作教学的主要内容之一。张英在《聪训斋语》中对孩子讲如何写好八股文时就谈道:"时文以多作为主,则工拙自知,才思自出,蹊径自熟,气体自纯。"即,多写八股文,文章是精巧还是笨拙自己就会知道,才会文思敏捷,浑然天成。五四运动以后白话文推广,写作教学也融入了很多元素,无论是记叙、说明还是议论,都特别强调结合实际。

（四）借助科技传家保存家庭智育的文化成果

中华文明源远流长,在中国历史上曾经创造了举世闻名的物质文化和精神文化。在十五世纪以前中国在科技领域一直领先世界,中国有一大批的科学家、发明家、工匠和技师,他们共同缔造了我们的科技文明。例如张衡发明的地震仪比国外早一千多年,祖冲之也是最早将圆周率精确到了七位数,四大发明也是享誉全球。在中国历史上出现过专门的科技学校如医科学校、算学专科学校、天文历法专科学校,也有和农业生产有关的劝课农桑和工商有关的艺徒训练。家庭教育在科技的传承中也起着非常重要的作用,特别是蒙养教学中科普常识教育发挥着重要的启蒙作用。

家庭中的科技教育区别于专门的科技学校的教育,毕竟,接受专门科技教育的学生只有很少一部分。家庭科技教育则主要侧重于科普常识的教育,主要有以下几个方面。

一是在识字教学中的博物常识教育。识字教学中的科技教育主要包括认识汉字结构的时候了解科技常识,在讲授识字课本的时候传授一些科技知识。中国的汉字很多也是取自自然,最初的甲骨文就是象形文字,所以文字与自然有着密切的关系。说文解字教学的过程中就蕴含了很多科技的教育。清代王筠编写的《文字蒙求》就比较具有代表性，主要包含了关于天地的知识，如作者在向儿童讲授"天地类之纯形"字时，随之便介绍了日、月、云、雨等天文知识，以及山、水等地理知识；生理知识，如介绍"心"的概念时也介绍了心房的解剖知识；介绍动植物知识，既介绍个体的外形，又讲物类和物体；数学知识里面也介绍了古代计算工具"筹"等等。①《千字文》虽然以识字教学为主，但也蕴含了丰富的科技常识。该书第一节云："天地玄黄，宇宙洪荒"，写出了开天辟地之初的荒昧，让儿童初步接触自然发展的历史，并了解"宇宙"这个概念。第二节，简称言天时，它包括天文、历法、气候与气象等方面的内容。接下来记写了地上的物产。作者从开天辟地说起，使儿童知道天有日月星辰、云雨露霜、二十四气，又让他们知道地生万物，有金玉珠宝、山川草木、鸟兽虫鱼。②

二是"典故"中的科技知识。古代的经典中有不少科技知识，《易经》中就有很多关于自然星象的知识。明代学者程登吉所撰《幼学琼林》，即是这方面的代表性蒙学教材。《幼学琼林》共四卷，将自然、科技、社会、历史方面的典故进行编纂，以便学生记诵。如其中《岁时》篇，即大量采集典籍上有关日象与月象的记载："夏至一阴生，是以天时渐短。冬至一阳生，是以日晷初长。……上弦谓月圆其半，系初八九。下弦谓月缺其半，系廿二三。月光都尽谓之晦，三十日之名。月初复苏谓之朔，初一日之号。月与对谓之望，十五日之称。"（程登吉编：《幼学琼林》卷一《岁时》）介绍了很多关于日月星辰的自然规律，都是帮助儿童认识自然科学的规律。

三是讲解名物，传授科技常识。名物，指事物的名称。自然之物、运用科学知识和工艺技术制作的器物，它们的名称，都属于名物。所以，介绍名物，往往要连带传授博物常识。孔子提倡诗教，说读诗可以

---

① 梅汝莉：《中国科技教育史》，长沙：湖南教育出版社，1992年，第266—363页。
② 同上书，第268—367页。

使学生"多识鸟兽草木之名",他所说的名,即指名物。后世的蒙养教学遵循孔子的教诲,很注意向儿童介绍名物。为了使他们辨识《诗经》中的名物,往往配以"诗图"。①如方逢辰的《名物蒙求》,就是一部以名物命名的著名蒙学教材。《名物蒙求》中除少部分是社会伦常的内容外,而大部分则属博物常识教学。其内容包括天文、地理、鸟兽、草木、建筑、器物等等,大量介绍了自然科学、工艺技术方面的常识。下面是其中一段介绍宇宙、天气和物体的内容:

> 天尊地卑,乾坤定位。轻清为天,重浊为地。
> 丽乎天者,日月星辰。润以雨露,鼓以风霆。
> 云维何兴,以水之升。雨维何降,以云之蒸。
> 物有知者,鸟兽之属,物无知者,为草为木。

（方逢辰编:《名物蒙求》）

二、我国传统家庭智育的原则

中国传统家庭在智育教育方面,智育的原则主要是家庭中长辈根据家庭育人的总目标,对后代在智育的要求、智育的任务,以及子女在智育培养过程中所应遵循的基本要求。总结起来,主要包括以下几项原则。

（一）持之以恒

"孟母断织"就是家庭中要求子女持之以恒求学的故事。相传,孟子小的时候求学回来,他的母亲正在织布,见孟子回来了,就问孟子学习怎么样了,孟子回答说还跟以前一样,孟母二话没说拿起剪刀就把正在织的布剪断,孟子十分害怕就问母亲为什么要这样做,母亲回答说,你荒废学业就像我剪断这布一样半途而废,从此孟子从早到晚开始认真学习,最终成为一届大儒。

中华文化博大精深,享誉全球。这些优秀的文化离不开前人孜孜

---

① 梅汝莉:《中国科技教育史》,长沙:湖南教育出版社,1992年,第270页。

不倦、长年累月的寻求。司马迁虽遭受腐刑,但仍能忍辱负重,坚持搜集材料,并进行大量的实地探访,最终历时十八年完成了鸿篇巨著《史记》。李时珍更是前后花费了近四十年的时间,在前人的基础上阅读了八百多种书籍,并且进行了大量的实地考察,在他六十岁的时候完成了划时代的医学巨著《本草纲目》。大书法家王羲之也是每天坚持练字,王羲之每次练完字后,都在家门旁的池子里洗毛笔,最后竟将池子里面的水染成了墨色。这些前人持之以恒的故事,也为很多家庭所传唱,成为了家庭中父母勉励子女坚持求学的典型案例。对于持之以恒,清朝唐彪更是将此原则的操作规范做了一定的说明,他在《家塾教学法》中谈道:

> 有恒是学人彻始彻终功夫,惟有恒,学业始能成就,然人谁不欲有恒?而每不能实践者,以课程不立,学无定规,初时欠缺,久即废弛。惟立简约课程,易于遵守,不使一日有缺以致怠惰因循,方能有恒。[①]

唐彪指出,学习要想取得成就,只有持之以恒。"有恒"不是每个人都能坚持下去,需要一些具体的办法来帮助实施,那就是制定一定的规则。遵循易于遵守的原则,设立"简约"课程,计划定量的教学安排,通过这些有效的措施,最终才能达到学习有恒。

(二)及早施教

我们常说"三岁看小,七岁看老。"一百多年前,一位妇人带着一个两岁半的孩子来到达尔文的家中,问达尔文"尊敬的先生,我们现在开始给我的孩子进行教育是不是太早了?"达尔文却回答道:"不,女士,您已经迟了,而且整整迟了两年半。"现在的医学和生物学告诉我们,儿童的大脑重量在 1 岁时来就接近成人的一半,2 岁时接近成人的

---

① 唐彪:《家塾教学法》,上海:华东师范大学出版社,1992 年,第 72 页。

75％,7 岁时达到 90％。儿童大脑 6 岁前有很多神经元,但由于部分神经元没有被使用就退化了,只有那些经常被使用的才会保存下来,神经元是用来接受、整合和传递各种信息的,神经元越多就意味着儿童的操作水平和智慧水平会越高。在这个生理学研究基础上,心理学研究也指出,儿童的感官、语言、动作、规范、秩序及对数字的敏感期几乎都集中在 6 岁以前,在这时期内,抓住儿童发展的各种关键期进行及时施教,将达到非常好的效果。梁启超在《论幼子》就指出"人生百年,立于幼学。"同时孔子也指出"少若成天性,习惯成自然。"早期,虽然人们没有用科学的实验告诉我们早期教育的重要性,但前人通过经验的总结,强调了教育应该及早实施,不能等孩子长大了才进行。

为什么要对孩子及早进行教育呢? 颜之推指出,"人生小幼,精神专利。长成以后,思虑散逸。固须早教,勿失机也。"①小时候精神纯洁,孩子注意力容易集中,长大后妄想纷飞,思想就会分散,所以需要及早施教,不能错失时机。康熙皇帝也肯定颜之推的说法,在《庭训格言》中讲到"人在幼稚,精神专一通利;长成以后,则思虑散逸外驰。事故须早学,勿失机会。"②练字就是一个很好的例子,"是以小儿初学时,先要教其执笔圆活,……若小时失教,大来难转者,令学草书,庶几可改。"(何伦《何氏家规》)对于子女,如果不及早施教,后期的差距会很大。韩愈在《戒子通录》也就谈道:

> 两家各生子,提孩巧相如。少长聚嬉戏,不殊同队鱼。年至十二三,头角稍相疏。二十渐乖张,清沟映污渠。三十骨骼成,乃一龙一猪。飞黄腾踏去,不能顾蟾蜍。一为马前卒,鞭背生虫蛆;一为公与相,潭潭府中居。问之何因尔? 学与不学欤。③

---

① 颜之推:《颜氏家训》,曾德明译,武汉:崇文书局,2017 年,第 76 页。
② 郑宏峰主编:《中华家训(一)》,北京:线装书局,2008 年,第 196 页。
③ 郭齐家、李茂旭主编:《中华传世家训经典》,北京:人民日报出版社,2009 年,第 213 页。

这就是我们通常听说的"一龙一猪"来源。早期的时候孩子的差距不多,十二三岁的时候,才智就稍有不同了,到了二十岁的时候差距就大了,就像清澈的河水和污水一样泾渭分明了。三十岁的时候更是一个成了龙,一个成了猪,两者差距不可比拟,所以必须及早学习。

(三)智德统一

虽然专门的智育概念在晚清时期才产生,中国古代也很少谈及智育,因为中国古代这种宗法政治结构中所形成的教育文化,一直将伦理教育放在第一位,智育的内容也是被包含在德育的教学内容中,不提倡专门的智育。孔子就曾谈及"君子博学于文,约之以礼。"君子可以很博学,但必须用礼仪来约束。我们也能感受到,智育和德育是相辅相成的,高尚的品德能激励人们发愤图强,高尚的品德中本身就包含了励精图治、持之以恒的思想。智育的提高也会促进德育水平的上升,随着智育水平的提高,人们对世界的认识也就越客观,对世界的理解也就越深刻,从而能够宽宏大度、虚怀若谷。康熙在《庭训格言》就曾谈及"凡人进德修业,事事从读书起。多读书,则嗜欲淡;嗜欲淡,则费用省;费用省,则营求少;营求少,则立品高。"[1]古希腊时期的苏格拉底与自己的弟子在讨论什么是知识的时候,最后得出的结论为"知识即美德"(《柏拉图对话集·论美德》),肯定知识的价值,更肯定知识对于一个人品德的重要性。我们有句俗话,"要成才,先成人"中国也有学者指出"大智者必谦和,大善者必宽容,唯有小智者才咄咄逼人,小善者才斤斤计较。"。虽然智育培养的过程中遵循着智德统一的原则,但智育和德育的地位不是对等了。例如经学本身包含了很多文学、历史等方面的智育的内容,但儒家学者们一直努力把这些内容都纳入德育的培养范畴。缺失德育,智育就无从谈起。

---

① 郭齐家、李茂旭主编:《中华传世家训经典》,北京:人民日报出版社,2009年,第244页。

三、我国传统家庭智育的方法

中国传统家庭智育,其方法自然传承了前人教育中的各种智慧,结合家庭智育的特点进行实施,具体方法主要有以下几个方面:

（一）借助长者的讲授,帮助子女悟透真谛

何谓教育,许慎在《说文解字》中这样解释:"教,上所施下所效也。育,养子使作善。"作为教育,就必须具备两个主体,即教育者和受教育者。没有教师的教和没有学生的学都不能称作为教育。教育虽然要发挥儿童的主体性,但教育的过程中从来不能缺失教师的指导。教育就是要让儿童在最有限的时间内获得更高水平的发展。前苏联著名教育家苏霍姆林斯基就提出非常有名的"最近发展区"理论。最近发展区指的是儿童现有水平和儿童在他人帮助下可能达到水平之间的差距,我们的教育就是要创设这种最近发展区,把儿童的学习提高到他自己不能够独立完成,是在别人的帮助下,努力跳一跳才能够到的目标。特别是随着教育理论的发展,教师在儿童发展中的作用越来越被人们重视。唐彪就谈到"师之关系至重也。有孔子,而后有七十二贤;有二程(程颢、程颐),而后有三十高弟。……"[1]即唐彪在《家属教学法》中谈到了"学问成就全赖师传"。

讲授法是一种非常传统的方法,在家庭中主要是由家庭中的长者或者家庭中聘请的私塾先生实施。讲授法主要是教师通过口头语言的形式向学生系统传授知识、促进学生发展的方法,主要包括讲述、讲解、监督、讲演等不同形式。[2]经学作为传统智育的重要内容,其内涵丰富,文言文的语法结构更是晦涩难懂。儿童直接去阅读很难悟透其中的精髓,所以先生的讲授就尤为必要。自古我们也有尊师重教的传统,唐太宗李世民教子尊师就一直被传为佳话。《贞观政要》就有记

---

① 唐彪:《家塾教学法》,上海:华东师范大学出版社,1992年,第6页。
② 教育学原理编写组:《教育学原理》,北京:高等教育出版社,2019年,第279页。

载,贞观三年,太子老师李纲的脚有病,不能穿鞋走路。太宗皇帝就赐他坐轿子进入东宫,并让太子搀扶他上殿亲自拜见,显得十分尊重。因为当时除了皇族,一般人是不可以坐轿子的。贞观十一年,任命礼部尚书王珪兼任魏王李泰的老师,由此听说魏王对老师不敬。告诉房玄龄,让他告诉李泰叫他每次拜见老师王珪时,就像拜见自己一样,应当对师傅恭恭敬敬,不可懈怠。后来唐太宗还下令制定太子接见太师、太傅、太保的三师礼节。

(二)掌握读书的方法,品味书中精华

读书指导法又称阅读指导法,指教师通过指导学生自己阅读进而获得知识的方法。这种方法可以让学生深入理解和牢固掌握知识,培养学生的阅读能力和习惯,提高学生自主学习的能力。[1]家庭教育中智育的教学主要是对子女的个别指导,由于古代特别重视经学的学习,所以阅读便成了智育的一个重要方法,前文中已经提及了很多家庭勉励自己的孩子每日坚持读书。不仅要持之以恒还需要刻苦钻研,同时也给他们举了很多例证,并教子女如何阅读。

读书指导主要包括以下几个内容。首先就是读哪些书,先秦诸子百家争鸣,各家的思想家都有自己的一套学说和读书范围。两汉以后,儒家学说占据了统治地位,儒家经典成为所有学校必读教材。但是,由于各个时期对治经的态度不同,经典注释的内容、辅导的阅读材料也不同。汉代经学教育盛行,但经学又分为古文经学和今文经学两大派,因而两派经师指导自己学生读书时,所读的经典是不同的。宋以后,学术风气发生变化,宋儒在提倡的经典范围和对经典的注释方面皆有不同。他们除了要求学生阅读《诗》《书》《礼》《易》《春秋》等"五经"外,尤重视对《大学》《论语》《孟子》《中庸》的学习。他们还重新对这些典籍作了一些注释解读,要求学生重视从道德义理方面理解儒经,而不要局限于文辞训诂的范围内。元代理学家、教育家程端礼制

---

① 教育学原理编写组:《教育学原理》,北京:高等教育出版社,2019年,第279页。

订了《程氏家塾读书分年日程》,就是一份关于读书的教学计划,他确定的读书内容和范围基本上是围绕着理学教育以及科举考试的要求来安排的。

其次,在读书的顺序上面,前人也有一定的讲究。程端礼的《程氏家塾读书分年日程》是一份完整的指导阅读顺序、主次的计划表,它既注意了学生的年龄和能力,又考虑到教材本身的特点。它规定:八岁前未入学的儿童,应指导读《性理字训》和《童子须知》。八岁入学后至十五岁,则应依次读《小学》《大学》《论语》《孟子》《中庸》的正文及《孝经刊误》。从十五岁至二十岁左右,接着读《论语集注》《孟子集注》《中庸章句或问》《论语或问》《孟子或问》。读完上述书后,再接着读《周易》《尚书》《诗》《礼记》《春秋》这些经典。这段时期,还要读一些文史书籍如《通鉴》《韩文》《楚辞》等,同时还可读一些参考书籍,如读《通鉴》时,还可以参考阅读《史记》《汉书》《唐书》《唐鉴》等书籍。这个读书日程要求读书有先后次序,并要求按照不同年龄阶段依次阅读内容深浅不同的书,是比较全面地总结了前代教学中如何指导学生阅读的经验。

第三个就是阅读指导的具体方法。对于阅读的方法,很多前人都根据自己读书的经历,谈论不同的读书要点。例如关于阅读古人也强调兴趣,培养学生对于读书的兴趣,才能有较好的学习效果。王筠在《教童子法》中指出:"人皆寻乐,谁肯寻苦? 读书虽不如嬉戏乐,然书中得有乐趣、亦相从矣。"①清代画家郑板桥,提出了"求精求当"读书法,读书要精选适合自己水平、爱好和工作需要的书籍,以免浪费时间。对于阅读,诵记是必不可少的,更为关键的就是专心致志。朱熹指出:"余尝谓读书有三到:心到、眼到、口到。"读书要能做到熟读牢记,必须做到眼到、手到、心到,精神专一才能品味书中精华。

---

① 王筠:《教童子法蒙学要义》,太原:山西教育出版社,1991年,第179页。

（三）掌握问答的技巧,启发子女的聪明才智

问答法是传统智育中一个非常常见的方法,《中庸》提及在"博学之"之后,就要"审问之"。对于问问题,很多长辈都告诫子女千万不要因为害怕被瞧不起就不去问,颜之推在《颜氏家训》中就告诉自己的孩子,很多人因为不去问别人而闹出了很多笑话。人非生而知之,古之圣人依然从师尚问(古有孔子问礼于老聃,问官于剡子)。问答法跟传统教学的组织形式也是有很大关系的,传统教学主要是个别化教学组织形式,现代的以班级授课为性质的集体教学,也是近代引入西方教学理论后产生的。班级授课是指将年龄水平相当的儿童,按照一定的人数,由固定的老师按照一定的教学计划,循序渐进的进行教学。所以,孔子虽然是开坛讲学,却并非严格意义的班级授课,因为弟子并不是按照年龄或者学习水平进行划分,虽然入学的时间不一样,但都统一在一个教室中学习。孔子的教学主要是启发式教学,弟子有疑问,提出问题后,孔子针对弟子的问题进行个别回答。所以,孔子的教学仍然是个别化的教学组织形式。家庭中的智育无论是私塾还是长辈的指导也都是个别化的教学。个别化的教学除了上面讲的讲授法,还有就是问答法了。传统教学还是非常重视学生的主体性的,强调切己体察。《论语·述而篇》就曾指出"不愤不启,不悱不发。举一隅不以反三隅,则不复也。"学生要是自己不想弄明白的时候就不去启发他,如果学生不能举一反三,那就不要再教他了。对于智育的教学,传统教学中特别重视学生自我领悟,所以在很多家训中可以看到他们经常提及孩子读书写作的自我领悟的问题。

家庭智育中的问答法主要分为两种,一种是教师问,学生答,一种是学生问,教师答。孔子的教学就体现出很多的教师问弟子答的情景。每当弟子有问题的时候,孔子并不是直接告诉他答案,而是通过反问的方式,让弟子慢慢清晰其中的道理。这和古希腊时期苏格拉底的"产婆术"有很多相似之处。《学记》里面也提到教师的提问技巧"善问者如攻坚木:先其易者,后其节自,及其久也,相说以解。不善问者

反此。"教师想要善于提问就像要伐下坚硬木头一样,先从简单的问,再逐渐提高,等到一定的时候,问题就迎刃而解了。寓意教师应把握提问的技巧,由易到难。对于学生问教师答,《学记》也有讲述,"善待问者如撞钟:叩之以小者则小鸣,叩之以大者则大鸣;待其从容,然后尽其声。不善答问者反此,此皆进学之。"老师对于学生提出的问题就像撞钟一样,用多大力气撞钟,就有多大声音。但其用最大力气撞钟时,则发出最为洪亮的声音。老师回答学生的问题一定要有针对性,根据学生所问,作出相应的回答。唐彪在《家塾教学法》这样解释道:

> 凡一人之聪明才智,只如一二盖之灯,安能照遍天下之事理?好问而并十人之聪明才智于我,犹如燃十盖之灯;更好问而并数十人之聪明才智于我,犹如燃数十盖之灯,自然于天下之事理无不明矣!凡圣人,生来不过十倍人之聪明才智,必无百倍于人者,及至后而百倍于人者,因其好问,能并多人之聪明才智,而聪明才智始大也。此理显然也。①

唐彪把一个人的聪明才智比作灯,好问的人就好比十盏灯。好问的人并不多见,聪明大智的人都善于问问题。对于如何向智者问问题,"唐彪曰:学人当问之事理无穷,获遇有大学识者当前,细琐之事不必问及也。最要之大端,莫如问其当读者何书、何文,当阅者何书、何文,当置备以资考核者,何书、何文也。尤切要者,在问当读、阅、备考之书、文,何刻为善本。"②繁琐的事情就不必问了,应该重点是问读哪些版本的书是最好的,请教经世济民的大事。

(四)及时练习,巩固智育的效果

勤学苦练是传统教学的基本原则,没有效率训练是很难达到一定

---

① 唐彪:《家塾教学法》,上海:华东师范大学出版社,1992年,第77页。
② 同上书,第78页。

的教学效果。练习法通常是指在教师的指导下,学生依靠自觉的控制和校正,通过反复训练而获得某方面知识获得某种技能的方法。讲到练习,就不得不讲传统家庭智育中的识字、书法和写作了。

识字是整个智育教学的重要开端。文字作为一种符号,具有很强的社会性,很多民族都有自己成体系的文字。我们的汉字也是经历了漫长的演变过程,从最初的甲骨文慢慢演变为现在的简体汉字。我们比较熟悉的《三字经》《百家姓》《千字文》就是常用的识字教材。传统教学中一般主张先集中识字,然后再进行阅读。王筠在《教童子法》也指出:"能识两千字,乃可读书,读书亦必讲。然所识之两千字,前已能解,则此时合为一句讲之,若尚未解,或并未曾讲,只可逐字讲之。"①唐彪也指出"凡教童蒙,清晨不可即上书,须先令认字认不清切,须令再认,不必急急上书也。"②对于语言文学的教学来说,先学会识字,如果不能识字学生就无法背书。不能自己背书的话很多东西自己也不能理解。对于识字的过程来说,应该先易后难,先简后繁,《教子良规》就有说明"一日渐次讲解。童子初入学,每日只讲一字,二月后,讲二字,渐加之,讲过者,朱笔圈记"③王筠在《教童子法》也将汉字分为纯字体和合字体,先学习简单的"日""月""上""下"后再去学习复杂字体的文字。

关于书法,必须靠刻苦训练才能有所成就。科举考试当然主要看考生的作答内容。但历朝历代的家庭都很重视对子女书法的训练,所以古代的中国涌现出很多书法家。张英在《聪训斋语》中就提到"学字当专一,择古人佳帖,或时人墨迹,与己笔路相近者,专心学之。若朝更夕改,见异而迁,鲜有得成者。"④根据自己的笔路选择相近的字帖进行临摹,

---

① 王筠:《教童子法蒙学要义》,太原:山西教育出版社,1991年,第179页。
② 唐彪:《家塾教学法》,上海:华东师范大学出版社,1992年,第17页。
③ 佚名:《教子良规蒙学要义》,太原:山西教育出版社,1991年,第173页。
④ 郭齐家、李茂旭主编:《中华传世家训经典》,北京:人民日报出版社,2009年,第237页。

张英对于书法还强调,字要和文章搭配,并指出《乐毅论》《曹娥碑》《洛神赋》的精妙处也在于文章的风格与字体完美结合,有骨有肉。[1]

对于写作,曾国藩曾在其家书中谈到"读书之法,'看、读、写、作'四者,每日不可缺一。"[2]写作作为科举考试的重要项目,特别是明清时期的八股文写作,必须要建立在长期的训练之上。对于文章的写作首先是建立在大量的阅读基础之上,并且经常交流,不断修改。张英《聪训斋语》中谈及如何让文章有光彩,其办法是精读、多写,"汝曹兄弟叔侄,自来岁正月为始,每三六九日一会,作文一篇。一月可得九篇,不疏不数,但不可间断,不可草草塞贵。"[3]对于写作的教学,很多前人认为不必过早,王筠认为,作文教学不要太早进行,"才高者,十六岁可以学文,钝者二十岁不晚。"

当然中国传统智育还有很多其他的方法,例如对于科技知识方面的教育,就有很多演示的方法,通过各种实物,进行直观教学,让子女直接体验操作,获得相应知识的方法等等,这些就不一一赘述。

第三节　我国传统家庭智育的现代教育价值

中国传统家庭文化源远流长,传统文化是我们的宝贵财富。2015 年,习近平在春节团拜会上指出:"不论时代发生多大变化,不论生活格局发生多大变化,我们都要重视家庭建设,注重家庭、注重家教、注重家风。"中国传统家庭教育中家庭智育是重要的一环。中国传统家庭智育是现代家庭智育的"起点",更是需要继承和发扬的"基点"。传统并不代表"过时",现代也并不意味着一定是"变迁",中国现代家庭智育在时代的潮流中顺应时代的发展,彰显时代的印记。

---

[1]　郭齐家、李茂旭主编:《中华传世家训经典》,北京:人民日报出版社,2009 年,第238 页。

[2]　同上书,第 283 页。

[3]　同上书,第 242 页。

一、现代家庭智育变革的背景

（一）传统农耕文明向工业文明转变

传统中国主要受儒家思想影响,经学教育成为教育的重要内容,修身齐家成为教育的基础工作,特别强调个人、家庭、国家的整体关系。家国同构是教育的基本旨向,家国情怀是家庭教育的应有之意。经济以农业为主,所以也形成了独具特色的耕读文化,传承前人生产、生活中的科技知识。中国早在夏朝就出现了广泛意义上的学校,教授礼仪、射、御等知识,西周给学校命名为"庠",孔子招收弟子开坛讲学,直至明清时期各种书院私塾逐渐兴起。学校一直在发展,但毕竟数量和规模有限,大部分人都没有机会或者不愿意接受这样的学校教育,家庭教育依然是教育的主体。教育与生产劳动和社会实践是紧密相连的,生产力发展的水平制约着教育的发展水平。中国古代人们接受教育更多是为了学而优则仕,当中国古代以农耕为主的时候,只有一小部分成为统治阶级,农民阶级对知识和技能的追求更多是停留在生产和生存的方面。教育的发展水平和发展的速度相对较缓慢。工业革命开始后,生产力水平大幅度提高,随着生产力的发展和城镇化的推进,大量的农民从土地中解放出来,传统的农业社会变成了现在的工业社会,经济基础发生变化。社会对人才需求的规模和质量也发生了相应的变化,智育的内容和形式也在发生着急剧的变化。

（二）家庭智育向学校智育过渡

当今中国,我们已由原来的农业大国,变成现今的工业强国。早在上世纪末我们就实现了义务教育的普及,2022 年全国教育事业发展基本情况新闻发布会指出,学前教育的三年毛入园率达到了 89.7％,高中阶段毛入学率率 91.6％,高等教育毛入学率 59.6％,实现了高等教育大众化。现如今,我们慢慢形成了学校教育、家庭教育和社会教育三大教育体系,以马克思关于人的全面发展学说为理论基础,培养德智体美劳全面发展的社会主义现代化的建设者和接班人。智育的任务很大一部分让渡给了学校,学校成了儿童基本知识和基本技能获得的主要场所。但作为一个整体,人的智育培养是离不开家庭和社会的有力支撑。在家庭教育与学校教育的边界上,有学者就指出,家庭教育为学校教育提供基础,为学生书本知识的学习提供经验的支撑。[①]常言道"基础不牢,地动山摇。"家庭智育的功能虽向学校智育让渡,但家庭智育的地位却亦然重要。

二、我国传统家庭智育的传承

中国现代家庭智育的发展阶段是从 1949 年中华人民共和国成立后开始的。这一时期家庭智育与教育发展速度很快,家庭智育的普及和整体水平的提高都是前所未有的。新中国成立之后,家庭智育的发展不再仅仅局限于家庭,更多的呈现家庭、学校以及社会三者之间的联动效应,在此基础上形成发展家庭智育的合力。

(一)家庭注重德学并重,以德为先,培养新时代的建设者

"修身、齐家、治国、平天下。"传统中国,儒家思想作为正统思想,具有伦理本位的基本特征。"修身"是基础,"治国、平天下"是奋斗的目标。在正统思想的影响下,德行被认为是成才的基础。家庭中的智育也遵循着智德统一的原则。现如今,物质的极大丰富,经济的快速发展,我们的价值观念也受到了前所未有的冲击。2011 年据长春市政协对 100 名未成年人的家长抽样调查结果显示,67% 的家长首选自己的子女成才,仅有 33% 的家长首选自己的孩子要做一个品德高尚的人。在家庭道德教育上很多家庭也是选择重"私德",轻"公德",强调子女孝顺父母,讲礼貌,守纪律,爱劳动,缺乏对子女集体主义,社会责任感等方面的教育。[②]现如今,很多家庭重视子女的学校教育,淡化子

---

① 刘利民:《学校教育与家庭教育的边界》,载《中国教育学刊》,2017 年第 7 期,第 43—47 页。

② 张颖:《试析社会转型期家庭道德教育的缺失》,载《吉林工程技术师范学院学报》,2012 年第 1 期,第 48—50 页。

女的家庭教育,在学校教育与家庭教育的边界上,家庭教育的优势,更多在于促进儿童道德的发育。①前面已经论述过,智育与德育是相辅相成,他们互为基础,没有高尚的品德是很难实现智育水平的提高。

德育的过程本身也包含了智育的培养,我国著名的学前教育专家黄人颂先生在谈论儿童智育的任务就指出,智育的任务包含:良好的生活习惯、有礼貌的行为、学会分享与合作、良好的学习习惯、独立性和自信心。其中良好的学习习惯就包括喜欢动手操作、感知观察,对周围事物感兴趣;能倾听他人讲话,愿意表达;喜欢阅读,爱看书、会看书;大胆表现,感受、体验美的情趣。②在家庭的德育过程中,孩子动手操作、语言表达、阅读也是智育提升的过程。

家庭教育是一切教育的起点,在人的养成过程中比正规教育的影响要更大、更持久。③在人的全面发展过程中,德育始终排在第一位。现在的各项研究也越来越突出家庭在儿童品德形成中的首要地位。所以,家庭智育的过程应该建立在德育的基础上,让德育始终贯穿于智育的过程。

(二)树立家长权威,在宽严相济中培养健全人格的儿童

中国古代很强调三纲五常,在"君为臣纲,父为子纲,夫为妻纲",以及"仁、义、礼、智、信"的约束下,长辈在家中的地位都是非常高的。在"身体发肤,受之父母"的观念下,父母代表着绝对的权威。这样的观念儿童的权利被剥夺了,成了父母的附属品。相比现在家庭中的父母,特别是"4+2+1"的家庭结构中,儿童成为了家庭中的中心,大人都围绕儿童去转,孩子一旦有任何需要,都尽量去满足。这样的家庭教养方式容易让儿童无法形成正确的自我意识,错误的判断自己在人际交往中的地位,最终形成以自我为中心的价值判断。按照美国心理

① 刘利民:《学校教育与家庭教育的边界》,载《中国教育学刊》,2017年第7期,第43—47页。
② 黄人颂:《学前教育学(第二版)》,北京:人民教育出版社,2009年,第119页。
③ 关颖:《家庭教育社会学》,北京:教育科学出版社,2014年,第6页。

学家戴安娜·鲍姆林德关于家庭教养方式的四种论述,专制型、放纵型和忽视型的教养方式都很容易导致儿童一些不良的行为习惯,形成不健全的人格。一般而言,权威型是对孩子最有利的一种教养方式。这是一种理性且民主的教养方式。这种类型的家长在孩子心目中有权威,但这是建立在对孩子的尊重和理解上。他们会给孩子提出合理的要求,设立适当的目标,并对孩子的行为进行适当的限制。与此同时,他们会表现出对孩子的爱,并认真听取孩子的想法。这种教养方式的特点虽然严格但是民主。通常在这种教养方式下长大的孩子,有很强的自信和较好的自我控制能力,并且会比较乐观、积极。所以,在家庭的智育过程中,父母一定要树立自己的权威,关心爱护孩子,但也要为孩子制定规则,约束孩子的不良行为,一旦孩子打破规则,就必须接受惩罚。

"宽严相济"最早是用于国家治理和法律条文的执行上面。据《左传·昭公二十年》载孔子之言:"善哉!政宽则民慢,慢则纠之以猛;猛则民残,残则施之以宽。宽以济猛,猛以济宽,政是以和。"后来"宽严相济"也被用于家庭教育上面。颜之推在《颜氏家训·教子》篇中就谈到"父母威严而有慈,则子女畏慎而生孝矣。""父子之严,不可以狎;骨肉之爱,不可以简。简则慈孝不接,狎则怠慢生焉。"[①]这里就指出,父慈子孝是一幅和谐的画面,但是父子之间也要严肃,不能过分亲昵。"严"指的是父母要有一定的权威,在孩子面前有一定的原则,并不是所谓的专制型的教养方式。专制型的教养方式要求的是子女对于父母的绝对服从,即便制定的目标很高或者有些不近情理,子女也必须严格服从。按照弗洛伊德的人格发展理论,每个人的发展过程中必须实现人格的平衡,人的早期压抑,后期都会弥补过来,否则,精神的压抑就会形成各种心理问题。棍棒底下不一定出孝子,有时候会促成更加叛逆的孩子。

---

① 颜之推:《颜氏家训》,曾德明译,武汉:崇文书局,2017年,第4—6页。

（三）子女学习应循序渐进，努力夯实基础

循序渐进是中国传统教学的基本方法，《学记》就曾谈及"学不躐等""不陵节而施"，指的是教学要遵循儿童的身心规律，不超过人的接受能力进行教学。孔子谈及自己的学习曾提到："吾十有五而志于学，三十而立，四十而不惑，五十而知天命，六十而耳顺，七十而从心所欲不逾矩。"孔子认为自己十五岁开始立志学习，直到三十岁时才有所成就。朱熹在《读书之法》中明确提出"循序而渐进，熟读而精思"。关于家庭中的智育，存在很多揠苗助长的现象，幼儿园教育小学化就是个典型的问题。幼儿园教育小学化跟家庭中的智育有什么关系呢？调查显示，一些幼儿园中的小学化与家长也存在一定的关系，特别是在一些民办园的调查中，家长认为，孩子都进入学校了，不学点知识，怎么能称之为上学呢，将来进入小学又如何保证孩子不会落后呢。家长的要求直接制约了幼儿园的课程教学。同时，很多家长不惜重金让孩子穿梭于各种培训机构，并且以孩子能够背多少古诗，算多少算术为豪。试想，这样的教育会带来哪些弊端，最直接的问题就是会导致儿童滋生厌学情绪。当学习变成一件痛苦事情的时候，孩子每天的学习都是在承受折磨，漫长的九年义务教育极易造成孩子心理发展的某些问题。英国教育家斯宾塞在论述"什么知识最有价值"的时候指出，科学的知识是最有价值的，这其中科学的知识就包括"抚养和教育子女"所必须的"教育学、心理学"知识。所以，作为父母，在实施家庭中智育的时候一定要掌握科学的原理和方法，借助心理学的知识了解孩子的身心发展水平，借助教育学的知识指导如何科学的育儿。

2014年，习近平总书记在参加全国两会上海代表团审议时的讲话就提出"基础不牢，地动山摇"这一理念。卢梭在《爱弥儿》中谈到"童年是理智的睡眠期"，"如果你首先不培养活泼的儿童，你就绝不能教出聪明的人来。"19世纪细胞、能量守恒与转换定律和达尔文的生物进化论的发展，人们开始用发展的眼光看待儿童。与动物相比，人类的幼年期是最无能的，这也使得人类的儿童期比任何高级动物的幼年期都要长,原因就在于人类需要通过漫长的儿童期进行基础的储备。基础与人的早期发展是紧密相连的,"三岁看小,七岁看老"透视了早期教育的重要性。教育的滞后性告诉我们绝对不能追求短期的教育效果。在早期家庭的智育中我们应该追求哪些基础元素呢?智育的内容主要包括基本知识、基本能力、创新精神与实践能力。人是源自于自然的,人类的发展也是遵循着自然的规律,对于家庭来说,就应该帮助孩子获得自然的知识、培养孩子对于自然敬畏。好的习惯终身受益,早期家庭的智育中应该培养儿童主动思考的能力、敏锐的观察能力、动手操作能力等等。世界上没有两片完全相同的叶子,每个孩子都是一个独立的个体,在他们成长过程中都会有自己需求,在夯实基础的过程中务必做到因材施教。

三、现代家庭智育的困惑

"家庭是孩子的第一所学校",家庭在儿童早期智力发展过程中起着重要作用,但纵观我们现在的家庭中的智育,还是存在很多的问题。主要问题表现为婴儿教育的缺失和学龄期教育的异化。

(一)婴儿教育的缺失

婴儿主要指出生到三岁前的儿童。对于这个阶段的儿童,很多父母认为,这个阶段孩子的任务就是吃饱睡足,教育是无从谈起的。在孩子还是襁褓中的时候,他们将孩子完全交由长辈去照顾,自己上班,或者忙于其他事情。有些家长甚至认为,教育是学校的事情,孩子太小,也没有办法实施教育,等孩子长大了再接受教育。平时除了抱抱孩子,偶尔陪孩子玩耍外,很少考虑婴儿早期的教育问题,他们很难理解"三岁看小,七岁看老"蕴含的道理。脑科学和神经学的研究已经帮我们揭开了这个谜团,前面已经谈及,就不再赘述。意大利著名教育家蒙台梭利曾提到,"人生的头3年胜过以后发展的各个阶段,胜过3岁直到死亡的总和。"美国教育家布鲁纳通过对近千名儿童调查得出结论:如果把17岁的智力水平看作100%,那么孩子在4岁前就已经获得了 50％ 的智力,7 岁时达到 80％,剩下的 20％ 则是 7 到 17 岁间获得的。

　　婴儿教育的缺失主要表现在以下三个方面。第一,部分家庭,因为生计问题,父母必须离开婴儿去外地上班,婴儿不在身边。他们没有办法照顾子女,作为隔代教育的长辈,更多是提供条件满足孩子的基本生理需求。第二,父母虽然在孩子的身边,但却不过问孩子的教育问题,一些父母每次下班回家,感觉自己工作已经很辛苦了,没有更多的精力去照顾孩子,或者自己因为缺乏教育子女的兴致,沉迷于网络游戏或其他类型活动中。第三,家长在孩子身边,也想着去教育子女,但由于专业知识受限,不知道如何正确教育子女。对于教育子女的问题,德国的宪法明确规定,教育子女是父母至高的义务,受法律监督。"家庭是孩子的第一所学校,父母是孩子的第一任老师。"身为父母在决定养育一个孩子前就应做好充分的教育子女的准备。即便不同的父母水平不一,当尽自己最大的努力去教育自己的孩子是父母的基本责任。

　　（二）学龄期教育的异化

　　1. 智育目标:功利化

　　智育目标的确定主要根据社会的发展需求和人的身心发展规律特点,不同时代对于人才的要求不一样,智育的目标也会发生相应的变化。我们现在的智育目标主要是培养学生的基本知识、基本技能,发展智力,同时培养创新精神和实践能力。作为现代家庭中的智育,首先得服务于学校教育,丰富儿童的经验,为儿童的书本学习提供经验支撑。同时,家庭中的智育也应帮助儿童获得基本的技能,在创新精神和实践能力模块也应加强训练。

　　曾经有一张图片,在网上疯传,一个孩子刚出生,父母在旁边写了一张纸条,距离高考还有六千多天,虽然只是一张图片,但折射出家庭教育观念的异化,不禁让我们感叹家庭智育的功利化。人为何而活着,幸福应该是其追求的终极目标。高考虽是通向成功的一条道路,但是通过这条"道路",也未必会走向成功、走向幸福。奥地利著名的精神病学家阿尔弗雷德·阿德勒有一句名言,"幸福的人用童年治愈一生,不幸的人用一生治愈童年。"弗洛伊德作为精神分析学派的创始人,就特别强调儿童早期经验的重要性,童年的压抑,最后都会以某种方式补偿回来。有一部小说《隐秘的角落》同时也被拍成电视剧,讲述的就是儿童早期的创伤对儿童后期行为的极大影响。也有学者指出,文艺复兴最大的贡献之一就是发现儿童,并提出儿童期的重要价值和意义。法国著名思想家卢梭在《爱弥儿》一书中就阐述了他对儿童的看法,指出了儿童就是儿童,儿童期有其特殊的意义,所以应该让儿童自然的发展。儿童就是儿童,不是所谓的小大人,这个时期有自己发展的特点与规律。每个家长似乎都有"望子成龙""望女成凤"的冲动,在一些机构"不让孩子输在起跑线上"口号的诱导下,家长们早期疯狂的让孩子报名形形色色的特长班,等孩子稍微大一点,又让孩子行走于各门所谓主要文化课程的培训与辅导机构中。最终家庭中的智育成了学校教育的延续,分数成了孩子唯一需要追求的目标。

这种功利化的智育目标,是对家庭教育误解,是对儿童期价值的误解,本质是家庭教育中缺乏核心的教育价值观。家庭教育是人生教育的第一课,是学校教育、社会教育的基础,也是一个人的世界观、人生观、价值观形成的重要基础,在人一生的成长过程中、在社会风气和社会文明的形成发展中都具有强本铸魂的奠基作用。在当代中国,加强家庭建设,重视家庭教育,养成良好家风,是培育和弘扬社会主义核心价值观,发扬光大中华民族传统家庭美德的重大举措和重要任务。当前,要以社会主义核心价值观思想核心和内容为统领,弘扬中华优秀传统文化和家庭教育文化。①

---

① 翟博:《树立新时代的家庭教育价值观》,载《教育研究》,2016 年第 3 期,第 92—98 页。

2. 智育内容：单一化

在高考的指挥棒下，分数成了学生的命根。随着整个社会的变迁，家庭对儿童学习越来越重视，家庭智育的内容也就指向了知识，跟考试有关的知识就会被纳入家庭智育的培养中，与考试无关的内容会逐渐被边缘化。在儿童早期智育的培养过程中，家长比较注重和儿童智力有关的培养，特别是专注力、观察力、记忆力等。等儿童稍微长大一点就是钢琴、绘画、英语、奥数，随着儿童年级升高，学习任务越来越重，儿童在家中的时间也越来越少，仅有的周末时间有时候也被各种文化课程的辅导班占据。

对于儿童早期的各种辅导班，我们需要辩证的去看待，首先，并不是所有的辅导班都不适合孩子，孩子在发展的过程中也有多种需求，如果辅导班中的教学内容能够满足孩子的需要，即建立在孩子兴趣基础上的学习，孩子是一种主动学习的时候，这样的学习是比较有效的。其次，根据儿童的身心发展规律，蒙台梭利指出，儿童发展具有很多敏感期，例如对于数字的敏感期和书写的敏感期都是出现在五岁以后，不适合提早教学；儿童是先发展大肌肉后发展小肌肉，所以钢琴舞蹈的教学也要结合儿童肌肉发展的特征；学前阶段的儿童主要以具体形象思维为主，对于比较抽象的计算和诵读的学习比较困难，对于早期的家庭智育一定要考虑儿童的身心发展水平，切勿做到事倍功半。最后对这类辅导机构在选择的时候，父母一定要征求儿童自己的意见，并与孩子约定，作为自己的选择，就应该坚持到最后。

3. 智育方式：包办代管

家庭作为人生的第一所学校，就像前面达尔文讲的，儿童从出生下来就开始了学习的过程，这些学习的过程也是智育的过程。计划生育，让很多家庭不再有很多子女，特别是二孩没有放开之前，独生子女的教育问题一直是社会关注的焦点，四二一的家庭结构，让儿童处在了绝对的中心地位，即便是现在二孩放开了，很多家庭对子女的溺爱并没有比曾经的独生子女降低。家住河南信阳市朱堂乡的杨锁，号称

"中国第一懒人"，从小父母百般溺爱，能自己不做的都让父母完成，随着父母的离去，23 岁的杨锁活活饿死在自己的家中，一个正值青春活力的年纪，生命却定格在此，不得不让我们反思父母的教养方式。通过对家长的调查显示，很多家长认为，自己曾经吃过很多苦，等自己有孩子了，一定要尽自己最大的努力，让孩子少吃苦。因此很多家长为了让孩子少吃苦，全部自己包揽下来。最初，为了防止孩子学走路的时候跌倒，就尽量不放手让孩子独自走路，当孩子一不小心摔倒后，第一时间是立刻扶起孩子，并加以安抚。当孩子可以训练自己吃饭的时候，还是给孩子喂饭，孩子不吃，就让他一边看电视，一边吃饭；当孩子可以穿衣服穿鞋的时候，又嫌孩子动作太慢，直接给孩子穿上；当孩子开始上学的时候，帮孩子拿书包，到了上中学，家离得很近也是大人接送，生怕孩子过马路出现危险。很多家长认为孩子长大了很多不好的习惯就会消失，只要学习好，其他都可以不用管。殊不知，幼儿只有摔倒了，才知道如何更好地控制自己的身体，吃饭的过程也是手眼协调性训练的重要渠道，自己穿衣穿鞋是独立性培养的重要方式。包办代管，看似为孩子省去了不必要的麻烦，实则是剥夺了孩子学习的机会。陶行知就曾指出，生活中处处是教育。早期父母剥夺孩子学习的机会，后期孩子只能通过犯更多的错误来弥补自己曾经"逃"过的学习。这样包办代管还容易导致的问题是无法培养出感恩的孩子，父母的无微不至，最终只会让子女认为是理所当然，一旦有做得不到位的地方，便对自己的父母大发雷霆，部分孩子表现为责任感严重缺失，害怕困难，认为自己努力学习都是在满足父母的愿望，在父母的强压下甚至想通过伤害自己来惩罚自己的父母，这样的方式最终只留下父母们独自悲伤。包办代管还容易导致另外一个问题，就是孩子的抗挫能力差，平时很少应对挫折，一旦遇到挫折的时候，就不知道如何处理。当遭遇挫折时，儿童很容易走向极端。

4. 智育评价：专注结果

"分分分，学生的命根"，父母平时与学校老师交流最多就是自己孩子学习的问题和如何提高的方法。每次考试结束后，家长最关注的也是孩子的考试的成绩与名次。很多父母在家庭和孩子讨论较多的也是孩子的成绩问题。别人家的孩子永远是父母口中典型的好孩子，还有一些父母不惜通过各种外部奖励的方式诱导孩子考出好成绩，如典型的考多少名次奖励多少钱，或者满足哪些愿望。美国认知心理学家奥苏贝尔将学习的动机分为内部动机和外部动机，内部动机主要包括认知内驱力，外部动机主要包括自我提高的内驱力和附属内驱力。通常情况下我们应该将儿童的学习更多地向其内部的认知内驱力方向引导，让儿童因为想学习而去学习。父母通过外部奖励来激发孩子学习时，儿童的学习动机主要来源于外部，具体受附属内驱力的驱使。这样的外部动机驱使的学习很容易出现两个问题。一是，当外部的刺激无法满足儿童的需求时，儿童的学习动机就会下降，表现出对学习的懈怠；二是，受外部动机驱使的学习很容易让儿童感觉，学习不是自己的事情，自己的学习更多是满足父母的愿望。

对结果的关注，往往使家长和孩子对智育的焦点都集中在成绩上面。我们都知道，高考虽然是通向高等教育的通行证，但高考并不意味着我们的人生从此定格。早在1972年联合国教科文组织就发表了一篇报告《学会生存——教育的今天和明天》，报告明确指出未来的教育一定是走向终身学习，教育的目标是培养学生学会生存、学会做事、学会学习和学会合作。我们现在提倡素质教育，提倡教育从关注结果向关注过程进行转向。考试更多是对学生知识和技能的考核，影响人的发展还有一个很重要的因素就是我们的情感、态度和价值观，这些在我们的标准化测验中很难反映。学习也是一种体验的过程，学生在学习过程中突出学生的生存、做事、探究、合作等等。我们有句俗语，"要成材先成人"，华东师范大学终身教授叶澜教授也指出，教育永远具有滞后性。立竿见影的教育是一种应试教育，缺乏对学生终身学习能力的培养。

四、传统家庭智育对现代智育的影响

（一）传统家庭智育对现代家庭智育的影响

古有谚语"教妇初来，教子婴孩"。颜之推在《颜氏家训》中非常明确地指出了早教的必要性和意义，"人生小幼，精神专利，长成以后，思虑散逸，固须早教，勿失机也"，"古者，圣王有胎教之法：怀子三月，出宫别居，目不邪视，耳不妄听，声音滋味以礼节之。"[1]我国古代便有了系统的蒙学教育思想，蒙学主要指出生到 15 岁之前儿童的教育。《辞海》对"蒙学"的解释是："中国封建时代对儿童进行启蒙教育的学校。教育内容主要是识字、写字和封建道德教育。教材一般为《蒙求》《千字文》《三字经》《百家姓》《四书》等。"[2]蒙学最早可追溯商周时期，各个朝代也出现了大量的各具特色的蒙学读本和"蒙训"。[3]英国著名思想家洛克曾经提出非常有名的"白板说"，洛克指出，儿童生下来就是一张白纸，他未来要变成什么样子，完全取决于后天的教育。虽然这样的环境决定论有些片面，但洛克主要是抨击封建神学的"性恶论"，呼吁儿童后期教育的重要性。同样生活在文艺复兴时期的教育家夸美纽斯、卢梭等人也都强调儿童早期教育的意义，他们也都反对封建神学指出人性本恶，今生只为救赎，让自己死后进入天堂而不是进入地狱。他们在论述儿童早期教育中都指出一条，就是儿童早期的可塑性。当儿童来到这未知的世界，他的行为和社会性的发展，完全依赖于周围的环境。早期的儿童，本能的生存欲让他们对这个世界充满了好奇，所以儿童小时候特别喜欢问"为什么"。儿童具有很强的学习的冲动，这种冲动就是我们所谓的主动学习。"少若成天性，习惯成自然。"早期家庭智育中务必要给孩子营造一个积极的家庭氛围，在孩子

---

① 颜之推：《颜氏家训》，曾德明译，武汉：崇文书局，2017 年，第 76 页。

② 辞海编写组：《辞海（缩印本）》，上海：上海辞书出版社，1980 年，第 1627 页。

③ 郦波：《论中国古代蒙学读本的"蒙训"意义》，载《南京社会科学》，2015 年第 4 期，第 107—114 页。

的很多人生观、价值观没有定型前,帮助孩子确立正确的价值取向。

现代家庭中很多家长非常注重儿童的早期教育,尤其在智育这一块。比如现在家庭中的胎教、家庭早教、体智能教育等,很多家长在儿童早期就非常注重儿童的智力教育,尤其在智育这一块。比如现在家庭中的胎教、家庭早教、体智能教育等,很多家长在儿童早期注重儿童的智力教育。现代的家庭智育延续传统家庭智育的"早",发展了现代家庭智育的"全",这表明家长不再仅仅注重知识的学习和传达,更多的涉及德智体美劳的全面发展。早在 1957 年,毛泽东主席首次提出德智体全面发展,后来党和政府进一步发展、总结,提出培养德智体美劳全面发展的社会主义事业建设者和接班人的教育方针。在 2018 年 9 月举行的全国教育大会中,习近平总书记发表了重要讲话,提出"培养德智体美劳全面发展的社会主义建设者和接班人",强调了劳动教育的重要性,对促进学生的全面发展具有重要作用。从德智体全面发展到培养德智体美劳全面发展的社会主义建设者和接班人的转变,可以看出不仅仅只是"劳"被提出来,背后隐含着现代对于家庭智育的要求不再只是知识的死记硬背,还应包括动手能力、观察能力以及创造力等方面的培养。

(二)传统家庭智育对学校智育教学的影响

苏霍姆林斯基指出"没有学校教育的家庭教育和没有家庭教育的学校教育,都不可能完成培养人这一极其细微的任务"。人的发展是家庭教育、学校教育和社会教育共同作用的结果,家庭教育与学校教育虽然相互独立,但他们统一于人的培养这一终极任务。我们最熟悉的莫过于韩愈的《师说》了:

> 爱其子,择师而教之;于其身也,则耻师焉,惑矣。彼童子之师,授之书而习其句读者,非吾所谓传其道解其惑者也。句读之不知,惑之不解,或师焉,或不焉,小学而大遗,吾未见其明也。巫医乐师百工之人,不耻相师。

韩愈告诫父母,如果爱自己的孩子,就选择老师去教他,同时父母们有疑问也要及时向老师请教。

随着时代的发展,家庭智育的任务已部分让渡给了学校教育,但家庭智育仍然是学校智育的基础。培养人是个庞大而艰巨的任务,在家庭的智育方面,我们首先需要了解智育的任务和人的发展的终极目标。作为家长,首先明确智育的培养是个系统工程,得有计划、按步骤进行,遵循儿童的身心发展特点,确保家庭智育的系统性,帮助儿童获得基本知识和基本技能。同时,家庭中的智育在孩子入校后应与学校智育的目标和内容保持一致,并随着时代的发展不断调整。在智育的评价上也要关注儿童的终身发展,培养健全的儿童。

2015 年教育部发布《关于加强家庭教育工作的指导意见》(教基一〔2015〕10 号)指出要充分认识加强家庭教育工作的重要意义,充分发挥学校在家庭教育中的重要作用。在我国,尽管政策制定者、管理人员和教师逐步意识到了家长参与的重要作用,但从总体上看,我国的家长参与子女教育尚处于起步阶段,家长的意愿与实际行为之间仍存在较大差距。[①]所以这个时候就应该政府、学校、家庭和社会各方共同努力,建立家长学校,发挥家长委员会的实质作用,关注学生核心素养的培养,落实智育的本质,培养学生的创新素养和实践能力。《2019 年普通高等学校招生工作规定》公布,教育部要求,今年高考命题要充分体现德智体美劳全面发展要求。2018 年 9 月 10 日,全国教育大会提出,要培养德智体美劳全面发展的社会主义建设者和接班人,教育部也将进一步深化高考内容改革,充分体现德智体美劳全面考查要求。2019 年高考命题要充分体现德智体美劳全面发展要求,以立德树人为鲜明导向,减少单纯死记硬背的知识性考查,推动学生关键能力和核心素养在教学和考试中的落地落实,助力高中育人方式改革。

---

① 吴重涵、张俊、王梅雾:《是什么阻碍了家长对子女教育的参与——阶层差异、学校选择性抑制与家长参与》,《教育研究》,2017 年第 1 期,第 85—94 页。

（三）传统家庭智育对社会智育的影响

"己所不欲，勿施于人！"早在多年前，孔子就曾提出这个理念。自己不想做的，就不要强求别人去做。颜之推、张英、曾国藩在自己的家书中，除了列举前人的事迹勉励子女外，也经常谈及自己读书写作的心得体会，他们在要求子女持之以恒的过程中，自己也是严于律己，并用自己的成就来证明自律的重要意义。诸葛亮就在《诫子书》中写道："夫君子之行，静以修身，俭以养德，非澹泊无以明志，非宁静无以致远。"现如今"望子成龙""望女成凤"是每个父母对子女的期望，但有一些父母却想把自己的愿望强加给子女，或者是想让子女去实现自己不能实现的愿望。他们希望子女任何时候都在努力学习，永远活得像"别人家的孩子"一样。所以，他们限制孩子一些与学习无关的行为，帮助孩子制定在家的学习计划。但另一面，他们却用自己工作辛苦为自己开脱，要求孩子刻苦学习，自己却在看电视或者玩手机。试想，这样如何能让子女静下心来专注于学习。

时代变幻，如今已进入学习型社会，终身学习早已为国际认同。作为家庭中的父母千万不能忘记继续学习，另外，要为孩子创设一个发展智育的良好的社会环境，例如，社区图书馆的建设、小区阅读廊的维护以及社区广播的知识宣传等都是社会智育的隐性资源，也是传统家庭智育注重显性教育与隐性教育的影响。

俗话说，孩子是父母的一面镜子，有什么样的父母就有什么样的子女。从孩子呱呱坠地之日起，他们就在接受外界的刺激。美国著名社会心理学家班杜拉通过实验得出，观察和模仿是儿童主要的学习方式之一，在教育的过程中一定要充分注意环境和榜样的作用。对于幼儿来说，很多早期行为的活动都是源自于对周围事物的模仿。父母作为孩子主要的依恋对象，他们的行为更是潜移默化的影响着自己的孩子，很多时候，父母不经意的举动，都会印刻在孩子的大脑中，影响着孩子后期的行为。皮亚杰在研究儿童道德行为的时候也指出，儿童的道德发展是从"他律"阶段向"自律"阶段发展，儿童最初对于行为的好坏没有判断的依据,他们能够判断的依据就是身边大人的行为,以及大人对自己行为的反馈。所以在家庭的智育过程中,父母一定要注重自己的言行,只有自律的父母才能养出自律的孩子,不仅要"言传",更要"身教"。

因此,社会智育在一定程度上不仅仅只是交给孩子纯粹的知识和技能,有些社会智育活动还可以拓展孩子的知识面和视野,对孩子进行感恩、劳动、体育等方面的教育,比如进行夏令营、参加公益活动、走进养老院、野外大冒险等。这也体现了传统家庭智育中智不是纯粹的"智"还应是"全"的集合体。

任何一个民族的文化,都有它存在和发展的意义和价值,以及尊重异质文化同等权利的义务。中国传统家庭智育是一种文化,有它历史弥留的"芳香",亦在后期历史长河中迎接时代的变迁和考验,不断变化演绎中呈现它特有的"姿态",遵循历史的发展,促进现代家庭智育及整个人类智育发展的变化。中国传统家庭智育发挥自身文化的优势,跟上时代的步伐,不断变换、演绎、创新和发展。

第三章　体：生命之基

17世纪英国伟大的哲学家和启蒙思想家约翰·洛克指出："人一生幸福有一个简短而充分的描述：健全的心智寓于健康的身体。"①对于一个完全的人来说，心智和身体两方面缺失任何一个都是不完整的，而另一方面，身体的健康也是心智栖居之所，没有身体的健康，心智又何处安放？德智体美劳全面发展中，体是基础亦是生命之"根基"。

第一节　我国传统家庭体育的产生与发展

家庭是社会的"细胞"，是最基本的单元组织形式。人一生的成长离不开家庭的教育，家庭教育是人成长发展的"根"。而家庭体育则是促进"根"发展最基本的营养血液，也是社会文明发展的"标签"。随着时代的变换，家庭体育也呈现它特有的姿态，顺应时代的发展，成为传承传统文化的重要一环。

一、体育与家庭体育

（一）体育

体育一词，其英文是 physical education，最初指的是身体活动为手段的教育，直接译为"身体的教育"，简称"体育"。美国1961年出版的《韦氏大词典》对身体教育一词给予的定义是："身体教育（体育）旨

---

① ［英］约翰·洛克：《教育漫画》，杨汉麟译，北京：人民教育出版社，2006年，第1页。

在促进身体生长和保养,它用不同形式进行有计划的教育。主要包括卫生、体操、各种竞技和娱乐游戏。"亚里士多德在其《政治学》第七卷中指出:"体育应该作为最初的教育。"法国杰出的启蒙思想家卢梭也曾指出:"对孩子们讲体力,对成年人讲道理,这才是自然的秩序。"①

我国体育历史悠久,中国古代体育主要指从原始社会体育诞生起,到 1840 年中国封建社会解体止。中国古代体育主要包括养生体育、军事体育和娱乐竞技体育等,主要有田猎、赛车、游船、骑射、射箭、角力、武艺、秋千、跑跳、投石、蹴鞠以及具有娱乐养生性的体育活动,围棋、象棋、秋千、飞鸢、五禽戏、导引、坐忘、行气等。中国古代体育中重养生体育,养生实践在古代体育中占有重要地位,也对研究古代体育有较大的参考价值。如,《黄帝内经·素问》曾说过:医学要"不治已病治未病。"著名的思想家老子、庄子和荀子也是古代养生体育的代表人物,老子和庄子主张以"静"养生,而荀子赞成以"动"制胜。因此,也是古代养生体育两大不同的流派,俗称"静动"。《庄子·大宗师》中说:"堕肢体,黜聪明,离形去知,同于大通,此谓坐忘。"主张行气、坐忘、导引等进行养生体育的实践。中国近代体育主要是 1840 年鸦片战争之后到 1949 年中华人民共和国成立之前这个阶段。这个阶段除了保留古代体育原有的"生态性",还加入一些西方体育的"多元性"。这个时期是中国体育发生最大变化的阶段,随着西方国家体育思潮的涌入以及我国大批留学生带回来新的体育思想。这段时期的体育活动主要有:篮球、足球、羽毛球、排球、垒球、网球、体操、田径、游泳、健美操、花样滑冰、滑雪等几十个项目。中国现代体育主要指 1949 年中华人民共和国成立以后这个阶段的。这段时期,中国体育在传承古代体育精髓的基础上,有效汲取西方体育的精华,逐渐形成新时期符合自身特点的体育精神和体育文化。中国体育教育事业、体育教育产业,特别是体育场馆、体育公共设施等都得到空前的发展。另外,学校体育

---

① [法]卢梭:《爱弥儿(下册)》,李平沤译,北京:商务印书馆,1978 年,第 670 页。

注重未来体育教师的师资培训，并加大学校体育课的比重。随着人们生活水平的提升，越来越多的人意识到健康的重要性，进而越来越多的人们把体育提上日程。

我国的体育一词系由日本引进，体育一词最初引入我国直至"五四"新文化运动以前并不为人们所熟知，并且在 20 世纪 30 年代以前体育一词并没有教育的含义。例如：1917 年，毛泽东在《体育之研究》一文中写道："体育者，人类自养其身之道，使身体平均发达而有规则次序之可言者也"；"动之属于人类而有规则之可言者，曰体育"。①到了 20 世纪 30 年代以后，出现了体育是"身体教育"、"体育是以身体锻炼为主的活动的教育"的表述。曹湘君认为体育是指以身体练习为基本手段，以增强人的体质、促进人的全面发展、丰富社会文化生活和促进精神文明为目的的一种有意识、有组织的社会活动，它是社会总文化的一部分。②2004 年版的体育院校通用教材中认为，体育是人类为适应自然和社会，以身体练习为基本手段而自觉地改善自我身心和开发自身潜能的社会实践活动。③《现代汉语词典》中对体育的解释为：以发展体力，增强体质为主要任务的教育，通过参加各种运动来实现。④

综上可知，"体育"一词的含义有着广义和狭义之分，广义的体育主要指现代体育，它是社会文化的组成部分，是一种社会活动，旨在增强人们体质，提高运动技能水平，丰富社会文化生活。而狭义的体育主要指学校体育，根据学生的身心发展特点，有目的、有计划、有组织的开展相关体育活动，目的是促进学生体能发展，增加身体素质的一项教育活动。

---

① 崔乐泉：《中国体育通史（第三卷）》，北京：人民体育出版社，2008 年，第 217—218 页。
② 曹湘君：《体育概论》，北京：北京体育学院出版社，1988 年，第 88 页。
③ 周西宽：《体育基本理论教程》，北京：人民体育出版社，2004 年，第 34 页。
④ 现代汉语词典［Z］（第 5 版），北京：商务印书馆，2010 年，第 1342 页。

（二）家庭体育

"家庭是社会的细胞"这一古老的命题意味着人类关注家庭的历史几乎与人类的文明史一样悠久。家庭是社会最基本的组成部分,是以血缘和婚姻为纽带建构的一种社会组织形式。一个人自从呱呱坠地,就和家庭仅仅联系在一起。福禄贝尔曾说过:"国家的命运与其说是掌握在当权者的手中,倒不如说是掌握在母亲的手中。"这句话很有哲理性,它深刻地折射出一个人如果想要真正成为一个"社会人",就离不开家庭的教育。家庭教育可以给孩子一生的"支点",也是孩子一生发展的"起点",更是孩子一生发展的"基点"。

如果把人的成长过程比作一座高大的建筑,那么体育则是建筑最重要的"根基",而家庭体育则是量定根基是否坚固的"砖瓦"。家庭体育像一面镜子,可以折射出家庭教育的整体水平,也能体现一个人基本的身体素养。家庭体育是随着家庭的出现而存在的,在最初只是隐藏在家庭教育中。"家庭体育"的发展经历一段漫长的阶段。

家庭体育是家庭教育的一个重要组成部分,要理解家庭体育这个概念,首先要理清家庭教育的涵义。《辞海》中指出:家庭教育是指父母或其他年长者在家里对儿童和青少年进行的教育。在美国把家庭教育通常称为家庭生活教育,夸美纽斯就曾把家庭教育称之为母亲膝前的教育。而赵忠心在《家庭教育学》中指出:按照传统的说法,家庭教育是指在家庭生活中,由家长,即由家庭里的长者(其中主要是父母)对其子女及其他年幼者实施的教育和影响。①李天燕《家庭教育学》则指出:现代家庭教育是指发生在现实家庭生活中,以血亲关系为核心的家庭成员(主要是父母与子女)之间的双向沟通、相互影响的互动教育。②根据联合国教科文组织提出的 21 世纪青少年应该具备的"四个学会"来组织的,即学会学习,学会生存,学会发展,学会与人相处。在我国比较流行的家庭教育定义是三道教育,由赵雨林学者于

---

① ② 赵忠心:《家庭教育学》,北京:人民教育出版社,2017 年,第 23 页。

2008 年提出,即为生之道,为人之道,为学之道。简称为"3M"。即:"为生之道"以生命健康为核心,由生理保健(健)、心理健康(乐)、安全适应(安)等三大方面组成;"为人之道"以生命价值为核心,由生命角色(本)、人格人生(志)、处世修养(交)等三大方面组成;"为学之道"以生命智慧为核心,由学习品质(学)、综合素养(素)、自主专长(特)等三大方面组成。

我国对"家庭体育"的描述,最早出现在 1959 年学者文进之的《太极拳的要点》一文中,"习者在家,可用之作家庭体育"。①直到 20 世纪 90 年代后期,很多学者才真正立足家庭结合体育,真正从家庭的角度探讨家庭体育。学者叶展宏最早提出"家庭体育的内涵是指以家庭成员为活动对象,家庭居室及其周围环境为主要活动场所,根据居室环境条件与成员的需要与爱好,利用属于自己时间选择健身内容和方法,达到增进身心健康的目的,促进家庭和睦和社会稳定发展。"②而学者张茜则认为家庭体育是家庭成员作为活动主体,以身体活动为基本手段,通过接受体育精神文化教育,从而满足人们生存层次、享受层次和发展层次需求的教育文化活动。③李国华等人则指出,家庭体育是指以家庭成员为活动的主体,为满足家庭成员自身的体育需求,以两人或两人以上的家庭成员为单位而进行的体育活动。④

综上,家庭体育则是立足家庭,结合家庭人员实际情况,有计划、有目的、有系统的开展相关体育活动,以增加家庭成员体质健康进而促进心理健康的一项体育活动。家庭体育和社会体育以及学校体育相辅相成,是人们身心健康成长重要的一环。

---

① 文进之:《太极拳的要点》,载《黑龙江医刊》,1959 年第 1 期,第 27—28 页。
② 叶展红:《关于研究家庭体育的构想》,载《广州体育学院报》,1999 年第 2 期,第 45—48 页。
③ 张茜等:《我国家庭体育价值的正确定位与健康开展》,载《吉林体育学院学报》,2018 年第 6 期,第 13—15 页。
④ 李国华等:《中国城市家庭变化与家庭体育服务初探》,载《体育与科学》,2004 年第 1 期,第 11—14 页。

虽然我们对于"家庭体育"的概念界定以及相关内容探讨发生在20世纪60年代以后,但是,自我国古代社会就已经存在"家庭体育"。在原始社会中,射箭是一种捕猎技能。为了让儿童学习射箭,家庭长者向儿童传授射箭技术,这也是最初的带有家庭体育的射箭教育。早在4000多年前,就出现家庭养生体育,也是最早的家庭体操,《吕氏春秋家庭体育·吕乐》相关记载,"昔陶唐氏之始,阴多滞伏而湛积,水道壅塞,不行其原,民气郁阏而滞著,筋骨瑟缩不达,故作为舞以宣导之。"据记载,当时因为气候等原因,人们出现精神不振,活动不顺等状况,因此陶唐氏创作一套舞蹈动作,群众用以活动身体。这是最早的养生体育实践记录,也是最早广泛运用到家庭的养生体育。

家庭体育在一个人的一生中占据重要位置,对于人的成长起到重要作用。好的家庭体育微观上是跳跃心间快乐的"音符",中观上是促进家庭稳定的"琴弦",宏观上是弹奏社会和谐的"乐章"。

家庭体育与生命。生命对于每一个人都非常重要,因为生命就只有一次。联合国教科文组织国际教育委员会曾提出未来教育的四大支柱:学会认知、学会做事、学会共同生活、学会生存。其中学会生存原则上首先应该学会如何"生",即如何呵护生命。美国学者Paul Loprinzi通过运用家庭系统理论(Family Systems Theory)发现"良好的家庭环境更加有利于儿童积极参与体育活动,减少久坐行为的发生。"[1]"体育活动能够改善家庭成员的体质健康,减少青少年肥胖,降低家庭生活压力、改善生活质量、对抗抑郁等价值功能。"[2]要最终实现"家庭体育梦",除了将其置于心灵深处港湾的同时,也必须将其在现实家庭生活中落实,必须以"体育"的精神看待"家庭",必须以"家庭"的原生态呈现"体育"。米兰昆德拉在《不朽》中说:"生活就是,扛

① Loprinzi. P. Association of Family Functioning on Youth Physical Activity and Sedentary Behavior[J]. Journal of Physical Activity and Health, 2015, 5(12):642—648.

② Ashley, Fenner, Erin, Howie. Relationships between psychosocial outcomes in adolescents [J]. Health and Quality of Life Outcomes, 2016, 10(14):27.

着痛苦的我穿行世间。"家庭体育不仅仅是身体的运动，还应该容纳心灵的呵护。只有这样家庭体育才能更好诠释珍惜生命、尊重生命、呵护生命的真谛。

家庭体育与家庭。中国诗人舒婷在诗歌《致橡树》曾说过："我必须是你近旁的一株木棉，作为树的形象和你站在一起。根，紧握在地下，叶，相触在云里。"原本描写坚贞爱情的诗句，里面无不蕴含着亲情，对于亲人来说又何尝不是这样的感知。个体自从呱呱坠地到长大成人，整个一生都离不开家庭。家庭中人与人之间相互搀扶、相互依靠、相互包容、相互促进进而相互成长。而家庭体育则是促进家庭成员健康、友好、和谐成长发展重要的因素。家庭与家庭成员身体的生长、生命的保障、身心的安全又是维系在一起的。家庭之于人的养育之重与家庭体育之于家庭文化的传承之情，都是不可或缺的。

家庭体育与社会。儿童是社会和谐的音符。和谐社会的构建，关乎诸多方面，如：政治局面安定、人与社会环境和睦相处、自然灾害减少、人类身心健康等。在此过程中，生命的健康是社会活动的重要条件，而家庭体育又是生命健康获得的重要依托。

人的一生和家庭可以说就像一棵蔓藤树相互缠绕愈想分离而愈拥抱的更紧。在促进德智体美劳全面发展的同时，家庭体育在"体"这个环节起到不可替代的作用。失去家庭体育可以说"体"的金字塔失去了根基，就算垒的再高，也可能会在某个不经意间怦然倒塌。吹过苔藓小草的风，也吹过花丛灌木，也吹过名木高树。家庭体育就像一缕缓缓的风，能带来片刻的清凉，也能留下持久的温存。

二、我国传统家庭体育的历史演变

我国传统家庭文化历史悠久，古代就有"孟母断机"、"曾参杀猪教子"、"曾国藩家书劝诫"、"颜氏家训"等与家庭文化相关的至理名言，对现代家庭依然有很大借鉴意义。家庭教育一直以来作为社会机体的一个细胞，为人的成长和发展承担着不可替代和"僭越"的职能。家庭体育是人生接受体育教育的起点,是学校体育教育和社会体育教育的基础。家庭体育在中国家庭文化中具有基础和核心地位,在家庭文化的长河中呈现动态的发展形态。

我国传统家庭文化中体育最早发生在原始社会。原始社会初期,年长一代在生产劳动过程中向儿童传授渔猎、采集果子、农耕等方面的技术与技巧,这是家庭体育最早的雏形;奴隶社会时期,存在严格的奴隶主、奴隶等等级尊卑。在夏、商、周代,出现所谓的"礼、乐、射、御、书、数"等六艺教育,但这一时期主要是通过六艺传递奴隶主阶级的政治思想、体育锻炼等。这一时期很多家庭体育更多的是为了培养更多的奴隶,进而效忠奴隶主,为奴隶主服务;封建社会时期,在封建社会,一荣俱荣,一损俱损,家庭的地位格外突出。而这一时期,家庭的教育也格外受到重视。在封建社会,家庭体育的教育主要融合在生产、生活中。流传多年的《三字经》、《千字文》等,都隐射着生产生活中对孩子的教育,而很多其蕴含着体育方面的内容。如《千字文》曾曰:"节义廉退,颠沛匪亏。性静情逸,心动神疲。"即指:在最穷困潦倒的时候也不可亏缺。保持内心清静平定,情绪就会安逸舒适,心为外物所动,精神就会疲惫困倦。一定意义上彰显了家庭体育教育中不仅仅只有身体的锻炼,还应该涵盖心理健康的引导。

中华民族从远古时期起就有各种祭祀、纪念、庆祝等群众性或家族性活动,以后慢慢演变成各种节日或者节令习俗。在反映各种节日或节令活动中,常有一些人们参与的体育活动。继而形成和演变发展成很多民间体育,这些民间体育也活跃在传统的家庭体育活动中。传统家庭体育活动中一种常见民间体育活动:"放风筝"。风筝起源于战国时期。《韩非子·外储说左》记载:"墨子为木鸢,三年而成,飞一日而败。"最初的风筝是用木头制作的,可以说是风筝的鼻祖。随着时代的发展,出现了丝鸢、纸鸢、纸鸢,也就是最早的风筝。最初的风筝主要用于军事传递信息,后期逐渐成为家庭儿童娱乐的一种活动。因为,放风筝具有奔跑、弯腰、两人共同合作、制作简单等特点,因此放风筝成为很多家庭尤其儿童喜欢的一项体育娱乐活动。风筝最初叫飞鸢。放飞鸢(现指风筝)据《询刍录》记载,亳州刺史李邺,在纸鸢上装制竹哨,风入竹哨,声如筝鸣。因此,出现"风筝"这个名称。当时不仅皇宫贵族喜欢放纸鸢,民间很多家庭为了儿童娱乐也兴起放飞鸢。传统家庭体育娱乐活动丰富多彩,还包括踢毽子、斗鸡、击壤、荡秋千、拔河、踏青等。

春秋战国时期,老子和庄子在著作中虽然没有明确提及家庭体育,但是在行文中都能隐性体现"家庭体育"。《老子》一书中的观点"无为"、"无事"、"无欲"、"好静",也充分体现老子自身对家庭中体育养生的追求和实践。而庄子则认为人的健康应该注重精神的修养,而避免过多注重肉体。一定程度上呈现,家庭体育不仅仅是注重身体,还应该注重精神,应该身心发展合一才能够真正做到养生中的"静"。最早人们家庭中注重饮食对体育作用的是在《吕氏春秋》中,《吕氏春秋》中"去害说"称:"何谓去害？大甘、大酸、大苦、大辛、大咸,五者充形,则生害矣!"指出凡刺激性大的食物,对身体都是有害的,家庭中饮食应避免这一类食物。秦汉三国时期,家庭体育多注重养生体育,著名的"五禽戏"的出现。五禽戏是中国传统导引养生的一个重要功法,其创编者华佗(约145—208),出生在东汉末沛国谯县(今安徽亳州)。《三国志·魏书·华佗传》:"吾有一术,名五禽之戏,一曰虎,二曰鹿,三曰熊,四曰猿,五曰鸟。"南北朝时期养生家陶弘景辑录的《五禽戏诀》,原文如下:

虎戏者:四肢距地,前三掷,却二掷,长引脚,乍脚仰天,即返地行,前、却各七过也。鹿戏者,四肢距地,引项返颈,左三右二,左右伸脚,伸缩亦三亦二也。

熊戏者,正仰,以两手抱膝下,举头,左僻地七,右亦七,蹲地,以手左右托地。

猿戏者,攀物自悬,伸缩身体,上下一七;以脚勾物自悬,左右七;手钩却立,按颈各七。

　　鸟戏者,双立手,翘一足,伸两臂,扬眉鼓力,右二七,坐伸脚,手挽足距各七,伸缩二臂各七也。①

　　华佗的养生体育彰显了人体健康需要劳动,所谓劳动也就是现今所指的运动。五禽戏中的思想被人们接受,很多群众自发组织五禽戏演练,家庭成员共练五禽戏的局面一度盛行。另外曹操在《龟虽寿》中也指出:"养怡之福,可得永年。"也讲到在日常家庭生活中要注意养生,进而促进身体健康。

　　随着社会的发展,娱乐性的体育在家庭中逐渐流行起来。狩猎在原始社会只是一种生产活动,进入奴隶社会后,很多封建贵族把狩猎作为一种娱乐享受活动。秦汉以后,狩猎活动也依然在皇宫贵族中盛行,但是这项活动慢慢被民间相仿,很多家庭也把狩猎作为一种娱乐体育进行。古代虽然没有田径一词,但从文字记载,很多活动中都有关于跑、走、跳跃等锻炼身体的内容。传统家庭娱乐性体育随着时代的发展不断延续、继承和创新。游泳和划船等水上活动起源于原始社会,真正发展成为一种体育活动最初在春秋战国时期,因为战争,很多人学会了游泳。《列子·说符》曾记载:白公问孔子说:"把石头投入水中会怎么办?"孔子答道:"吴国那些游泳好手能把它取出来。"除了战争需要外,很多人把游泳和划船作为一种家庭锻炼身体的活动开展。对于传统家庭体育娱乐活动,不得不提到蹴鞠。蹴鞠,又名踏鞠,即古代足球。"鞠",又称"毛丸",外表是皮,里面塞以毛或其他实物。②据史料文字记载,战国时期蹴鞠就比较普遍了。《战国策·齐策》曾记载:"临淄之重七万户……甚富而实。其民无不吹竽鼓瑟,击筑弹琴,斗鸡走犬,六博蹴鞠。"这段材料反映了战国时期齐国的民间体育娱乐

---

　　① 赵传仁、鲍延毅、葛增福:《中国书名释义大辞典》,济南:山东友谊出版社,2007年,第133页。

　　② 毕世明:《体育志》,上海:上海人民出版社,1998年,第129页。

活动丰富多彩。蹴鞠最初起源于军事体育,后来在民间慢慢发展成为一种家庭娱乐体育。汉代和三国时期还有另一种形式的蹴鞠——以表现个人踢球技艺为主的、非对抗的、主要是自娱自乐,有时候也可作为一种表演性的足球。这种蹴鞠对于场地、人员、设备要求都很低,可以一个人也可以多人,可以在场地小的地方也可以在大的地方,也并不一定要求必须在蹴鞠专业的场地,因此具有很大的灵活性,成为在宫廷、官宦家庭、城市和农村很多家庭开展的一项家庭娱乐体育活动。到了唐代蹴鞠有了新的发展,比如发明了"充气"的蹴鞠;形式上更加灵活,包括"触球"、"白打"等。宋代的蹴鞠加强了家庭活动的娱乐性,蹴鞠不再仅仅为了竞技,为了输赢,更多的是蹴鞠过程中获得的愉悦性以及活动过程中家庭成员的交流性。清代曾把蹴鞠引入冰上活动,成为冰上蹴鞠,即一边滑冰、一边踢球。一时间很多家庭参与和喜欢上这项体育活动。另外,投壶、围棋、象棋以及其他棋类也逐渐进入寻常家庭的体育活动中。

进入魏晋南北朝时期,传统家庭体育中的言传身教原则在几位大的养生体育家身上得以体现。嵇康(224—263 年)是魏末晋初的文学家,著有《养生论》。他的主要观点是重视"保神"养生即注重精神、心理的呵护;强调"养形",即注重身体的锻炼与养护。他提出"形神相亲,表里相济",并提到日常生活中要注重饮食起居。颜之推(531—约595 年)在它晚年撰写的《颜氏家训》之《养生篇》中重点论述了家庭(体育)养生。颜之推在家庭体育中广泛使用了身教示范的方法。他认为家长的言行对孩子起着"潜移默化"的熏陶作用。颜之推在《颜氏家训》之《养生篇》中曾曰:"若其爱养神明,调护气息,慎节起卧,均适寒暄,禁忌食饮,将饵药物,遂其所禀,不为夭折者,吾无间然。"用来劝诫子女日常生活中要爱惜保养精神,调理护养气息,起居有规律,穿衣冷暖适当,饮食有节制。

到了隋唐时期,著名的医学家、养生学家孙思邈把一些养生理念运用到日常家庭体育养生实践中,包括行气、胎息法、迎气法、导引、按摩法等。颜元是明末清初的教育家、哲学家。他发展了"动以养生"的体育养生理论,反对"静坐",他指出:"养生莫善于习动,夙兴夜寐,振起精神,寻事去作,行之有常,并不困疲,日益精壮。"在家庭日常生活中他坚持一身动则一身强,一家动则一家强的家庭体育观念,自身做到动起来,家庭成员动起来。颜元的家庭体育思想更多的指出了当时一些文人忽视体育锻炼的通病。他在尖锐指出问题的同时,从自身做起树立好的标杆和榜样。传统家庭体育中重言传,但更重身教。

中国近代家庭体育的发展阶段是从 1840 年到中华人民共和国成立的 1949 年。这个时期家庭体育发生很大的变化。但是近现代家庭体育总体上还是建立在传统家庭体育的基础上继承传统家庭体育文化的优良传统。古代家庭体育中注重养生教育,著名的老子、庄子、孔子以及很多文人志士如陆游、苏轼等都在家庭养生体育上颇有论断。《老子》中说:"深根固蒂,长生久视之道。"要做到"长生久视",必须要"清静"、"无为"、"守一",做到心平气和、静神养性方是养生之道。孔子主张"仁德润身",赞成"仁者寿",认为人长寿要重修心,"仁"能做到处事不惊、心平气和,继而能长寿。孔子还曾说:"食不语,寝不言","食不语"能够促进食物的消化,"寝不言"乃避免杂事扰乱心静,有利于促进睡眠,此乃孔子日常基本的养生之道。还有康熙、曹操、孙思邈等人,他们的养生体育思想也教育影响着家人。到了近现代很多名人志士在家庭体育中依然注重养生教育。曾国藩虽然终日忙于政事,但从来没有放弃过养生的探索和实践。他曾说:"热水洗脚,饭后千步",后来很多人赞同他的这种家庭养生实践法。毛泽东早年也力倡这种养生方法。近代家庭教育养生名人也不乏其人。邓小平的长寿得益于他的家庭养生之道,他的养生之道主要可以概括为以下几个方面:心态乐观,遇到事情能够心平气和的处理,邓小平多次逆境从来不怨天尤人,平静对待,保持心静如水;坚持锻炼,他除了喜欢散步、打桥牌、登山外,还酷爱在大海里游泳;饮食合理,注重营养合理搭配,早晨爱吃鸡蛋、馒头、稀饭。午饭、晚餐常是两素一汤,他还爱喝茶也喜欢饮酒但是每次都少量坚决不酗酒。喝绿茶、晴天疾步走,平时看书、写书法,心情放轻松。这些便是武侠名家金庸的养生和保健之道。马寅初是中国著名的人口学家、教育家和经济学家。同时,他还是一位活到 101 岁的老寿星。马寅初的生活很有规律,早晨起来按时锻炼,中午稍睡一下,晚上睡前洗个澡。一日三餐按时进食,他从不吃零食,在饮食上也不过分地去挑拣,从不暴饮暴食,每餐饭吃八九分饱就停筷。他从不抽烟,不吃过热的食物,也不饮酒。近现代的养生名人还有很多,还有很多没有被记录下来,但是他们的养生理念却在家庭日常生活中被践行着。

到了近代,随着西方文化的影响,虽然传统的家庭娱乐体育依然存在,但受西方体育思潮的影响,家庭娱乐体育的类型丰富了很多。包括了从西方传入我国的体育项目:乒乓球、高尔夫球、篮球、羽毛球、射箭、拳击、滑雪、跳伞运动和桥牌等几十个项目。家庭娱乐体育项目更加丰富多样化,家庭体育更加具有针对化,家庭体育过程中不仅注重身体的锻炼,还注重体育锻炼过程中坚持性、意志力、合作性的培养以及体育过程中心理素质、心理的健康。曾国藩曾在给儿子纪泽、纪鸿的书信中曾说道:"养生之本为养心",也告诫子女要想身体健康不仅仅只是外形的身体锻炼,还应注重"养心"。吴汝纶也曾在告儿书信中教育孩子道:"读书静心、读书养心",希望子女能够从书中获得身心的快乐与健康。近代家庭体育传承传统的家庭文化理念和思想,但是也增加很多新的内容,比如家庭文化中的体育类型更加多样化、形式更加灵活化。

家庭体育是社会发展到一定阶段的产物,是随着社会生活的现代化和人本化而逐渐发展起来的,是现代家庭的重要特征之一,也是体育社会化、生活化的必然结果和标志。①到了现代时期,人们生活方式

---

① 操伊芬:《现代家庭体育的价值与可持续发展研究》,安徽师范大学硕士论文,2006 年,第 1 页。

的多元化和消费层次化倾向已日趋显著,家庭体育亦呈现更多丰富化的形态。现代健身跑的创始人、德国医学博士范·阿肯说:"在我们这个社会里只要有钱,就能买到你想要买的东西,但只有一样东西你买不到,这就是健康,健康的得来需要付出一定的代价——顽强的意志,克服贪图安逸的惰性,坚苦的锻炼和流汗。"从老庄时期的"无为"到华佗的五禽戏、曹操的《龟虽寿》以及习近平总书记的全民健身等无不透露从传统家庭文化中家庭体育到现代家庭体育中健康永远是人们追求的原动力。家庭野外马拉松、野外垂钓、亲子趣味赛、攀岩、蹦极等现代家庭体育中无不隐含着传统家庭文化中"天人合一"的思想,人与自然和谐相处、不掠夺、不破坏大自然,依然是现代社会家庭体育中遵循的真谛!但是随着现代社会科学技术的发展,信息化、智能化等充斥着人们的神经,家庭体育不再仅仅只是为了强身健体,更多的除了强身健体外还隐性凸显家庭体育活动中自身体验以及家庭关系促进等价值。现代家庭体育除了"体育"本身外在的"健体"之外还更多体现为一种有意义的活动形式和善度余暇,使自己在身体和精神上都得到休息、放松和享受。这意味着:家庭生活中的体育活动是游戏、是竞争,同样也是一种精神的恢复和升华;是人们发泄剩余精力,净化情感,回报社会,丰富业余文化生活,陶冶情操,提高自身素质的最理想的家庭生活方式。[1]

人如成其为人,文化造就人。家庭体育是文化的具体谱系,必然要成为其不可缺少的做人之维。在历史的长河中,家庭体育随着"河水"的流淌,荡漾出"生命"的涟漪。也因其独特性和发展性才促使"人"在成为"人"的过程中实现某种"补偿",家庭体育因为这种"补偿"才与人的教育相互嵌套构建在一起。

---

[1] 操伊芬:《现代家庭体育的价值与可持续发展研究》,安徽师范大学硕士论文,2006年,第20页。

第二节 我国传统家庭体育的内容、方法及原则

家庭作为教育子女的重要阵地,有着漫长的历史。在这漫长的历史中孕育着丰富的家庭文化。梁漱溟先生说:"任何一处文化,都自具个性,惟个性之强度不等耳。中国文化的个性特强,以中国人的家之特见重要,正是中国文化特强的个性耳"。①梁漱溟先生说出了家文化的重要性。家庭文化是家文化的一个重要组成部分,而家庭体育又是家庭文化蕴含要义的重要组成部分。在一种形态的运行过程中渗透另一种形式的存在,家庭体育有别于学校体育教育,它也以其独特的形态立于世间,形成自身特有的内容与原则。

一、我国传统家庭体育的内容

传统家庭体育涵盖的内容非常广泛,不仅涉及受教育者的日常生活、身体健康,还涵盖受教育者的心理健康等。传统家庭体育的内容可以说是人成长发展的基石,包括饮食养生、运动坐卧以及心理健康教育等。

（一）饮食:物质生活的现实固守

日常生活中饮食与健康密切相关,饮食之所以纳入家庭体育的内容,也充分体现了家庭体育的核心重在关注家庭成员的身心健康。俗话说:"药补不如食补。"所谓食补,就是指利用食物的营养来达到身体健康的目的。在中国,传统家庭体育中饮食养生有着悠久的历史。饮食养生是体育的重要内容,同时也是传统家庭体育的重要组成部分。早在2000多年前的奴隶社会时期,人们就认识到饮食养生的重要性。西周时期,设有专门的食医指导:"六食、六饮、六膳、百羞、百酱、八珍"。但这些食医对于饮食的指导主要是针对王侯贵族进行。到了春

---

① 梁漱溟:《中国文化要义》,北京:学林出版社,1987年,第35页。

秋战国时期,家庭体育中饮食教育达到一个黄金时期。春秋时期鲁哀公问孔子:"知者寿乎? 仁者寿乎?"孔子回答说:"寝处不时,饮食不节,劳逸过度者,疾共杀之。"据史料记载,孔子享年 72 岁,比当时鲁国人平均寿命高出很多。平时注重膳食起居,讲究饮食卫生是他得以长寿的秘诀。

《2014 年中国儿童膳食营养健康调查报告》显示,与 1992 年相比,儿童的健康状况:贫血少了,慢性病多了,包括:高血压、肥胖、高胰岛素血症等;身材条件:个子高了,身材胖了;生活习惯:抽烟喝酒的多了,运动少了。近年来,不仅仅是儿童,就连成年人也逐渐认识到肥胖带来的隐性疾病、熬夜带来的身体损伤、不运动引起的身体疾病综合征。慢慢的越来越多的人意识到健康的重要性,越来越多的人用实践证明除了"生死其他都是小事"这句"至理名言"。游泳馆、体育休闲锻炼场地、草坪上放风筝、羽毛球场上挥洒汗水的身影、家庭"Keep"起来等现象,证实了人们越来越关注健康,也越来越认识到家庭体育更应该为健康、为社会保驾护航。

饮食与生存

俗话说:"民以食为天"、"人是铁,饭是钢,一顿不吃饿得慌。"食物是人们赖以生存的物质基础,而饮食养生则是评价生存质量的杠杆。《孟子》云"食色性也",《礼记》曰"饮食男女,人之大欲存焉"。封建时期,这样的表达被认为是没落奴隶主阶级腐朽生活的写照。随着时代的发展,人们慢慢认识到饮食是身体之必须,是人之天然之需要,而不是代表堕落和萎靡。因此就有了"食为八政之首","夫礼之初,始诸饮食"以及"开门七件事,柴米油盐酱醋茶"等论述和俗语。另外,随着社会的分化与进步,人们慢慢认识到家庭对于饮食的定格也不仅仅局限于满足口腹之欲,与食物相关的食材原料、炊具种类、烹调方法、食物养生等方面也蕴藏着深厚的文化,而且不同的饮食文化发展与传承都与民族衍生发展、地域传统文化和文化间的包容平衡有着极为密切的联系。人们依赖物得以生存,也衍生了中国特有的"吃"文化。比如,其他国家问好:"早安"、"午安"、"见到你真开心"等语言来表达见面的寒暄,而我们国家人们见面往往用"你吃了吗?""吃完饭了吗?"等传达问好。甚至一些同"吃亏"、"吃官司"等词语对于文化心理的映射,感受到似乎"吃"无所不在。"吃"的文化在社会潮流的大文化背景中坚守着、屹立着、融合着。

饮食与享受

中国人对于饮食不仅仅只是为了生存,更多从饮食中获得愉悦以及饮食过程中"口腹"和"心理"的享受。中国人在饮食时追求"色、香、味俱全",达到"美味享受、饮食养生"的意境。甘愿倾注大量心血和时间在饮食上,不仅仅只是为了"吃"的生理需求。菜中情、酒中意的意愿在饮食中被展现得淋漓尽致,人们在"吃"中各得其所,各享其乐。《黄帝内经》中说:"五味之美,不可胜极",其核心思想是传统思想中"和为贵"的思想。酸、甜、苦、辣、咸五味在食物烹调制作过程中尽显互相融合、互相渗透,达到水乳相容,我中有你、你中有我的调和之美。

《夫妇宴饮图》是东汉佚名创作的壁画,原图位于洛阳市西工区,摹本现收藏于河南洛阳博物馆。作为一幅表现家庭生活的图画,也为后人提供了汉代饮酒的生动资料。①

---

① Https://baike.baidu.com/item/%E5%A4%AB%E5%A6%87%E5%AE%B4%E9%A5%AE%E5%9B%BE/22823693?fr=aladdin.

中国人把饮食作为一种艺术,延伸为一种文化,在饮食中除了注重食物原有的营养价值,更注重隐藏在食物背后的精神享受。而西方人把饮食当做一门科学。因此,西方饮食文化中蕴含更多的理性,在饮食的过程中不在于外在的色、香、味,而是更多注重食物本身的营养。西方人进餐过程中,不强求于色、香、味俱全,但是一定要保证营养价值。甚至,如果食物因为煮熟导致消耗一定的营养,他们干脆直接吃生的。但是,中国人,从饮食中获得的不仅仅是食物带给的物质感受,还有饮食过程中食物进入口腔的满足感以及饮食过程中人与人之间的情感交流。唐朝白居易在《问刘十九》中写道:"绿蚁新醅酒,红泥小火炉。晚来天欲雪,能饮一杯无?"从一些文人志士的诗句中也体现饮食不只是口腹之需,更多的是饮食中精神享受与追求。

但中国人并非仅因为生存和享受而注重饮食。如果那样,对于饮食的追求岂不只停留在暴殄天物、只满足口腹之欲了吗?中国历朝历代仍不乏饮食节俭、雅饮雅食、饮食适度之人。

饮食与健康

中国是最早把体育健身与疾病预防作为重要事业开展的国家。一直以来,无论一些医学著作还是一些名人志士、达官贵族都认识到体育的重要性,尤其最基本的饮食对健康的影响。中国道家始祖老子云:"治身养性者,节寝处,适饮食。"这一句"适饮食"真正让人感受到老子所追求的雅饮与雅食的意境。著名思想家孔子在《论语·乡党》中也曾提了一下饮食方面的主张。例如:"食不厌精,脍不厌细。食饐(yì)而餲(ài),鱼馁而肉败,不食。色恶,不食。臭恶,不食。失饪,不食。"告诉人们健康的安全饮食方法,对后人日常饮食产生深远的影响。唐代名医孙思邈特别注重饮食对身体健康的疗养,尤其是老年人的饮食养生。他认为药性烈,食疗更能排邪而安脏腑悦神色。清朝康熙皇帝认为要身体健康,要饮食得宜。他曾说:"老年人应当饮食淡薄,每兼菜蔬食之则少病。"因此,康熙皇帝日常生活中特别注重饮食,不仅注重食物的营养,还要注重一餐中食物的搭配与营养均衡,强调饮食不能有所偏嗜,更不能暴饮暴食。在色香味俱全的基础上一定注重身体对食物的吸收以及食物对身体的反哺。中国清代著名戏曲理论家、戏剧作家李渔在《闲情偶寄·饮馔部》载道:"吾谓饮食之道,脍不如肉,肉不如蔬,亦以其渐近自然也。"《闲情偶寄》中的"饮馔部",是李渔讲求饮食之道的专著。他主张于俭约中求饮食的精美,在平淡处得生活之乐趣。其饮食原则可以概括为 24 字诀,即:重蔬食,崇俭约,尚真味,主清淡,忌油腻,讲洁美,慎杀生,求食益。这正表现了中国传统文化对饮食的美的追求、对身体健康的深远需求。

尤其药膳的出现更加验证了人们对于饮食并不仅仅只是为了口腹之欲、更不仅仅只是单纯的为了"活着",更多的注重饮食对生存"质量"的改善与提升。中国古老的医书《本草食医经》提出:"药膳同功"、"食医同源"等重要论断,药膳可以说中国传统饮食文化中一股清流。药膳就是中国传统的中药和食物相结合,变用药为用餐的饮食方式。①药膳不同于药,但具有药的功效,药膳虽是膳,但又不仅仅是膳。它拥有"膳"本质的美味,还具备强身健体、治疗沉疴、延年益寿的效用。药膳在我国历史悠久,早在西周就有"食医"官制作一道道美味的药膳,虽然"食医"官主要是给帝王制作膳食,但是后来这些药膳慢慢被平常百姓作为日常饮食来食用。东汉神医张仲景、唐代"药王"孙思邈都很注重药膳对养身健体、治病救人的疗效。到了宋代,药膳更受到大众的喜爱。北宋初年编订的《太平圣惠方》和《圣济总录》两部著作中都有专门的章节论述药膳。很多粥方、饭方、羹方等进入人们日常的家庭饮食中。到明代,李时珍《本草纲目》中也对药膳进行了详细的记载。药膳不仅仅是一种膳食、也不仅仅只是一门膳食学科,它的出现,无形中映射了人们对饮食追求的本质发生了变化,对于饮食的追求更多的是食物能给身体带来健康。

食不在饱、饮不在醉,饮食之道就在饮食与身心健康的平衡中。

---

① 于海娣:《中国文化全知道》,北京:华文出版社,2010 年,第 336 页。

人们依托食物得以生存、因为饮食获得身心愉悦、最终饮食中透射身体的健康。饮食养生作为传统家庭体育中重要一环,肩负着重要的使命、承载着无言的职责。在历史的长河中,无论如何变幻,家庭中饮食永远是亘古不变的话题,亦是历史弥留的"清香"。

（二）运动:动态养生的健康观照

中国对于体育健身和防治疾病拥有悠久的历史。传统家庭运动养生亦蕴含着深厚的文化底蕴。"生命在于运动",即使在古代,人们也认识到劳动、工作等能够强身健体。比如打猎、捕鱼、爬树摘果子等,最初的运动可能更多的隐含在人们的日常劳作中。但是,虽然没有明确定义或者规定人们要运动,可是一定劳动中蕴含的运动让人们感受到"劳作",反而食欲大增,身强力壮。一定程度上也反映出运动对身体的益处。《素问病机气宜保命集·原道论》说:"吹嘘呼吸,吐故纳新,熊经鸟伸,导引按跷,所以调气也。"①运动养生不仅体现传统的体育运动方式,也折射了现代体育的形态。

如果说饮食是传统家庭体育中重要的物质基础,那么运动坐卧则是传统家庭体育中动态养生的健康观照。有记载当年禹在带领部族对抗中国的两条巨龙:黄河和长江。当时没有先进的机械工具,只能依靠双手,靠最原始的体能来挖掘堤坝。可想而知,长期劳作,人们必定有腰酸、腿痛、身体劳累的健康困扰。领导者为了解决百姓身体健康的困扰,因此模仿动物身形,创编一套舞蹈动作。用以活动身体,舒缓紧张的情绪。百姓日常家庭中都可以进行练习这套舞蹈动作,既可以缓解身体的不适,又可以作为一种娱乐活动进行。主张"运动"可以养生健体思想的重要创始人物是荀子。2000多年以前就提出相关的运动健体的"动"的养生思想。为后世传统家庭体育的发展起到重要的作用。荀子在《荀子·天论》载:"养备而动时,则天不能使之病。""养略而动罕,则天不能使之全。"这句话的含义在于如果一个人具备

---

① 金·刘完素:《素问病机气宜保命集》,北京:人民卫生出版社,2005年,第43页。

衣食生活条件,又注重运动,那么他的身体就健康;反之,如果一个人衣食欠缺,又懒得运动,那么身体就会出现糟糕的状况。荀子也提出乐舞可以强身健体,人们在跳舞的时候可以全身运动,这个过程能起到锻炼身体的作用。他认为乐舞可以使人"容貌得注","志意得广",认为舞蹈可以愉悦身心,让人心胸宽广、身心愉悦。自古乐舞和体育就是相生相惜,互相融合。家庭舞蹈、亲子舞蹈、现代流行的广场舞无不在"舞"的过程中映射"体"的意蕴。

　　1800多年以前,华佗曾创编了"五禽之戏"作为健身运动,华佗提出了:"人体欲得劳动,但不当使极耳。动摇则谷气得销,血脉流通,并不得生。譬犹户枢,终不朽也。"在这里,劳动即指各种身体活动的总称,人要想身体健康需要运动。运动是生命中不可缺少的重要一部分。但是华佗也指出,身体运动要适量、适度,要根据个人身体状况进行,且不可强行或者过度运动,这样反而会伤害身体。这些观点都是具有历史创造性的,也为后来的家庭体育运动起到很好的借鉴作用。明清时期的运动养生比较流行的是导引,导引起源于战国,所谓导引,即后世气功中称之为的"动功"。是一种以"导气令和,引体令柔"为特点的主动呼吸运动与躯体运动相结合的医疗体育保健法。它与气功、按摩等共同构成了中国动态养生的三大支柱。[1]也是传统家庭体育运动养生的重要组成部分。

虎形　　鹿形　　熊形　　猿形　　鸟形

---

① 于海娣:《中国文化全知道》,北京:华文出版社,2010年,第259页。

在古代虽然没有明确描述田径一词的词语,但是人们通过饭后散步、走路等日常休闲活动来锻炼身体。到了后期家庭亲子活动如游泳、划船和放飞鸢等无不在运动的过程中体现"家庭体育"的重要性。从今天的眼光来看,所谓的"动"并不是绝对的"动","静"也不仅仅只是"静"。"动"中有"静","静"中含"动"也许正是传统家庭体育特有的意蕴。传统的家庭体育内容更多的还是融合在日常生活中,没有太多的刻意安排、也没有特严肃的时间节点,但是对于家庭人员来说是生活中不可或缺的重要一环。

(三)静坐:"天人合一"的心性之隐然

对于健康的认识不仅仅只是"体"还包括"心",传统家庭体育中不仅注重人们身体的锻炼,还包括心的"养护"。静坐对于男女老幼的健康,都有帮助,可使耐寒力和消化力增强,且皮肤润泽,具有美容效用。①主张以"静"养生的主要代表人物是战国时期的重要思想家老子和庄子。老子一生崇尚养生之道,他提出的"无为"、"清净"、"无欲"等也是他一生践行的"养心"之道。老子认为,人要想"长生久视",最重要的是"载营魄抱一,能无离乎?"即人要想长寿,必定要使人的血肉之躯与灵魂合一而不分离。而要做到这一点必须"谷(即养)神不死",也就是注重精神的养护,使之永葆活力、永不衰竭。庄子在《庄子·刻意》中讲到体育养生是说:要"纯粹而不杂,静一而不变,恢而无为,动而以天行,此养神之道……"。庄子主张精神锻炼,即"养神",认为身体的健康最重要的是做到炼养精神,才是真正的养生、真正能达到长寿、忘我。春秋末期思想家、教育家、儒家学派创始人——孔子,享年72岁。据史料记载孔子比当时鲁国人平均寿命要高很多。孔子论养生的总纲就是"仁者寿"。他在《论语·雍也》说:"知者乐水,仁者乐山;知者动,仁者静;知者乐,仁者寿。"意思是:聪明的人的快乐像水一样,活泼欢快;仁爱的人的欢愉像山一样,高大、矗立、宁静;仁爱的人

---

① 于海娣:《中国文化全知道》,北京:华文出版社,2010年,第268页。

遇到事情会静下心来,冷静处理,不易生气,烦躁;聪明的人遇事善于控制、调节自己的情绪,宁静而有涵养,这样的人怎么会不健康、不长寿呢?

由宋至清是中国传统家庭养生方法演进的重要阶段。对于静坐养生感触最深的,莫过于朱熹。朱熹由于晚年身体状况不好,所以他十分倾心符合其理学大师身份和经历的静坐养生法。到了明清时期,这一时期的静态养生方法尤重智力心神。高濂在《遵生八笺》指出,人们日常生活中须注重护养心神,才能祛病延年。这一时期人们对于体育的认识和理解更多的注重心神的呵护。另外,这一时期也注重综合调理,动中有静、静中有动的理念在人们日常家庭体育中显现出来。

对于静坐忘我的养生之道,自古以来,凡行气、导引、坐忘、太极拳等,都离不开静坐。看似"动"的过程中无不隐含着"静"。《郭沫若文集》中曾刊载过战国文物《行气铭》,行气,即现在的静气功,在战国时期比较普遍,被很多家庭作为日常修身养性的一个重要方式。通过对《行气铭》的考证,郭沫若认为这段铭文旨在对于行气的理解,万物自有生长准则,顺应自然秩序则生,逆此行之则死,静心、顺气、安然则是行气之根本。导引即呼吸运动与肢体运动相结合的保健体操。虽然导引亦称为气功中的"动功",但是,导引过程中"吹嘘呼吸、吐故纳新"无不需要静心养性才能达到导引的真正意境。《庄子·大宗师》中载道:"堕肢体,黜聪明,离形去知,同于大通,此谓坐忘。"人坐着,什么不做、什么也不想,暝心养气,真正做到"天人合一",则为坐忘。坐忘是很简单的一种修身养性的方法,对于家庭人员没有过高的要求,每个人只要想做都可以。

传统家庭体育的内容包含方面之广、容纳内容之大,显而易见。从显性的走、跑、跳跃、田猎、游泳等身体的锻炼到静坐、导引等隐性的养心之呵护等等,都是传统家庭体育的内容。由此可见,传统家庭体育不仅仅只是身体锻炼还包括心理的养护以及对社会的适应。

二、我国传统家庭体育的方法

中国传统家庭体育的方法主要体现在以下三个方面：

（一）交流与感染相互结合

家庭体育无论古代还是现代被越来越多的人重视，多数家庭都认为家庭体育是德智体美劳全面发展中必不可少的一个重要环节，而家庭体育时时刻刻在日常生活中履行它应有的职责。但是，人们对家庭体育的正确理解与实践的践行并不是与生俱来的，而是需要教育的涵养与呵护。战国时期的著名思想家庄子，曾在《庄子·刻意》中说："纯粹而不杂，静一而不变，惔而无为，动而以天行，此养神之道……"。庄子主张养神，反对养形。颜之推在《颜氏家训》曰："父母以身作则，与善人居，结交益友。"①颜之推在家庭教育中注重风化陶染。这里所说的是良好的家庭教育需要父母以及身边人用良好的行为方式感染之，当然除了德、智、美等，还有重要的体。汉代以后，狩猎活动在民间一直存在，在一些少数民族中间，如蒙古族还相当流行。到了清代以后，出现大规模、定期的王室狩猎活动。康熙和乾隆皇帝都有较高的骑射本领，而且康熙和乾隆都有较长的寿命，这与他们平时爱好体育锻炼，有很大的关系。而且家庭成员之间的互相交流和感染也起到一定的作用。家庭体育主要是涉及家庭人员之间，人员之间大多存在血缘关系，情感上比较亲密，相处时间上比较充裕，彼此之间比较熟悉易交流，也易受感染。一个家庭如果有良好体育教育文化，也自然而然会折射出家庭成员体育爱好的维度。

（二）随机和灵活相互整合

家庭体育相对学校体育教育与社会体育教育有更大的灵活性，不受时空、地点的限制，更具有随意性、随心性、融入性。家庭体育虽然

---

① 张瑶：《〈颜氏家训〉中的教育思想》，吉林：吉林文史出版社有限责任公司，2014年，第73页。

也具备一定目的性,但是更多的教育还是存在日常生活中,在生活中透射体育蕴含的价值,甚至借助零碎的时间、自由的空间地点就可以开展体育教育,进一步促进家庭成员的体育活动。《荀子·天论》载:"养备而动时,则天不能使之病。""养略而动罕,则天不能使之全。"人们具备了衣食等基本生活条件,还要经常进行肢体锻炼,身体就可以强壮。如果本身衣食条件就不充裕,再不进行随机锻炼和教育,身体就会不健康。通过《荀子·天论》中的论述也可以隐性透射出,家庭体育的重要性以及家庭体育的随机、随时性。

家庭体育不仅仅只是注重"体"的教育,还包括"心"的养护。《庄子·大宗师》说:"堕肢体,黜聪明,离形去知,同于大通,此谓坐忘。"人坐着不动,就是坐忘,久可以达到心神安宁、静气养神。家庭"体"的教育中,古代就有很多文人志士注重身心健康的合一性。"天人合一"的背后是灵活和随机教育的融入性以及家庭教育氛围的融洽与宽松性。在家庭体育中没有长篇大论的说教,有的只是遇事则论,遇情则移、遇静则动。

(三)长期性和渗透性相互依托

家庭体育具有长期性,一个人自呱呱坠地就开始接受家庭体育,从最初的婴幼儿被动操、主被动操以及主动操的练习到后期幼儿的亲子家庭体育游戏锻炼以及成年后家庭的相关体育教育无不蕴藏着家庭体育的长期性、不间断性。家庭体育与学校体育教育相比,表现出更多的早期性、连续性和持久性。《黄帝内经·素问》中根据一年四季的变化提出:春三月要"夜卧早起,广步于庭";夏三月要"夜卧早起,无厌于日";秋三月要"早卧早起,与鸡俱兴";冬三月要"早卧晚起,必待日光"。其指出了家庭体育并不是一时也不是一刻,而是蕴藏在一年四季中,隐射在家庭生活的具体事件中。

家庭体育具有渗透性,"父母是孩子最好的老师",并不是因为父母有很高的教育手段,而是家庭中给父母对子女的教育创设更好的渗透条件。《论语·乡党》中提到"食不语,寝不言"等关于日常睡眠饮食的家庭体育。在睡眠、饮食、入厕、盥洗、散步、亲子游戏等日常生活中都可以贯穿体育教育。父母的言行和教授会使孩子更容易接受和学习,家庭的生活方式,成员之间的情感交流,文化氛围等各个方面都会显性和隐性的影响着孩子。另一方面,子女的行为方式也无形中会反射影响着父母。比如,孩子坚持早睡早起、饭后散步、饮食合理等,那么父母也会受孩子影响,也会改变一些有损其身心健康的不良行为。家庭体育具有渗透性,无形中让家庭成员对体育活动产生兴趣并长期坚持进行学习和锻炼,从而养成良好的家庭体育锻炼习惯,达到家庭体育更好的继承和发展。

三、我国传统家庭体育的基本原则

传统家庭体育施教必须遵循育人规律,这是处理好家庭体育中主要矛盾和各方关系,实现教育目标的基本原则。

传统家庭体育的原则是根据家庭成员身心发展特点以及个性、品德形成的规律,并以我国家庭教育的目的和国家教育方针为依据;同时,注意继承我国家庭体育的优秀遗产,总结显示生活中传统家庭体育的实践经验,这些教育原则是家庭体育本质和规律的反映。各原则之间相互关联和渗透,形成了完整的原则体系。理解并践行传统家庭体育原则必将增强家庭体育的实效性。

（一）健康第一原则

传统家庭体育作为一种特殊的育化方式,承载着人类对健康的永恒追求。传统家庭体育过程中始终秉承着健康第一的原则。而不是仅仅为了体育而体育,更不会在追求"体"的路上忽视"体"的基本要义。

饮食是传统家庭体育坚实的物质基础。传统家庭体育把健康作为体育的第一要义,尤其著名的中医学中的食疗、药膳等无不说明饮食为了健康。在中医学漫长的发展历史中,中医们曾提出用不同种类的食物来治疗疾病。很多中医文献中都记载着饮食,有的也叫做处方或药方。最早的医书,大约公元前 200 年的《神农百草经》中,就记载了芝麻、枣子、山药、生姜、葡萄和百合的食疗作用。汉朝杰出的医师张仲景,记录了用来治疗热病及其他杂症的食疗方。明朝的李时珍在他的《本草纲目》中记载了用来治疗疾病的食疗方。在每个朝代,食疗都被看成是一种重要的中药疗法。①曹操所著《龟虽寿》《精列》等,均涉及养生学的医理。建安文人研究炼气养性之道,以求健康长寿,他们的部分诗作亦体现了对生老病死所持的客观唯物态度。建安文人们对食材、就餐地点、餐具以及烹饪技法都有着很高的要求。比如王粲在《公宴诗》中就有"并坐荫华榱,嘉肴充圆方,旨酒盈金罍。"的描述;曹操父子在饮食上亦十分考究,曹操喜爱研究和制作药膳,还撰写了美食专著《四时食制》,极尽风雅。曹操根据自己的饮食经历,撰有美食专著《四时食制》,书中,他列举了多道名菜,如羹鲶、驼蹄羹、曹操鸡、官渡泥鳅等。"曹氏鱼头"相传华佗曾用它为曹操治头痛,把人参、白芍等20余味中药熬制24小时,再将鱼头放人参汤中烧煮,可明目益智、去除头痛。曹操不仅是著名的政治家、军事家、文学家,还是一位出色的美食家。他将青梅与美酒同煮,不仅无限风雅,且成为曹操独特的养生之道。清末初期杰出的政治家康熙皇帝生平很注重饮食,他认为一个人要想身体健康,必须饮食得宜。在饮食过程中,非常注重食物的营养价值以及营养搭配,忌暴饮暴食、忌吃不熟瓜果、忌喝生水等。康熙追求的饮食之道即最基本的饮食不仅仅是为了果腹,更重要的是为了长远的身体强健、身心健康。在颜之推看来,家庭体育中应该秉持"爱养神明,调护气息,慎节起卧,均适暄寒,禁忌食饮,将饵药物,遂其所禀。"②意思是:爱惜保养精神,调理护养气息,起居有规律,穿衣冷暖适当,饮食有节制,吃些补药滋养,身体就不会出现大的问题。这也体现了颜之推在家庭体育中的基本理念,即体育教育最终要促进身体健康的原则。

传统家庭体育中无论是老子和庄子的主张以"静"为主的体育流派,还是荀子等人主张的以"动"为主的体育养生,以及后期孔子、华

---

①　于海娣:《中国文化全知道》,北京:华文出版社,2010年,第247页。
②　毕世明:《体育志》,上海:上海人民出版社,1998年,第27页。

佗、嵇康、葛洪、颜之推等在家庭体育思想中无不把健康作为家庭体育的第一原则。

（二）言传身教原则

家庭教育不同于学校教育、社会教育，它有其独特的优势以及特有秉承的原则。家庭体育是家庭教育的一个组成部分，传统的家庭体育延续着家庭教育中言传身教的教育原则。俗话说家庭是孩子教育和成长的根基，孩子则是父母的"影子"。荀子曰"蓬生麻中，不扶而直，白沙在涅，与之俱黑。"指的便是自然环境对于事物的影响，而在人类体育行为形成中亦同样存在。父母的言行举止会影响孩子的行为甚至孩子的一生，良好的榜样示范、言传身教会给孩子起到典范的作用。战国时期的著名思想家庄子在《庄子·刻意》中曾说：要"纯粹而不杂，静一而不变，惔而无为，动而以天行，此养神之道……"庄子继承了老子的主要哲学思想，在体育养生中主张以"静"养"体"。他的一生中也一直践行他自己的理念，留给后人思考和践行。秦汉三国时期出现很多的注重家庭体育养生的名人志士，他们通过自身的行动起到对家人以及后世言传身教的作用。三国时期的华佗，曾经有文字记载在《三国志·魏书·支伎传》说，华佗"年且百岁而犹有壮容"。华佗精通医术，创编"五禽戏"，并身体力行，日常生活中注重身体的锻炼和养护。曹操一生中注重身体的锻炼和体育养生，注重"食疗"。曾写《龟虽寿》道："神龟虽寿，犹有竟时。螣蛇乘雾，终为土灰。老骥伏枥，志在千里。烈士暮年，壮心不已。盈缩之期，不但在天；养怡之福，可得永年。"诗中透射出日常生活中注重养生可以长寿的思想。曹操在生活中注重养生，并教导自己的家人注重身体的养护。《老子》云："不言之教，无为之益，天下希及之。"所谓"不言之教"，即以自身的行为所进行的潜移默化的教育。言传是刚性的，身教是柔性的，刚柔相济促进家庭体育的传承。

（三）动静结合原则

中国传统的家庭体育在注重身体锻炼的同时注重精神锻炼。从几千年人类的家庭体育实践来看，它对人体的健康发展有两个方面的作用：一是物质方面的，即使人体生长发育得健壮，保持健康，延年益寿；二是精神方面的，即培养锻炼人们吃苦耐劳、聪明智慧、团结合作、互相爱护和帮助、公平等优良品质和思想作风。① 传统家庭体育遵循以动养形、以静养神的理念，坚持动静结合的原则。虽然最初老子和庄子以"静"为主，而荀子和吕氏春秋作者则主张以"动"养生，但是传统家庭体育中，没有完全的"静"亦没有完全的"动"，"静"中融合中"动"，"动"中隐含着"静"。对于静坐忘我的养生之道，自古以来，凡行气、导引、坐忘、太极拳等，都离不开静坐。看似"动"的过程中无不隐含着"静"。动静本来看似对立的两面，而在传统家庭体育中却无形中有了交集。

以动养形、以静养神促进身心健康的目的。身或外指的是形，其中包括了人的皮肉、筋骨、脉络、内脏，另外还有身体充满的精血。身体是物质外壳，是构成人生命体的重要组成部分；神指的是心，也指内，只要是人的精神活动都可以看作是心或者是内。人的意识、心理在其中发挥非常关键的作用。就形神关系而言，中国的传统观点是形成一个相互联系的有机整体。② 《黄帝内经》对此有相应的解释："形体不蔽，精神不散"。隋唐时期著名的医学家、养生学家孙思邈著有《千金方》。他主张养生要顺应自然，如若违背自然，只能背道而驰，并创建一套"逐月养生法"：根据一年 12 个月每个月具体的体育方法进行阐释；另外赞成体育不仅要"养形"还要"养神"养神即养心，即所谓的动静结合；并提出要注重生理卫生与心理卫生。生理卫生中他认为"饮食有常节，起居有常度，不妄作劳。"关于心理卫生，他曾说道："于名于利，若存若亡。于非名非利，亦若存若亡。"。中国传统家庭体育受到这一思想的影响，有了以动养形的主张，强调以静养神、形神共

---

① 毕世明：《体育志》，上海：上海人民出版社，1998 年，第 4 页。
② 杜慧：《儒家文化与近代山西社会》，山东师范大学硕士论文，2012 年，第 8—9 页。

养。大部分人的特点是形体喜静不喜动、精神喜动不喜静。人们所创建的运动健身方法就对这一思想有充分的考虑,比如有运动强身作用的五禽戏。但是人们在练五禽戏的时候也不只是动,还需要静下心来,而且任何"动"的运动都要适度,要量力而行,劳逸结合。在中国传统家庭体育中,人们主张以动养形,同时也非常重视以神养形。以形养神的方法有很多种,这些功法统称为气动。中国传统体育强调的是动中有静、静中有动,强调动静结合。就比如说气功中的静功,在练功的过程中,练功者的躯体在空间内保持不动,身体上没有肢体运动,同时也要求保持精神上的宁静,在意念的支配作用下,气血形成一种有意识的运动状态。还有后期的太极拳、"胎息功"等这些都是对传统家庭体育坚持动静结合原则的充分体现。

体育是一种特殊的文化,传统家庭体育亦是体育大文化中的一缕。传统家庭体育具有深厚的文化意蕴,蕴含丰富的文化内涵,呈现出丰富多彩的教育内容。在历史的长河中泛出片片涟漪,呈现灿烂夺目的浪花。给后人以思考、给人们以警醒、给人们以传承和发展。

第三节　我国传统家庭体育的现代教育价值

中国传统的家庭文化是中华民族在长期的历史进程中形成和发展起来的。是比较稳定的文化形态,是历史遗产在现实生活中的充分展现。传统家庭文化中的体育教育是传统家庭教育的重要内容。现代家庭体育是建立在生产力高度发展的基础上的,是与现代文明联系在一起的。但并不意味着现代家庭体育与传统家庭体育文化相割裂。现代家庭体育是从传统的家庭体育发展而来的,对传统优秀家庭体育文化进行继承。并且,现代家庭体育与传统家庭体育有着割舍不断的联系,并顺应时代的发展而发展。如果现代家庭体育离开了对本民族优良传统的继承和发扬,那就脱离历史的根基,失去民族精神的依托,社会主义现代家庭体育文化便是无源之水、无木之林。但传统并不代表绝对性,现代家庭体育在时代的齿轮中刻上时代的印记是一种时代的进步也是人类文明发展的必然。

一、传统家庭体育的传承

中国现代家庭体育的发展阶段是从 1949 年中华人民共和国成立后开始的。这一时期家庭体育与教育发展速度很快,家庭体育的普及和整体水平的提高都是空前的。新中国成立之后,国家成立了"国家体育运动委员会(简称体委)"。这使体育参与对象也扩大至全体国民,体育不再只是存在少数群体身上,全体国民都可以进行体育,体育家庭化的趋势更加凸显。

家庭体育是指以家庭成员为活动对象,家庭居室及其周围环境为主要活动场所。根据居室环境条件与成员的需要和爱好,利用属于自己的时间,选择健身内容和方法,达到增进身心健康的目的,以促进家庭和睦和社会稳定发展的一项活动。现代家庭体育不仅注重人作为一个自然人之生物性的锻炼,更多的是在体育教育过程中培养孩子抗挫力、坚持性、意志力、人际交往、情绪调控以及团结合作和顽强拼搏的精神。真正的教会人们学会做事、学会生活、学会做人、学会生存。

家庭体育是一种社会文化现象,随着科学技术的发展,人们的生活越来越便捷。电器化等产品的使用以及半成品、外卖等新型服务产业的发展,人们用于家务劳动的时间大大减少,留给人们闲暇的时间越来越多。空余的时间需要充实,但是受传统家庭文化的影响,认为"静"则是家庭体育重要的一部分,家庭体育观念直接影响人们对生活的态度和理解以及对生命的认识。据调查显示,现代家庭体育中人们观看体育节目、阅读体育报刊以及购买体育用品占的比例较高,现代家庭体育中呈现"好静不好动"的趋势。传统家庭文化中体育注重"静"是重要的养生理念,把握"静"的精髓,"静心"、"养气"达到"修身养性",但不是意味着只有"静"才是体育的核心。更不能以此为理由,而制约着动态的体育生活方式的健康发展。

家庭体育在文化保存、传递过程中发挥着其独特的作用。在我国长期的社会发展中,传统体育创造了灿烂的文化。而在体育领域内出现了许多不同内容和形式的运动,无一不打上家族或家庭的烙印。源远流长的中国武术,以家族姓氏命名的拳术如陈氏太极拳、杨氏太极拳等,大多是在家庭内部以父传子的形式流传下来。另外,少数民族中丰富的独具风格的传统体育活动,如赛马、射箭、摔跤、滑冰等,也主要是受家庭中父兄的影响,并在父兄的指导下进行练习。此外,民间流传的多种运动游戏,如风筝、秋千、踢毽子、舞龙、舞狮等都具有家族史。体育形成的传统习惯不但对家庭世代成员的成长产生影响,而且对社会文化、民族的发展做出了巨大的贡献。①现代社会家庭体育在继承传统家庭体育中家族体育活动的优良传统,也逐渐超越原有家族体育之间的界限。比如家庭体育的内涵和外延有进一步拓展。家庭体育的外延至亲朋好友、邻里社区。这一方面也是现代社会全民健身理念的影响,另一方面也是现代社会家庭体育不再只局限家庭中,家庭体育走向社会,甚至走向世界。

现代家庭体育在继承传统家庭文化中体育的优良传统外,也顺应时代的发展,印刻时代独有的印记。现代社会家庭体育产生了新的家庭体育观念,如家庭体育的时间充裕化、形式丰富化;追求科学健身以及体育内容精致化;人们舍得花钱买健康;家庭体育活动中更加注重"天人合一"的思想。家庭体育价值观取向已向现在的多元化方向发展,包括健身价值观、健美价值观、教育价值观、消费价值观、心理健康价值观、社会交往价值观、精神价值观、娱乐价值观和体育道德价值观等。②家庭体育在继承传统家庭文化中体育的优秀文化外又有自身的发展。

---

① 操伊芬:《现代家庭体育的价值与可持续发展研究》,安徽师范大学硕士论文,2006年,第15页。

② 同上书,第21页。

体育相关法律法规的出台给予政策上的保障。中国的首部《体育法》于 1995 年获得通过，同年国务院颁布《全民健身计划纲要》；此后又有一系列体育法规和规章相继出台。为纪念北京奥运会成功举办，国务院批准从 2009 年起，将每年 8 月 8 日设置为全民健身日。全民健身对于人们来说并不陌生，只有动起来，才能真正从源头提高人们的体质。新中国成立后特别是改革开放以来，中国卫生健康事业获得了长足发展，居民主要健康指标总体优于中高收入国家平均水平。随着工业化、城镇化、人口老龄化进程加快，中国居民生产生活方式和疾病谱不断发生变化。心脑血管疾病、癌症、慢性呼吸系统疾病、糖尿病等慢性非传染性疾病导致的死亡人数占总死亡人数的 88%，导致的疾病负担占疾病总负担的 70% 以上。居民健康知识知晓率偏低，吸烟、过量饮酒、缺乏锻炼、不合理膳食等不健康生活方式比较普遍，由此引起的疾病问题日益突出。[①]2013 年 8 月 31 日，习近平会见全国体育先进单位和先进个人代表等时强调："全民健身是全体人民增强体魄、健康生活的基础和保障，人民身体健康是全面建成小康社会的重要内涵，是每一个人成长和实现幸福生活的重要基础。"2014 年 8 月 16 日，习近平在南京欢迎前来出席青奥会开幕式的国际贵宾时强调："体育是提高人民健康水平的重要手段，也是实现中国梦的重要内容，能为中华民族伟大复兴提供凝心聚气的强大精神力量。"中共中央国务院在 2016 年 10 月印发了《"健康中国 2030"规划纲要》（以下简称《纲要》）。习近平总书记在 2017 年 10 月 18 日，中共十九大报告《决胜全面建成小康社会　夺取新时代中国特色社会主义伟大胜利》中强调："广泛开展全民健身活动，加快推进体育强国建设。"2019 年 6 月国务院印发实施《国务院关于实施健康中国行动的意见》明确提到："实施

---

① 国务院关于实施健康中国行动的意见，https：//baike. baidu. com/item/％E5％9B％BD％E5％8A％A1％E9％99％A2％E5％85％B3％E4％BA％8E％E5％AE％9E％E6％96％BD％E5％81％A5％E5％BA％B7％E4％B8％AD％E5％9B％BD％E8％A1％8C％E5％8A％A8％E7％9A％84％E6％84％8F％E8％A7％81/23619989?fr＝aladdin。

心理健康促进行动,心理健康是健康的重要组成部分。"在"健康中国"的背景下,家庭体育也被作为一项重要的教育内容被提上日程,而不再处于可有可无的尴尬境地了。以往大多以民间方式存在的家庭体育以法律的形式被纳入国家相关政策文件中,因而更有说服力和可信度。

家庭体育内容的外延扩大化。中国传统家庭体育中已有很多文人志士提到家庭体育中要注重修心,虽然没有明确指出是心理健康教育。比如《老子》中说:"深根固蒂,长生久视之道。"要做到"长生久视",必须要"清静"、"无为"、"守一",做到心平气和、静神养性方是养生之道。孔子主张"仁德润身",赞成"仁者寿",认为人长寿要重视修心。现代家庭体育更明确强调除了注重狭义的"体"育人,还包括体育另一重要的内涵:心理健康教育。2016 年 10 月中共中央国务院印发的《纲要》中明确提到促进心理健康:加大全民心理健康科普宣传力度,提升心理健康素养。习近平总书记在 2017 年 10 月中共十九大报告再一次强调实施"健康中国",指出健康不仅仅包括身体健康还包括心理健康。2020 年初的"新冠肺炎"疫情的暴发,人们在悲伤、叹息的同时也充分感受到生命的可贵以及对健康的渴望。以及在人们在面对疫情时心理素质的重要性。据新闻报道,一女子总感觉自己会得"新冠肺炎"怕连累家人,最终承受不了心理的折磨和压力投江自杀了。不是病毒打败了她,是她自己打败了她自己。可见心理的健康也是非常重要的。近年来,抑郁、精神疾病曾上升趋势,生活的压力、社会的变迁等,让一部分人不知所措。有些心理素质差的人们则出现严重心理问题,甚至结束自己的生命。习近平曾指出:"体育教育,要从娃娃抓起。"心理健康教育也是应该从娃娃抓起,而如何做到从娃娃抓起,家庭体育需承担重任。从活动内容上看,人们选择的家庭体育活动内容五花八门、无奇不有。我国幅员辽阔,民族众多,各地家庭体育和全民健身活动各有特色,既有乡土气息浓厚的民族传统体育,也有丰富多彩令人神往的现代体育。它的内容是丰富多彩的,从健身、健美到体育观赏、体育娱乐,从三大球到各类棋牌,从早晚散步到节假日郊游、田猎、爬山,从小孩游戏到老年人的气功、太极拳等等。①现代家庭体育在传统家庭体育的传承中结合时代的特点,注重了家庭心理健康教育这一模块的投入和输出,比如家庭瑜伽、家庭亲子娱乐游戏、家庭音乐时光等等,达到不仅"静"体,更"净"心的目的。

体育文化的影响。我国历史悠久的体育文化集传统文化和民族风情于一体,在充分体现民族个性特征的同时集中反映了人们对健体养身、修身养性精神的寄托与追求。其中最具代表性是武术和养生术。现代家庭体育的过程中注重对传统家庭体育的传承与发展,具体体现在养生、饮食、环境等方面。例如,2011 年 7 月 15 日,安徽省亳州市谯城区、广东蕉岭县、江苏省溧阳市、广西昭平县四个地区被授予"中国长寿之乡"称号。安徽省亳州市谯城区是华佗的故乡,有种植中药材的悠久历史,很多人得以长寿与传统的养生文化、健康天然的饮食之道、得天独厚的自然生态环境有很大关系。古往今来,健康长寿是人们不断的追求和向往。现代家庭体育在继承传统体育文化的同时也在发展,例如相关体育法律法规的出台,给了家庭体育以政策保障;家庭体育全民化,不再只是少数人;家庭体育的"质"进一步提高,促进人们真正成为一个现代人、一个社会人。家庭休闲娱乐体育进一步发展,人们体育消费也在逐年增加,包括体育书籍报刊、体育用具、体育服装等。家庭体育娱乐场所扩建,大型健身馆、游泳馆、社区体育场等向大众开放,一定程度上满足家庭休闲娱乐体育的需求。另一方面,随着时代的发展,人们继承传统家庭体育养生的同时,现代家庭体育也结合时代的发展。除了饮食、静坐、运动等方式还延伸了温泉养生、SPA、夏令营、亲子徒步旅游、广场舞等新形式的家庭体育。这在一定程度上继承了传统家庭体育文化的精髓,也顺应时代变迁拥有自己时代的"灵魂"。

---

① 操伊芬:《现代家庭体育的价值与可持续发展研究》,安徽师范大学硕士论文,2006 年,第 22 页。

文化选择同时也意味着文化排斥,即排除陈旧的、过时的、或与时代要求相悖的、有害的文化要素,澄清文化方向。从传统上家庭体育的教育价值主要体现在辅德、益智、健体三个方面;从现代上家庭体育的教育价值归纳为审美体验价值、创造性发展价值、社会交往价值等方面,而笔者则认为它最深刻的教育价值体现在"通过丰富身体体验,提高生活质量"。①

二、传统家庭体育教育对现代体育的启示及发展

(一)家庭体育价值定位的重构

1. 家庭体育是打开家庭成员沟通交流的"钥匙"

俗话说:"家和万事兴","和"是中国传统文化的一个经典概念,"和"源于古写繁体"龢"字,其原意为"全家数口人住在一起,有饭吃",具有"和睦、和谐之义"。②家庭和睦是一个家庭幸福的基础和根源,也是社会和谐稳定的标签。而对于现代家庭,家庭和睦不再仅仅限于没有争吵,而是家庭人员如何敞开心扉交流沟通、真正做到从"面和"到"心和"。现代社会住房高楼林立、邻里之间沟通交流不再像以前那样,吃饭"大锅饭"、话聊"一村谈"的场景似乎不复存在。现代家庭由于一些人被电子产品"绑架"、生活工作学习压力大、隔代代沟问题等,让一些家庭亲人之间似乎成了最熟悉的"陌生人"。

体育作为人类优秀的文化遗产,由于其特有的非语言符号传播交流方式。③和积极向上的文化内涵,一直是人们实现健康、和谐发展和增进人与人情感交流的重要手段。在家庭中,体育公平、平等的游戏规则,不仅能增强家庭成员的体质,增进健康,形成统一的体育价值

---

① 操伊芬:《现代家庭体育的价值与可持续发展研究》,安徽师范大学硕士论文,2006年,第14页。

② 王春和、郭笑欣:《中国传统"和谐文化"与家族企业和谐治理》,载《管理世界》,2012年第7期,第182—183页。

③ 孔靖:《体育非语言行为研究》,曲阜师范大学硕士论文,2007年,第5—6页。

观。同时使得家庭成员在进行体育活动时默契配合,相互尊重、相互鼓励、同克服困难、公平竞争以及平等对话。[①]家庭体育不再仅仅只是教育家庭成员如何注重身体的锻炼如何注重精神心理的养护,还有重要一面就是通过家庭体育,家庭成员在这个过程中抛开生活中的烦恼、"摆脱"电子产品的"束缚",真正留出和家人谈心、交流、沟通的时间和空间。另外,人与人之间也许会有误会、会有摩擦、会有隔阂,一场体育活动、一次体育竞赛、一次徒步旅行、一场 SPA 静心交谈,似乎所有的矛盾、隔阂、怨恨突然间在那挥洒汗水、奋力跳跃的瞬间化为虚无。家庭体育这种特殊的沟通方式以身言意,以行传情;增进家庭成员间的信任与理解,构筑信任桥梁;增强家庭的包容性和幸福感,最大限度地化解家庭矛盾,对于维护家庭和谐稳定、促进家庭成员身心健康发展和意志品质的锻炼具有深刻的意义。

2. 家庭体育是构建全民健身的"阶梯"

家庭体育相对于学校体育和社区体育,具有形式多样、空间灵活、人员自由等特点。家庭体育的组织形式比较随意简单,活动相对比较容易开展。因此,家庭体育的实施和开展是构建全民健身的"阶梯",同时家庭体育也是家庭成员形成健康理念、拥有健康行为的基石。

1995 年国家先后颁布实施了《全民健身计划纲要》和《体育法》,文件中强调人们参与体育活动是居民享有的一项基本权利和义务。"北京奥运会"于中国竞技体育是极具影响的城市事件,繁花散尽,体育又重回其本位——群众体育事业。2016 年,国务院印发了《"健康中国 2030"规划纲要》,将健康上升为国家战略,并提出"推行健康生活方式,动员全社会参与,人人自主自律,实现全民健康。"[②]然而全民健身

---

① 欧平等:《家庭休闲体育的和谐价值探析》,载《成都体育学院学报》,2009 年第 7 期,第 26—29 页。

② "健康中国 2030"规划纲要,http://health.people.com.cn/n1/2016/1216/c408914-28955776-2.html,2016-12-15。

不是一句大话更不是一句空口号,在我国正处于社会主义初级阶段、人口众多的基本国情和国民体质低下、实质性体育人口比例较低的现实状况,全民健身计划如何真正在现实生活中得以实践,如何真正的落实全民健身并不是一蹴而就的,还需要很长的路要走。"家庭"是社会最小的单元组成形式,这一组织虽然微小,但是在全民健身计划的落实过程中起着举足轻重的作用。一个家庭、多个家庭、所有家庭加入体育的大军中,才能真正促使全民健身计划目标的实现以及全民健身成果的凸显。实际上,在健康促进早期,家庭体育为人体体质健康奠定早期发展基础,提供额外的健身生活保障,其理论早已被证实。[①]家庭成员长期在家庭体育健身活动中,享受轻松、愉悦的运动时光,不仅促进身体的锻炼,更多的能够在家庭体育运动中调节现实生活中的压力,达到身体和心理健全的状态;同时家庭成员在家庭体育中获得传统家庭文化的熏陶以及现代家庭精神文化的影响,有利于培养面对问题的抗挫力、意志力,乐观豁达、健康的心理。人发展需要基于一定的社会环境,身心健康的维系也需要一种环境来支撑,家庭体育恰恰提供了一个"健康环境"。

3. 家庭体育是社区体育和学校体育联动的"纽带"

家庭是儿童生命的摇篮,也是个体接受教育的第一场所。家庭教育作为大教育的重要组成部分,是一切教育的前提和基础。与学校、社会教育相比,家庭教育具有早期性和终身性的特点。"染于苍则苍,染于黄则黄"。家庭教育对于个体个性的发展和终身习惯的培养至关重要。终身体育是终身教育的延伸概念,同终身教育一样,它与人、社会发展密不可分。终身教育倡导者保尔·朗格朗(Paul Lengrand)曾说:"必须抛弃那种认为体育只是在一生的一个短暂的时期内进行的观点,应当更好地使体育和整个终身教育结合起来,把它从单纯的肌

---

① 冒菁菁:《小学生体育家庭作业的试验》,载《上海体育学院学报》,1983 年第 1 期,第 57—61 页。

肉作用,从它与文化隔离的状态中解放出来,把它与智力的、道德的、艺术的、社交的和公民的生活更紧密地结合起来。"①家庭体育是人从事体育活动的开端,它见证人类运动发展的全过程,是终身体育的起源和最终归宿。与学校体育相对严格的教育体系相比,家庭体育的最大特征在于它的参与者享有活动的自主权,是一种自愿、自觉的自主行为,不具有强制性和约束性,是对体育的游戏本质最大限度的回归。②在家庭体育活动过程中,其主体中的"人",分别扮演着不同的社会角色,能有效地衔接不同年龄、不同家庭环境的人,共同从事体育文化活动。作为学校体育和社区体育的有益补充,家庭体育贯穿其始终。学校体育授学时间是有限的,家庭体育能弥补学校体育的不足,辅助发展学生运动能力,培养运动意识和兴趣,起到启蒙教育和延伸教育的关键作用;对社区体育而言,家庭体育将小单位群体联合起来,配合社区体育营造温情、休闲的体育活动环境,拉近距离,增强情感共鸣,构建和谐、绿色、健康的社区体育环境。以家庭体育为纽带,将学校体育和社区体育有效结合,确保体育教育在启蒙阶段、发展阶段和持续阶段紧密衔接。构建家庭、学校、社区"三位一体"的联动整合,是实现全民健身计划的重要推力,也是实现"健康中国"的重要抓手。家庭教育理念革新化以及家庭成员体育良好行为的入微化、学校软硬件设施投入实体化、社区及相关社会组织支持网搭建完善化三者和谐统一,互为基础,共同担负培养个体终身体育习惯和塑造人的全面发展使命。

(二)传统家庭体育教育对现代体育的影响

1. 传统家庭体育对现代家庭体育的影响

随着时代的发展、文明的进步,现代家庭体育留下时代的印记,但

---

① [法]保尔·朗格朗:《终身教育引论》,周南照、陈树清译,北京:中国对外翻译出版公司,1985年,第9页。

② 徐成立、田静:《休闲体育的伦理定位、失位与复位》,载《天津体育学院学报》,2009年第2期,第147—166页。

是无论如何的变幻，现代家庭体育依然保留了传统家庭体育文化的优良传统。

身心合一的健康观早在古代家庭体育中就把注重身体锻炼与精神养护认为同等重要。早在古代就有"身心一体"、"身心结合"的主张。战国时期书籍《黄帝内经·素问》中说的"形与神俱"，则指人的肉体和精神是同时存在的。三国时期嵇康的《养生论》进一步指出："形神以立，神须形以存"。人的肉体离不开精神的支撑，精神需要肉体的依托。外在的形体与内在的精神是体育的两个"内核"，缺一不可。传统家庭体育中无论是以"动"为主的流派，还是以"静"为主的流派，大部分都赞同体育锻炼过程中身体锻炼和精神锻炼同样重要。现代家庭体育过程中不仅仅为了家庭成员的身体锻炼，提高身体物质自然属性的保障；而是在家庭体育过程中感受到运动的舒爽感、增强遇到问题的抗挫力和做一件事的坚持性以及体育锻炼过程中乐观豁达的性格养成和团结合作的人际交往能力的培养。在健康的家庭体育的环境下，养成身体与心智健全的心理。众所周知，体育运动能缓解压力，让人保持良性的、平和的心态。现代家庭体育活动继承传统的家庭体育文化又有所发展。现代家庭体育活动更加灵活多样化，对于"养神"的方法除了静坐、冥想等方法，还增加了自我鼓励法、听音乐解压法、慢跑舒缓法、有氧运动法等；对于"养形"的方法，比如爬山、篮球、羽毛球、毽球、瑜伽、游泳、广场舞、亲子远足、亲子旅游、夏令营活动、跆拳道、武术等。

注重节制的健康饮食观。"要想奔小康，身体先健康"，身体是一个人存活的根基，没有了健康的身体也就没有最基本的生存的依托。饮食有节，利身益寿。《吕氏春秋》在《尽数》一章中曾指出："食能以时，身必无灾。凡食之道，无饥无饱，是之谓五脏之葆。"文中所强调的就是要求世人在进餐过程中能"节欲"，能做到定时定量。这一点对于现代家庭饮食习惯依然有很大的影响。随着人们生活水平的提高，肥胖症人群的队伍在不断壮大。根据 2017 年 WHO 公布的全球疾病报告指出,2015 年全球范围内共有约 1.077 亿儿童和 6.037 亿成人为肥胖,肥胖总体患病率分别为 5.0％和 12.0％。而在我国 20—69 岁群体中国,超重率为 34.26％,肥胖率为 10.98％。肥胖已不是一个国家的问题,而是一件全球共同亟待重视的事情。近几年,我国居民超重和肥胖均有上升趋势,而且儿童肥胖要高于成人。我们国家很多家庭也意识到"胖不一定就健康"的道理,甚至很多家庭从婴幼儿期就对孩子的饮食严格控制,定时定量,避免吃过多零食和一些高热量的垃圾食品,这一点不仅能有效预防孩子肥胖,更是为孩子的健康做长远的打算。因此,家庭婴幼儿期月嫂服务、家政服务、膳食营养搭配课堂等陆续进入大众视野,也成为现代家庭体育新型的一种新型消费方式。传统家庭体育文化中饮食养生中"饮食清淡"、"节欲"、"不时、不食"、"膳食营养合理搭配"等理念对现代家庭饮食观有很大的影响。

2. 传统家庭体育对学校体育教学的影响

传统家庭体育主要是指在家庭成员之间展开的体育活动,目的是起着促进家庭成员身体强健、精神愉悦并在体育活动中学习人际交往、沟通理解的作用。在传统家庭体育过程中虽然没有过多的言语"、没有太多的"训斥",但是家人之间的"言传身教"、"榜样示范"、"宽松的体育环境"等给现代体育教学很大的启发。中国传统文化代表的儒家学说,始终强调仁,也强调人为贵,这些思想在现代体育教学中仍然很有作用;孟子有授人以鱼不如授人以渔的观点,这种观点在体育教学上不仅仅是局限于讲解—示范—练习上,更多的是举一反三;还有民间存在许多的传统体育游戏,比如毽子、陀螺、棋类等,这些游戏已在中小学体育教学中广泛应用,丰富有趣,调动了学生参与的积极性,这也是"阳光体育"全面普及的最大助力,同时动作简单易学,没有场地的限制,可以制造轻松活跃的氛围。[①]

---

① 刘文:《传统文化融入中小学体育课堂的教学模式研》,宁波:宁波大学硕士论文,2014 年,第 23—25 页。

学校体育教学毕竟和家庭体育有很大的区别，学校体育教学更具有系统化、针对性、"竞技性"以及目的性。传统家庭体育中一项重要的作用就是家庭成员在体育活动中意志力、抗挫力、团结合作、顽强拼搏以及人际交往的能力得以锻炼。例如，家庭体育可能会弱化体育的竞技功能，但是学校体育教学原则上要保留和发扬体育项目本身的竞技特性。足球运动最早起源于我国古代的一种球类游戏"蹴鞠"，是我国传统的一项古老的体育运动。蹴鞠是起源于军事体育，战国时期蹴鞠在民间就普遍流行了，民间家庭把蹴鞠作为一项家庭娱乐活动开展。但是传统家庭蹴鞠更多是自娱性、表演性，往往弱化了蹴鞠本身的竞技性。但是，一项竞技性体育活动"竞技"则是它的灵魂，一些竞技性体育活动在家庭开展的基础也是掌握了体育活动本身的技艺。中国有句古话："君子以文会友，以友辅仁"，同样又有了"君子以球会友"的说法，为此引发了足球文化。中共中央总书记习近平的"足球外交"是"习外交"的重要一部分，体育不仅仅只是锻炼身体，还是人与人交往的"钥匙"。体育教学过程中体育教学最基本的竞技能力、体育过程中除了"体"还有"神"的锻炼也是当代学校体育教育要具备的"体育精神"。传统儒家代表强调"仁"，孔子则曰："仁者寿"，学校体育教学过程中对于体育不仅仅只是技能动作、技巧、方法的传授，如何在体育过程中真正做到"德"、"仁"、"智"、"勤"才是学校体育教学的"精髓"。习近平总书记在全国教育大会上强调，要努力构建德智体美劳全面培养的教育体系，形成更高水平的人才培养体系。2020 年，中共中央办公厅、国务院办公厅印发《关于全面加强和改进新时代学校体育工作的意见》，进一步完善了德智体美劳全面培养的教育体系。2020 年的教育画卷，既有浓墨重彩的战疫主题，也有家校共育的小小确幸，线上教学成为"停课不停学"的主要打开方式；既有"指挥棒"的破与立，也有"五育并举"的并与融，目标都是推动建设高质量教育体系。[①]家庭体育在新时代

[①] 我们全力以赴，让人民享有公平而有质量的教育，2020 年 12 月 25 日，https://baijiahao.baidu.com/s?id=16870479633328534368&wfr=spider&for=pc

不同的变化中互相融合发展是一种趋势也是一种时代的演变。

3. 传统家庭体育对休闲体育教育的影响

随着我国经济持续稳定的快速发展，人民消费生活水平的不断提高，以及家务劳动逐步自动化、社会化，人们的余暇时间正在不断增多。人们在工作、学习之余有更多的空余时间，而这个时间需要事情去填补，休闲体育是填补这个闲暇时间最好的方式之一。休闲体育是社会体育的重要组成部分，许多高校已经把休闲体育作为体育专业的重要分支。对于休闲体育的内涵，可谓仁者见仁智者见智。但是大部分观点可以总结休闲体育是人们在闲暇的时间内，自主自愿参与的，以身心参与为手段，目的在于愉悦身心、强身健体、舒缓压力、陶冶情操以及促进人际交往的社会活动方式。①休闲体育从强规则、高要求、严竞技的必然走向自由性、文化性、非功利性和主动性的自由王国。当人们在"玩"中获得愉快的体验后，就会对体育活动产生兴趣和热情，从而才能产生持久的活动动机和需要，进而促进休闲体育的发展。而休闲体育教育是体育教育的组成部分，是指引人们树立休闲体育观念，传授休闲体育技能与锻炼方法，旨在增进人们健康、陶冶性情、促进人际交往等而进行的有目的、有计划、有组织的教育过程。②家庭体育则是家庭中人员遵循体育的精神、保持体育的理念，在一定时期按照一定的目的，有计划、有组织、有针对性的在家庭开展的一项体育教育活动，目的促进家庭体育同家庭成员在各自工作、学习、劳动单位体育活动的配合的教育。家庭是社会最小的组织形式，也是最核心的单元，传统家庭体育为现代休闲体育教育的发展奠定基础，休闲体育以家庭为依托，休闲体育教育在传统家庭体育的基础上发展。

我国古代家庭以小农经济为主，家庭的生活方式较为平静安逸，

---

① 石振国、田雨普：《闲·休闲·休闲体育》，载《体育文化导刊》，2004 年第 8 期，第 34 页。

② 潘灿星、张志晖、成耀智：《对我国学校、家庭、社区"三位一体化"休闲体育教育的探析》，载《山西师大体育学院学报》，2009 年第 12 期，第 11 页。

所以很多文人墨客都倡导悠闲自得的精神境界,如孟子主张宁静致远、老子主张清静无为、陶渊明提倡田园生活等,这些思想无疑是休闲的开端,为后来休闲体育的发展提供了精神指导,宋代赵师秀在《约客》中写道"有约不来过夜半,闲敲棋子落灯花"可见当时的休闲方式已经呈现多样化,棋牌休闲已成大众化;随着社会的发展,人们生活水平不断得到提高,越来越多的人选择休闲体育活动。而传统的家庭体育活动如以气功、棋牌、垂钓、骑射、郊游、跳扇舞、打腰鼓、太极拳、放纸鸢、游泳等休闲体育为主的娱乐体育活动受到大众的喜爱,人们在这些活动过程中时间、空间、形式等相对比较自由,而且在这些休闲体育过程中能够真正缓解压力、舒缓身心。传统家庭体育包含的内容很丰富,从饮食、运动到静坐等,可谓"身"与"心"融合的教育过程。休闲体育教育受传统家庭体育的影响,呈现出以下内容:(1)培养创新意识及能力。创新是休闲体育发展永葆活力的源泉,休闲体育教育应该注重培养人们的创新意识,在创新的过程中休闲体育才能够跟随时代的脚步,符合大众的需求。例如,现代人们除了基本的徒步、旅行、乒乓球、羽毛球等休闲活动,还创新出攀岩、蹦极、登山、漂流、蹦极跳、野外拓展、探险等活动,展示了人类不断战胜自我、不断进取的精神和信心。休闲体育活动在创新的过程中符合人类的心理发展需要。(2)传授休闲体育知识、技能以及锻炼方法。休闲体育知识、技能的习得需要一定的过程及处于某种环境之中,科学锻炼方法、手段的掌握更不能脱离客观规律,通过较为正规的休闲体育教育,才能更有效的实现教育目的。(3)提高审美能力。人们在接受休闲体育教育的过程中会逐渐的感知美的标准,优美的姿态、欣喜的神情、富有节奏的韵律等都能体现美,从而在接受教育时能不断提高审美水平。(4)培养休闲体育意识。传统家庭体育不仅仅只是教会家庭成员体育技巧和能力还能让家庭成员树立体育的意识以及爱体育的精神。在休闲体育教育中,人们能够初步意识到休闲体育的重要性,是人们生活中不可分割的一部分,才能逐渐树立休闲体育的参与意识、终身休闲体育意识以及休闲体育消费意识。

随着我国经济的飞速发展,人们生活水平不断得到提高,越来越多的人开始选择休闲体育,同时因为我国每个人从小受传统家庭体育文化的熏陶,在休闲礼仪、道德文化建设等方面具有很好的领悟性,休闲体育不用大张旗鼓的加以宣传,人们就能够自觉的接受,所以传统家庭体育文化对休闲体育的传播起了推动作用。[①]广场舞作为现代休闲体育重要的方式之一,在突出休闲体育特点的同时,具有包容性、聚集性,多元性等文化特点,没有特殊要求,通常在宽阔的场地就可以进行表演,可以随性发挥,舞出自我的风格,不同的广场舞体现出的风格也是不一样的,有欢快的、悠闲的、快速的等等舞种,这在另一个层面反映了参与者的文化异同,体现文化影响下的舞种多样性。[②]休闲文化在遵循传统家庭体育文化的基础上"舞"出自己的风采,在继承和弘扬传统家庭体育文化的基础上有所选择和"扬弃"。对于传统文化的虔诚是每个世人都应该谨记的,但是也应做到顺应时代发展、传承的基础上进行创新。这是我们每个人都应该遵守的"原则",这样人们才能真正在休闲体育的过程中传承文化、净化心灵、陶冶灵魂。

4. 传统家庭体育对现代体育保健的影响

传统家庭体育中注重人的身体保健。但是传统家庭体育保健更多的依靠自身的能力,通过调养精神和形体,起到改善人的整个机体功能的作用,它既能养生又能治病,具有医疗和体育的双重属性。中国道家始祖老子云:"治身养性者,节寝处,适饮食。"儒家思想的创始人孔子曾说过:"食、色,性也",还有很多文人墨客也注重饮食养生,在饮食养生的过程中起到身体保健的作用。我国古代有许多阐述医疗保健的著作,如春秋战国时期出现了一部我国现存最早的重要医

① 刘雅巍:《中国传统文化在休闲体育发展中的作用》,载《体育时空》,2015 年第 12 期,第 32—33 页。
② 徐立东:《城市居民广场舞与休闲文化研究》,载《商业文化》,2015 年第 2 期,第 121 页。

书——《黄帝内经》、东汉的张仲景的《伤寒杂病论》、晋代葛洪所著的《肘后备急方》、唐代医家孙思邈的《千金要方》、明代医家李时珍著《本草纲目》、清代章杏云的《调疾饮食辨》、王孟英的《随息居饮食谱》,这些著作不仅奠定了中医学的理论基础,而且奠定了中国传统家庭营养保健学的理论基础,同时深刻影响着现在的医疗保健。中医养生是传统家庭体育文化中养生保健的核心,它为近代中医学开创了先河,也为当代体育保健提供了理论指导。首先,中医养生强调"养德",这是健康和长寿的重要条件,《黄帝内经》中所言"浅谈虚无,真气存之,精神内守,病安从来,"这就明确强调了养生要注重精神方面的保养;第二个关键因素就是运动,中医养生在调息,但不是一直卧床不动,要求人们要进行有规律的运动,比如行气、导引等,"生命在于运动",但是又要求把握动的"火候",温而不燥,动而不拒,达到真正的活动关节,静心养性的目的;第三就是情感正常和心理健康,身体保健既包括"形"的保健还应涵盖"心"的保养。这三方面的内容也对当代体育保健中如何做到真正的"健康"做了明确的引导。其次中医养生注重穴位针灸、按摩等方法,在医学和体育保健学科内得到不少应用,"年少不养生,老来养医生,最好的医生是自己,最好的医院是厨房,最好的药物是饮食,最好的疗效是坚持。"在传统家庭体育文化的融合交流中发展体育保健来增加人民的幸福指数。

文化是软实力的核心,文化推动政治、经济的发展,民族复兴首先要文化复兴。[①]传统家庭体育文化是传统家庭文化中的重要载体,其表现出来的不仅是运动场上的硬实力,还有以文化为形式的软实力,以修身养性为目的家庭体育运动不仅是简单的身体机械运动,更是身体与精神的高度统一。传统家庭体育文化是历史留给人类的"文化瑰宝",用它熠熠生辉的"光芒"影响着现代体育。而现代体育也在传承传统文化的基础上顺应时代的发展,勾画体育事业未来的蓝图。

---

① 高占祥:《文化力》,北京:北京大学出版社,2007年,第147页。

第四章　美:万物和谐

康德说:"有两样东西,人们越是经常持久地对之凝神思索,它们就越是使内心充满常新而日增的惊奇和敬畏:我头上的星空和我心中的道德律。"①这两种完全不同的美,可以和谐的在人们的心中共存:头上的星空是超绝的、存在的、本体的美,心中的道德律是内在的、活动的、呈现的美。美是人类不懈追求的理想,也是一种圆融的境界。

中国传统家庭大多爱美如生命,视美为生活真谛,富于美的感悟力与创造力。中国传统家庭将美育视为达至人生圆融境界的途径。本章从中国传统家庭美育的产生与发展、中国传统家庭美育的内容与方法及中国传统家庭美育的现代教育价值等三个方面阐述中国传统家庭文化中的美育教育与现代教育价值研究中的问题。中国传统家庭美育有丰富的内容和培养方法。中国现代家庭美育要从中国传统家庭美育中吸取有价值的理论与原则,需要从吸收中国传统家庭美育哲理思辨色彩、重视艺术熏染及与马克思主义美育思想密切结合三个方面多下功夫。

第一节　我国传统家庭美育的产生与发展

宋初诗人滕白《观稻》:"稻穗登场谷满车,家家鸡犬更桑麻。漫栽木槿成篱落,已得清阴又得花。"另一首《题汶川村居》:"种茶岩接红霞坞,灌稻泉生白石根。皤腹老翁眉似雪,海棠花下戏儿孙。"两首小诗

---

① [德]康德:《实践理性批判》,邓小芒译,北京:人民出版社,2003年,第220页。

都以农家风情歌咏太平,体现了封建文人传统的审美活动。这些审美活动都与家庭美育密切相关。

一、美育与家庭美育

美育是指让受教育者树立正确的审美观念,培养健康的审美情趣,提高受教育者对美的欣赏力与创造力的教育。美育也称审美教育或美感教育。中国古代原无"美育"一词,作为学科教育的美育,是从西方传来的,但美育思想是自原始社会时期便开始孕育了。考古发现已经证明,春秋时期,儒家的"乐教"、"礼教"等与现代美育接近的思想显得相当成熟与完备。

美育是美学的一个重要分支。

如果美的产生可以追溯到图腾和原始巫术的话,那么我们就不能说这些都具有纯粹的美,只能判定它们是含有一定审美色彩的实用品,同时,它们也具有一定的宗教、伦理及政治活动的象征意义。

中华早期文明以满天星的形态散布在广阔的华夏大地上。1987年,河南省舞阳县贾湖遗址出土了贾湖骨笛,被专家认定为世界上最早的可吹奏乐器。[1]黄河流域多处仰韶文化遗址发现很多带有优美华丽图案的彩陶。[2]1973年,浙江余姚河姆渡文化则出土相当多的骨哨、陶埙、陶笛等乐器,还有大量精致的玉器,如玉璧、玉琮、玉璜、玉蝉、玉龙等。[3]

以上这些都是美的对象,或者叫做审美对象(审美客体),不是抽象的美的概念本身。美本身指的是美的根源或美的本质。当我们问美是什么或什么是美的时候,容易把审美对象或者审美性质当作美,而忽略了美的根源。对美的根源的探索,发展为一门独立的学科,就

---

[1] 黄翔鹏:《舞阳贾湖骨笛的测音研究》,载《文物》,1989年第1期,第15页。

[2] 青海省文物考古队:《青海彩陶》,北京:文物出版社,1980年,第2页。

[3] 浙江省文管会、浙江省博物馆:《河姆渡遗址第一期发掘报告》,载《考古学报》,1978年第1期,第39页。

是美学。这当然比美的产生要晚得多。

在考古发掘、实物流传及古文献记载中实用的、功利的艺术品可谓俯拾皆是,不胜枚举,它们在逐渐失去其实用性、功利性后,"蜕变"为审美对象而成为货真价实的美的载体——艺术品。原始的书、画、雕塑、歌、乐、舞、祭祀活动等孕育着美。关于美的产生有以下几个观点:一是源于道,道是万物的本源,《吕氏春秋·大乐》曰:"音乐之由来者远矣,生于度量,本于太一。"一是起于圣人对自然的模仿。《易传》曰:"天垂象,见吉凶,圣人像之。"《礼记·乐记》曰:"故圣人作乐以应天。"《左传·宣公三年》曰:"铸鼎象物,百物而为之备,使民知神奸。"一是起于养生。《吕氏春秋·古乐》曰:"昔陶唐氏之始,阴多滞伏而湛积,水道壅塞,不行其原,民气郁阏而滞著,筋骨瑟缩不达,故作为舞以宣导之。"一是起于心物相感。《礼记·乐记》曰:"乐者,音之所有生也,其本在人心之感于物也。"这些观点说明审美活动是复杂的。随着社会的发展,人们把这些抽象或具象的审美意识或审美形式固定下来,美学在人类的政治生活和社会生活中变得越来越重要。

美学是以现实的审美关系为视角,以艺术作为主要对象,研究审美、美感和优美、壮美、崇高、丑陋等审美形态、境界、范畴以及美的发生、发展及其规律的一门系统的科学。"美学"一词最早于1735年出现在德国著名哲学家鲍姆加登《关于诗的哲学沉思录》博士论文中,1750年,鲍姆加登又出版《美学》一书,标志着美学学科的诞生,由此,鲍姆加登被称为"美学之父"。他认为,人的心理活动有知、情、意三个领域,但在传统哲学中,有研究理性(知)的逻辑学和研究意志(意)的伦理学,而缺少研究情感(情)的相应的学科。那么,逻辑学和伦理学之外的学科空白就需要填补。这个空白是与感性认识相对应的美学。美学的研究对象一般包括以下几个方面:一是审美客体即审美对象的美,二是审美主体的审美感受、审美实践、审美心理及审美意识,三是美的范畴和规律,四是美育,五是美学思想发展的历史和规律。

鲍姆加登(1714—1762)之后,继承其思想的是康德。康德授课用的讲义常常是鲍姆加登的著作。1764 年,康德发表《优美与壮美之感情的观察》,也是从感觉、情感的角度出发讲论美学。不同的是,康德不像鲍姆加登那样,把与审美艺术相关的感觉与情感问题,看作是低于理性认识的感性认识。1787 年,康德出版了《纯粹理性批判》第二版,对鲍姆加登的美学思想进行了批判:

> 仅当地人习用(Aesthetik)一字以命名他国人之所称为趣味批判者。此种用法起于彭茄顿(Baumgrten)之无谓尝试,彼为一卓越之分析思想家,欲以美的批判的论究归摄于理性原理之下,因而使美之规律进而成为一种学问。惟此种努力毫无成效。盖此类规律及标准,就其主要之源流而言,仅为经验的,因而不能作为吾人趣味批判所必须从属之确定的先天法则。反之,吾人之判断正为审查此等规律正确与否之固有标准。职是之故,或不以此名词用于趣味批判之意义,而保留为真实学问之感性论之用——此种用法庶几近乎古人分知识为所感者与所思者二类之语意——又或用此名词与思辨哲学中所用之意义相同,半为先验的而半为心理学的。①

康德认为,鲍姆加登的美学一词,仅从经验层面的感性认识去探索客观的"美的规律和标准",是不可能的,因为这是不存在的。这种规律和标准要从主体的判断中找到说明。这是康德美学和鲍姆加登美学的根本区别之处,也是对鲍姆加登美学的发展。

康德的《纯粹理性批判》指出"理论理性"只与对自然规律的认识有关;而 1788 年发表的《实践理性批判》研究的是意志和自由的问题,其"实践理性"所涉及的是意志的"自律"问题。因为道德的行为是由人的自由意志决定的。但这种意志的自由与自然律(或自然界)的必

---

① [德]康德:《纯粹理性批判》,蓝公武译,上海:商务印书馆,1957 年,第 48 页。

然性无关,这二者如何能够统一起来呢? 这是康德最后一个批判《判断力批判》所要解决的问题。康德把审美与艺术看作是"自然律的必然性"和"意志的自由"联结的"桥梁",或者说,审美与艺术就是必然与自由的统一。按康德的说法,"自由概念的领域"与"自然概念的领域"是互不影响的,"自由概念应该把它的规律所赋予的目的在感性世界里实现出来;因此,自然界必须能够这样地被思考着:它的形式的合规律性至少对于那些按照自由规律在自然中实现目的的可能性是互相适应的。"①可见,康德的自由与必然的统一仅仅是一种理论上的设想,他们是应然(应当)的统一,而不是必然的统一。因此,美学只能是对审美判断力的分析,而不存在真正意义上科学的美学。

康德之后,席勒关于美的定义是:只要我们仅仅在思考他的形象,它就是没有生命的,只是一种抽象;只要我们仅仅在感觉他的生命,它就是没有形象的,只是一种感觉。只有当他的形式活在我们的感受中,他的生命在我们的理智中逐渐成形的时候,他才成为活的形象,而凡在我们把他评判为美的地方,情况一概如此。②那么,美就是"活的形象"。这种活的形象打破了康德的限制,从主观与客观、感性与理性、自由与必然的实际统一中去考察美和阐释美。

黑格尔在《美学》一书中为美下了一个定义:"美就是理念的感性显现。"③但理念一词却充满了神秘色彩,什么是"理念"呢? 黑格尔认为,理念是概念与客观实际的统一,"概念通过自己的活动,使自己成为客观存在。"④黑格尔对理念这样的解释,实际上还没有超出席勒的地方。但是,黑格尔的"理念"不仅是一个美学概念,同时也是一个哲学概念,理念能够自我发生、自我发展与自我完善。理念的神秘色彩

---

① [德]康德:《判断力批判》,韦卓民译,上海:商务印书馆,1987 年,第 13 页。
② [德]席勒:《人的美学教育书简》,张佳珏译,北京:人民文学出版社,2005 年,第 217 页。
③ [德]黑格尔:《美学》,第(一)卷,朱光潜译,上海:商务印书馆,1979 年,第 142 页。
④ 同上书,第 140 页。

吊起了哲学家及美学家的胃口。一般认为,黑格尔的理念只不过是他对自然及人类历史发展规律的研究所得出的一套逻辑理性必然性的理论,但黑格尔却赋予它以先天的因素,认为它在世界存在之前就已经存在,这实际上借用了柏拉图"理念"的概念,再加上康德的先验论,发展为黑格尔的绝对精神。绝对精神远在世界存在之前就已存在,并产生和决定着世界、人类历史及其发展规律。黑格尔从理念出发,辩证的阐释艺术形式与内容的统一,借助理念建构起了庞大的美学大厦。

美感 Aesthetica 一词是在十八世纪,由美学之父鲍姆加登首先使用的,而把美感和教育两字连在一起使用的是席勒,就中国而言,首倡美育的人是蔡元培。

美育从字面上理解,即美的教育,这包括以下四个层面的涵义:一、"美"是教与学的客观对象;二、表现美的技术是教与学的内容;三、美是教与学的方法;四、美的感受是教与学的目的。

就第一个层次而言,人们把美当成一门学科去教学,老师和学生都持一种超然的、客观的态度,研究"美"的理论,美与审美主体之间保持着一段距离。第二个层次是老师向学生传授表现美的技术,如线条色彩怎么配合(绘画),和谐的声音(音乐)等等,这是常说的美术教育或艺术教育。第三个层次是美学原理的应用,是学生在充满美的愉悦中学习。以上三个层次中,美的共同特点是与主体不发生关系,始终保持一种客体知识或应用工具的形态。至于第四个层次的涵义是:人的情感通过美的对象(客体),而提升到一个自由无限的精神境界,即把自己的感受投射成该客体之所有,神游其中,而有物我合一之经验,事后回忆该经验而称之为美感经验,产生一种当时并不自觉的精神愉悦;该客体也在此过程中呈现出"优美"、"壮美"、"雄伟"、"悲壮"、"空灵"等美学概念。但往往在同一客体之上,有人能获得美感经验,有人则感受不到,这就与主体的经验及素养有关。那么,美育就是通过教与学的过程,使受教者获得美感经验,获得创造美的能力,具有一定的审美能力,常常沐浴于美的感受中。美与主体发生作用,产生影响。

其实上述四个层次并非泾渭分明,各不相属的,例如美术知识丰富了,对于表现美的技术技法,便能掌握得更加得心应手;同时,也能设计筹划出更完善、更能打动学生的教学方法;至于第二及第四层意义,也显而易见的具有重叠之处:艺术教育若没有美感教育,则只能流于一种浮泛的技术教育,因此,美感教育是艺术教育的主导性支柱,同时,美感教育也需要艺术教育,因艺术比其他东西更易引起人的美感经验,所以,艺术教育可说是美感教育一条比较直接的途径。

虽然说各层次的意义互相涵盖,不能割离,但仍有不同的侧重点。譬如艺术教育和美感教育就有让人不易察觉的区别。美感教育始终是一种情意教育,不会局限于以艺术家的作品为教材媒介,凡人们以观赏的心情所观欣赏的对象都隶属于它;而艺术教育还有技巧的层面,要让学生熟悉艺术媒介并善于具体表现出来。至于美感教育方面,不一定要培养出一些受过音乐美术等艺术教育的人,只要能培养出受教者一种对美的细腻而敏锐的感受力,也可引起一种美的感受。

如上所述,美育,即审美教育,是素质教育的重要组成部分,其主要内容就是通过自然美、社会美与艺术美的陶冶,给青年一代以感情的熏陶,即按照美的规律塑造青年一代的美好心灵,培养青年一代的审美素养,即培养其高尚、正确的审美、显美和创美能力。

距今约五千年前,中国出现了一夫一妻的个体家庭,家庭教育便随之产生,而家庭美育是家庭教育的重要组成部分。家庭美育就是指在家庭这个特定的环境里,父母对孩子进行培养其感受美、创造美的能力以及正确的审美观的教育与熏陶,即通过家庭生活和社会交往的各个环节,以身示范,在自觉与不自觉中,用自身美好的言行和各种美好的事物给孩子以情感的熏陶,潜移默化地引导他们形成正确的审美观,并按照美的规律来创造美、鉴赏美。从一个人接受教育的发展过程来看,家庭教育是接受最早、时间最长、影响最深的教育。一个人出生以后直到成人,都离不开家庭的教育和影响,在学前时期,是在父母的教育下长大,在小学和中学时期,更是在父母的关心和爱护下学习。因此,父母的一言一行、一举一动,对子女都有着言传身教和潜移默化的作用。良好的家庭美育,不仅能为学校的审美教育打下良好的基础,抵制社会环境的负面影响,起到强化学校教育和社会教育的积极作用,促成孩子早期的世界观、人生观、价值观的早期正确形成,还能够使儿童和青少年在不知不觉中,形成对善恶、是非、美丑的判断,能够在耳濡目染中远离邪恶和犯罪,能够在潜移默化中养成高尚的品德,能够在诱导感化中获得向善的品性。我国的教育方针提倡学生德育、智育、体育、美育全面发展,其实是对学生提出了四个方面的基本素质,即思想素质、文化素质、身心素质和审美素质。通过美育培养孩子感受美、表现美、创造美的能力,美育是孩子全面发展教育的主要组成部分,美育不仅是一个独立成分,它对德育、智育和体育还能起到催化作用。也就是说,我们不仅应该看到学生的全面发展包括审美素质的内容,而且应该看到美育对学生德智体全面发展的促进作用是其他教育方式所不能代替的。因为,美育是一种情感,具有以美育人,寓教于乐的特点。所以在家庭教育中,家长在不经意中通过各种美的形象对孩子进行审美的教育,不仅能唤起孩子情感的共鸣,使孩子在愉悦中,不知不觉地接受了美的熏陶,获得知识,形成良好品德习惯,使身心得到全面和谐的发展,而且还能按照教育的"一致性"规律,增强学校教育和社会教育的效果,是提高学生思想素质、文化素质、身心素质的重要途径。

家庭美育对孩子的教育有特殊意义。有研究表明,幼儿的思维特点主要是具体形象性,对各类事物的认识和接受过程带有很大情绪性。因此,通过良好的家庭教育,循序善诱,因势利导,运用鲜明生动的形象和艺术手段,美的事物、美的言行等更容易被幼儿理解和接受,提高美育效果。心理学家研究发现,人脑左右两半球各有重要机能,左半球分管逻辑思维,右半球分管形象思维,只有两半球同时得到锻炼和及时开发,才有利于孩子的健康成长。智育主要开发左半脑的功能,美育则主要开发右半脑的功能。家庭教育中如能使孩子综合使用逻辑思维和形象思维两种思维方式,能使孩子在理智和情感上都得到充分的发展。那么孩子的大脑两半球就能充分地、协调地发展。然而,在传统的学校教育和家庭教育中,由于应试教育的影响,家长往往只注重了孩子的智育,即逻辑思维的训练和培养,而忽视了审美教育,即形象思维的早期开发,致使孩子畸形发展。因此,审美教育可以促进形象思维发展,有利于两半球协同活动,对神经系统迅速发育的幼儿尤为重要。特别是对艺术的喜好,有时就像是孩子思维的"润滑剂"和"催化剂"。它可以使人才思敏捷,视野开阔。家长有意识地培养孩子对艺术的爱好和对美的追求,可以使孩子的智力得到充分的挖掘。古人云:"爱美之心,人皆有之。"在我们的生活中,美的事物、美的行为、美的心灵无处不在。但是,美好的东西,并非所有人都能感受得到的。正如著名的法国雕塑家罗丹说:"美是到处都有的,对于我们的眼睛,不是缺少美,而是缺少发现。"对于我们每个人来说,主要是缺少感受美、创造美的正确审美观。因为,感受美、创造美的能力和正确的审美观,并不是与生俱有的,需要经过后天的教育和训练才能获得。家庭美育尤显重要。

二、我国传统家庭美育的历史演变

唐尧时期的"五典之教",即"父义、母慈、兄友、弟恭、子孝",[①]已包含家庭伦理美育。帝舜命夔主管乐教:"帝曰:夔,命汝典乐,教胄子。直而温,宽而栗,刚而无虐,简而无傲。诗言志,歌永言,声依永,律和声。八音克谐,无相夺位,神人以和。"(《尚书·舜典》)这既是部落或者部落联盟的首领重视部落内部子弟的教育体现,也可以看作古代家庭艺术教育先声。

一般认为美育的产生与艺术及艺术审美是同源的,审美意识是艺

---

① 司马迁:《史记》,北京:中华书局,1959年,第15页。

术发生的心理条件,而艺术及艺术品又促进了审美意识及美育的发展,三者同源共生,相得益彰。

至周代,家庭美育出现了新的局面——上层贵族或富裕阶层为培养后代而选择名师执教的家塾出现了,它们与国家的"学校"(包括庠序等)一样向弟子们传授"礼乐之教"。周公是制礼作乐的倡导者与实施者,"五年营成周,六年制礼作乐",[①]周成王也在周公的基础上,进一步完善礼乐,"成王既绌殷命,袭淮夷,在丰作《周官》,兴正礼乐"。[②]这时候,教育的内容以礼乐为主,"礼"与"乐"相辅相成,相需并行。"礼"是对自然秩序的模仿,是天地秩序在人间社会的投影,是金字塔式的宗法等级制度,是政治伦理思想,社会道德规范,以及与此对应、相伴而生的各种礼节仪式的统称。"乐"则是各种艺术的总称,包括各种歌、诗、舞、乐,及绘画、雕塑、建筑等,凡是能够激起人们审美意识及审美快乐的都是乐的化身。礼乐是"天之经,地之义",礼是乐的超越的内在准则,乐是礼的具体的形象表现。

早期的家庭美育教育不仅与德育密切相连,同时充满了神秘色彩。春秋时期晋国的师旷就是一位神秘的人物。中国早期的一些职业(或者官职)都是在家族(或家庭)成员之间相互传承,乐师掌握的技能也是如此。卫灵公带着乐师师涓到晋国去,在途经濮水时,听到一曲非常美妙的音乐,他让师涓记了下来。晋平公见到卫国君臣来为自己的新建宫殿祝贺,非常高兴,大摆筵席,盛待卫国来宾。卫灵公命师涓演奏在濮水边记下来的曲子助兴。

《史记·龟策列传》记载:"宋元王二年,江使神龟使于河,至于泉阳。渔者豫且举网得而囚之,置之笼中。"夜半,龟来见梦于宋元王曰:"我为江使于河,而幕网当吾路。泉阳豫且得我,我不能去。身在患中,莫可告语。王有德义,故来告诉。"元王惕然而悟。乃召博士卫平

---

① 伏胜:《尚书大传》,四部丛刊初编本。

② 司马迁:《史记》,北京:中华书局,1959年,第78页。

而问之曰："今寡人梦见一丈夫,延颈而长头,衣玄绣之衣而乘辎车,来见梦于寡人曰:'我为江使于河,而幕网当吾路。泉阳豫且得我,我不能去。身在患中,莫可告语。王有德义,故来告诉。'是何物也?"卫平乃援式而起,仰天而视月之光,观斗所指,定日处乡,规矩为辅,副以权衡。四维已定,八卦相望。视其吉凶,介虫先见。乃对元王曰:"今昔壬子,宿在牵牛。河水大会,鬼神相谋。汉正南北,江河固期,南风新至,江使先来。白云壅汉,万物尽留。斗柄指日,使者当囚玄服而乘辎车,其名为龟。王急使人问而求之。"王曰:"善。"①博士卫平"仰天而视月之光,观斗所指,定日处乡,规矩为辅,副以权衡。四维已定,八卦相望",既有神秘的术数成分,又有天文自然之美。

孔子是私学的重要倡办者,其弟子三千,贤者七十二人,绵延相传,形成声势浩大的儒家学派,与墨、道、法、名、兵、农、阴阳、杂家等相抗衡。孔子破除了其中的神秘的成分,使礼乐之教有了长足的发展。孔子不仅提出了"礼"、"仁"等思想,在家庭美育方面也留下了典范事例。孔子对孔鲤有过庭之训:"鲤趋而过庭,曰:'学《诗》乎?'对曰:'未也。''不学《诗》,无以言。'鲤退而学《诗》。""鲤趋而过庭,曰:'学礼乎?'对曰:'不学礼,无以立。'鲤退而学礼。"(《论语·季氏》)"子谓伯鱼曰:'女为《周南》、《召南》矣乎?人而不为《周南》、《召南》,其犹正墙面而立也与!'"(《论语·阳货》)这是"过庭之训"的重要内容。孔子让孔鲤学诗学礼,通过"兴于诗、立于礼、成于乐"的教育而达到学以成人,学以成君子。孔子的美育思想不仅对其弟子、对儒家学派、还对中国古代的美育思想及家庭美育思想产生了非常重要的影响。

中国传统家庭美育思想与儒家的孔子及道家的老、庄的美育思想有着密切的关系。

孔子的美育思想有人伦美育和自然美育思想两个方面。人伦美主要体现在以下几个方面。

---

① 司马迁:《史记》,北京:中华书局,1959年,第3223页。

　　首先是法天象而为人间规范的美育本体论。孔子曾经删定六经，虽然六经的内容不同，但其重要的内容之一是为社会伦理服务，这一点大概不应值得怀疑。子贡曰："夫子之文章，可得而闻也；夫子之言性与天道，不可得而闻也。"(《论语·公冶长》)其实，孔子的学问处处与天道紧密关联，每一经都未尝单纯的言社会人事与制度伦理，置天道于不顾。《周易》言天地人三才自不必说，《尚书·尧典》："乃命羲和，钦若昊天，历象日月星辰，敬授民时。分命羲仲，宅嵎夷，曰旸谷。寅宾出日，平秩东作。日中，星鸟，以殷仲春。厥民析，鸟兽孳尾。申命羲叔，宅南交。平秩南为，敬致。日永，星火，以正仲夏。厥民因，鸟兽希革。分命和仲，宅西，曰昧谷。寅饯纳日，平秩西成。宵中，星虚，以殷仲秋。厥民夷，鸟兽毛毨。申命和叔，宅朔方，曰幽都。平在朔易。日短，星昴，以正仲冬。厥民隩，鸟兽鹬毛。帝曰：'咨！汝羲暨和。期三百有六旬有六日，以闰月定四时，成岁。允厘百工，庶绩咸熙。'"(《尚书·尧典》)这一段话，明显的是要人们法天象而定四时。"为政以德，譬如北辰，居其所而众星拱之。"(《论语·为政》)人间社会拥立有德的君主就像众星拱立北辰(北极星)一样。"君子居其室，出其言善，则千里之外应之，出其言不善，则千里之外违之。"(《易经·系辞第六章》)众星拱北辰之象，既有义理之美，也有形象之美。康德说："有两样东西，人们越是经常持久地对之凝神思索，它们就越是使内心充满常新而日增的惊奇和敬畏：我头上的星空和我心中的道德律。"①孔子心中也有这种以天文为美的审美意识了。"天垂象，见吉凶，圣人像之。河出图，洛出书，圣人则之。""是故法象莫大乎天地；变通莫大乎四时，悬象著明莫大乎日月。"(《易经·系辞第十一章》)这种法天象的思想，也是儒家具有等差思想的重要原因。

　　其次，孔子的礼乐教化思想及刑政思想乃模仿天象而形成的，法天象而为人间规范，即是儒家所强调的天地秩序即是人间秩序。孔子

---

① [德]康德：《实践理性批判》，邓小芒译，北京：人民出版社，2003年，第220页。

生活在"礼崩乐坏"的时代，他所处的国家及天下战乱不断，人民生活在困乏之中，要以道拯救天下，只有重视教育才能使国家和人民走出困境。孔子思想体系的核心是"礼"，国家要实行礼治，必须辅以"乐"和"诗"，礼教、乐教和诗教中的艺术教育和审美教育是相辅相成，相互影响，相互作用的。"礼也者，理也；乐也者，节也。君子无礼不动，无节不作。不能诗，于礼缪；不能乐，于礼素；薄于德，于礼虚。"（《礼记·仲尼燕居》）"达于礼而不达于乐，谓之素；达于乐而不达于礼，谓之偏。"（《礼记·仲尼燕居》）"志之所至，诗亦至焉；诗之所至，礼亦至焉；礼之所至，乐亦至焉。"（《礼记·仲尼闲居》）孔子的诗书礼乐思想是后世儒家偏好的一面，而多对刑法方面多所鄙弃，其实二者是事物的一极两面，不可偏废。"礼、乐、刑、政，其极一也。"（《礼记·乐记》）"礼乐不兴，则刑罚不中；刑罚不中，则民无所措手足。"（《论语·子路》）"道之以政，齐之以刑，民免而无耻；道之以德，齐之以礼，有耻且格。"（《论语·为政》）礼、乐、刑、政，无论从哪一点出发，往其极致发展，所到达的终极目标都是相同的。天地秩序或者人间秩序都是有等差的，有鳞次栉比之美。

再次，孔子以"仁"为美的最高准则和最高层次的精神境界。仁居四德"仁、义、礼、智"之首，也是五常"仁、义、礼、智、信"的总称，是人生的一种精神境界，与人生美感相关，也是与美育直接相关的重要概念。仁的内涵是"爱人"，这个解释出现在孔子与弟子的对话中："樊迟问仁，子曰：'爱人'。"（《论语·颜渊》）"樊迟问仁，子曰：'居处恭，执事敬，与人忠，虽之夷狄，不可弃也。'"（《论语·子路》）孔子或者后世儒家的"爱"，是有等差的爱，决不是西方哲学或者宗教中的博爱精神，这是有不同之处的。

孔子主张中和之情为美。孔子认为艺术传情，但不能放纵情意的传达，因太强烈过分的感情只会令人沉溺于生理感官的快感而不是美感。因此，要求以理制情，情理结合而达致恰到好处的理想状态，也就是中和之情。他称许《关雎》"乐而不淫，哀而不伤"，至于"郑声淫"，只

171

会破坏美感,"恶郑声之乱雅乐也",因而主张"放郑声"。由此可见,孔子也体察到主体的情感需要,只是要求情感能如理的表现,"发乎情,止乎礼义",符合"中庸"的原则标准,如此方为美。

孔子的自然美思想,主要体现在"乐山乐水"说。"智者乐水,仁者乐山。知者动,仁者静。智者乐,仁者寿。"(《论语·雍也》)还有"天何言哉?四时行焉,百物生焉。"(《论语·阳货》)就是欣赏万化流行的大自然,而其中以山、水及天为代表。"夫水者,缘理而行,不遗小间,似有智者;动而下之,似有礼者;蹈深不疑,似有勇者;障防而清,似知命者。历险致远,卒成不毁,似有德者。天地以成,群物以生,国家以平,品物以正。此智者所以乐于水也。"①"夫山者,万民之所瞻仰也。草木生焉,万物植焉,飞鸟集焉,走兽休焉,四方益取誉焉。出云道风耸乎天地之间。天地以成,国家以宁,此仁者所以乐于山者也。"②至于天,"如日月东西相从而不已也,是天道也;不闭其久,是天道也;无为而物成,是天道也;已成而明,是天道也。"(《礼记·哀公问篇》)因此,易乾象传云:"大哉乾元,万物资始,乃统天。"乾文言云:"夫大人者,与天地合其德,与日月合其明,与四时合其序,与鬼神合其吉凶,先天而天弗违,后天而奉天时。"孔子"寄情万物,皆以养德,乐于观物之并育并行,而不喜观其相凌驾以相争。"③因此,山水天皆有孕育万物的宇宙生机,与仁德有相通之性,君子可"比德",所以有自然之美。由此发展出我国特有的田园诗、山水画等自然文学艺术来。

道家的美育思想在中国美学史上也占有非常重要的地位。

道家思想以老子为开创宗师而首提出"道"。当时,老子身处动荡时代,所以希望在万象流逝的剧变中找到"常","飘风不终朝,骤雨不

---

① 许维遹:《韩诗外传集释》,北京:中华书局,1980年,第110页。

② 同上书,第111页。

③ 唐君毅:《中国文化之精神价值 中国文化与世界 我们对中国学术研究及中国文化与世界文化前途之共同认识》,见《唐君毅全集》(第九卷),北京:九州出版社,2006年,第199页。

终日；孰为此者？天地。天地尚不能久，而况于人乎。"(《道德经》第二十三章)经验界现象界的事象无一不变，无一可常；但追溯上去，则万物背后的根源和规律，不属经验界而可长可久，老子名之曰"道"："有物混成，先天地生，寂兮寥兮，独立而不改，周行而不殆，可以为天下母；吾不知其名，字之曰道，强为之名曰大，大曰逝，逝曰远，远曰反。"(《道德经》第二十五章)而这万象的规律或者道的内容，便是"反"，"反者道之动"。(《道德经》第四十章)换言之，万事万物发展至高峰时，便会向着"相反"来变逝，"故坚强者死之徒，柔弱者生之徒，是以兵强则灭，木强则折。"(《道德经》第七十六章)因此，主体应与变体保持距离，"知其雄，守其雌"，"知其白，收其黑"，从最高峰向后退，以预防随高峰的颠坠而颠坠。

庄子生活在战国时代，无论在政治局势、社会秩序、或还是是非价值方面，都比以前更混乱得多了，在危惧压迫的种种束缚中，人们受着倒悬桎梏的痛苦，"一受其成形，不亡以待尽，与物相刃相磨。其行尽如驰，而莫之能止，不亦悲乎，终身役役，而不见其成功，茶然疲役，而不知其所归，可不哀邪，人谓之不死，奚益，其形化，其心与之然，可不大哀乎!"(《庄子·齐物论》)既然主题精神不能在现实社会得以解放自由，于是庄子循着老子的方向去寻不变的理据，来安放主体精神，以作为人生的立足点，并且进一步发展推衍其说粗略之处，结果，道家学说得以圆熟明澈而定型了，因此，庄子可说是道家思想的集大成者。

庄子描述道是形上实体，"夫道，有情有信，无为无形；可传而不可受，可得而不可见。自本自根，未有天地，自古以固存。神鬼神帝，生天生地。在太极之先而不为高，在六极之下而不为深。先天地生而不为久，长于上古而不为老。"(《庄子·大宗师》)"惝然若亡若存，悠然不形而神"，"视之无形，听之无声。"憨山大师注曰："有情谓虽虚而有实体，不失其用曰信，湛然常寂故无为，超乎名相故无形，从心印心，故可传可受，妙契忘言，故无受无得。"

而且道是先于经验的，在一般因果系列之上，在未有天地之前，已

173

经存在,道就是自身的根源,是存在的第一因,"自本自根,未有天地,自古以固存。"在道以外,不可能再有其他的因。宣颖注曰:"道为事物根本,更无有为道之根本者,自本自根耳,未有天地先有道,所以自本自根。"

正因道是第一原始的存在,故道具有超越主客体的绝对性:"夫道未始有封","道通为一","彼是莫得其偶,谓之道枢","惟达者知通为一","参万岁而一成纯,"(《庄子·齐物论》)"物物者与物无际。"(《庄子·知北游》)

既为绝对的存在,则道有其遍在性,是超越空间无边无际的:"在太极之先而不为高,在六极之下而不为深。"(《庄子·大宗师》)"泛泛乎其若四方之无穷,其无所畛域。"(《庄子·秋水》)"充满天地,包裹六极。"(《庄子·天运》)"六合为巨,未离其内,秋毫为小,待之成体。"(《庄子·知北游》)郭象注曰:"且上下无不格者,不得以高卑称也;内外无不至者,不得以表里名也。"因此,当东郭子进一步追问道恶乎在,庄子则言蝼蚁、稊稗、瓦甓、甚至屎溺。

除了超越空间外,道亦是超越时间,永恒不灭的:"先天地生而不为久,长于上古而不为老。"(《庄子·大宗师》)对过去与未来都是无限的,绵绵不绝,无终无始:"道无终始",(《庄子·秋水》)"终则复始也。"(《庄子·知北游》)道是实现万有之原理,生化万物之本,孕育包容天地万象:"神鬼神帝,生天生地。"(《庄子·大宗师》)"万物蓄而不知。"(《庄子·知北游》)"万物皆往资焉而不匮,此其道与?"(《庄子·知北游》)宇宙间尽管万物纷呈,千变万化,但循其本性都是一样的,各任其自然,而这就是"道"。道作为形上实体,表现在一切事物之中,并赋予一切事物以存有;然而道又不是天地万物有意识的主宰或统治者,"泽及万物而不为仁",(《庄子·天运》)"万物蓄而不知",(《庄子·知北游》)使世间一切存有按必然的规律发展,但又非有目的;换言之,道与万物之关系极微妙:既超越万物而为生化之根源,又内在于物象是为德而不与之对立,人为万物之一,所以这形上实体亦在人之德性内而可觉察到。

庄子的本体论只是用来论证人生哲学,并非为探究宇宙本体的。道体自由无限,则道相之展现也无限,实无法概括尽言。另一方面,道既为普遍绝对,"天地与我并生,万物与我为一。"(《庄子·齐物论》)宇宙连我在内是浑然一体的,我之所知道的事物,只是在宇宙中截取与我有关的一部分事物,不是浑然一体的宇宙本来面目。因此,所知愈多,离浑然一体的宇宙本来面目愈远;只有不知,然后才能物我不分,保存完整的浑然一体。所以这浑然一体的本实是不能用智慧来分析的。或者说,道不可以当作认知客体去加以描述规范的,"大道不称",(《庄子·齐物论》)一味描述道体实际仍是有执,因此,主体不能用逻辑理性思维,科学的认识道;这样只能得其片面,不能得其全,必须诉诸主体直观体会;就这样,庄子将老子的宇宙论向内收,竟然化为人生的内在精神境界。

虽然庄子没有探讨过艺术和美,更没有建立其美学系统,但事实上,后世的艺术家,却有许多都是从其思想学说中得到美学方面的启示的。到底说庄子之学说对美有启发,是否强加附会的呢?

庄子解释"道"是一切事物的根源及最后理据,万事万物皆由道生化出来,又会归于道,因此,道也是美的根源理据,美也一定会与道冥合会通。于是,道的性格特点,也就是美的性格;体道的主体,也就是艺术主体;而体道的工夫,便是掌握美的历程。就这样,只要分析庄子对道的描述,就可找出符合其学说的美学思想。

道是原始的第一因,"自本自根",同样,美也是其自身存在的根源和理由,有其独立的自身价值,而非依赖于其他目的而成立的;这个超功利使用的美学价值观点,与儒家提出美要服从与善,为完成道德的途径,二者大异其趣。

道是超越主客对立的绝对一体的存在,因而是不受一切限制,而美的特点也没设和谐,讲究个异质的统一谐协,正如天籁:"夫吹万不同,而使自己也,咸其自取,怒者其谁耶!"(《庄子·齐物论》)这影响到后来的天人合一，物我圆融的美学观。

由于艺术形式必有一定的限制，是属于相对性的，所以"毛嫱、丽姬，人之所美也；鱼见之深入，鸟见之高飞，麋鹿见之决骤，四者孰知天下之正色哉？"（《庄子·齐物论》）"《咸池》《九韶》之乐，张之洞庭之野，鸟闻之而飞，兽闻之而走，鱼闻之而下人，人卒闻之，相与还而观之。"（《庄子·至乐》）这些只能带来快感，恰恰可以破坏美感。"五色不乱，孰为文采；五声不乱，孰应六律。"（《庄子·马蹄》）"骈于明者，乱五色，淫文章，青黄黼黻之煌煌非乎？而离朱是已。多于聪者，乱五声，淫六律，金石丝竹黄钟大吕之声非乎？而师旷是已。"（《庄子·骈拇》）因此，甚至提出要"擢乱六律，铄绝竽瑟，塞瞽旷之耳，而天下始人含其聪矣；灭文章，散五采，胶离朱之目，而天下始人含其明矣。"（《庄子·胠箧》）其实就是要强调，艺术形式顶多带来快感，但快感是相对性的，受限制的，并非美感；那么，美在哪儿？德充之谓美，"故德有所长，而形有所忘。"是故虽然哀骀它、闉跂支离无脤和瓮㼜大瘿的外貌"恶骇天下"，但与之接触后，也不觉得他们的面貌丑陋了。这一点正与近代的印象主义相反了，他们主张"看到一幅画……只注意它的颜色、线纹和阴影，""所以他们费许多心力去实验最美的颜色是红色还是蓝色，最美的形体是曲线还是直线，最美的音调是 G 调还是 F 调。"①

道有其生化性实现性，而且可以说是艺术性的创造，"覆载天地，刻雕众形而不为巧。"（《庄子·天道》）至于体道的人，可以说是完成其艺术化的人生；同样，美也会实现一个个艺术品出来。道生化万物纯是出于自然的，"泽及万世而不为仁"（《庄子·大宗师》），因此，美也以自然朴素为尚，正如逆旅主人之妾，"其美者自美，吾不知其美也。"（《庄子·山木》）若自觉刻意去为美则不美矣，因此提出了"朴素而天下不能与之争美"的论调。这一点影响也很大，例如李白："清水出芙蓉，天然去雕饰。"王维："夫画道中，水墨最为上。肇自然之性，成造化

---

① 朱光潜：《万物有灵且美》，南京：江苏凤凰文艺出版社，2019 年，第 19 页。

之功。"

道生化万物后，体道的主体也就是艺术主体。劳思光《中国哲学史》分析，自我境界划分为：形躯我、认知我、情意我及德性我；庄子既提出"离形去知"，则其自我境界因非"形躯我"与"认知我"；另一方面，庄子认为仁义乃从道衍化出来，"无丧恶用德？"（《庄子·德充符》）惟有偏离了道后，才抱执着仁义，是以体道的圣人不需用德。由此可知，庄子的自我境界乃是表现于艺术活动的"情意我"了。

体道的主体是艺术主体，而体道的功夫也就是艺术修养的功夫了。艺术活动包括观赏及创作，而体道则既是观赏道，也是完成艺术化的人生。

人在现实生活中，会受到知识欲望的羁绊束缚，因此，必须解除这些桎梏，才能体道；而艺术修养同样需要步骤之一，在创作方面的例子有："梓庆削木为鐻，鐻成，见者惊犹鬼神。鲁侯见而问焉，曰：子何术以为焉？对曰：臣工人，何术之有，虽然，有一焉，臣将为鐻，未尝敢以耗气也，必斋以静心。斋三日，而不敢怀庆赏爵禄；斋五日，不敢怀非誉巧拙；斋七日，辄然忘吾有四肢形体也。当是时也，无公朝，其巧专而外骨消。"（《庄子·达生》）观其步骤，与内篇《大宗师》言坐忘非常相似。要先忘掉价值是非的判断，接着连自己的形躯也忘却；宋元君之所以选后至的书史画图，也是因为他有这样的艺术修养。

不但创作艺术需要"忘"之修养，观赏者同样要忘，正如朱光潜所说："不计较实用，所以心中没有意志和欲念；不推求关系、条理、因果等等，所以不用抽象的思考。这种脱净了意志和抽象思考的心理活动叫做'直觉'，直觉所见到的孤立，绝缘的意象叫做'形相'。美感经验就是形相的直觉，美就是事物呈现形相于直觉的特质。"[①]这些话揭示出"忘"的特效——虚静的心灵便能孤立对象而直观。

坐忘便是破妄执，妄执一去，真如立显，主体精神一片虚净，而这

---

① 朱光潜：《谈美》，北京：当代世界出版社，2019年，第11页。

虚净也就是道的寥廓虚空;因此,能以虚净的主体精神,无挂碍无牵绊的体现虚净之道,及专一集中地直观在道理涵融之事物本质。所谓直观万物之本质,也就是以物观物,让物物各其自己地,不受主体歪曲地显其本来形相。因此,削木为锯的梓庆忘却荣辱朝廷,"然后入山林,观天性;形躯至矣,然后成见锯,然后加手焉,不然则已。则以天合天,器之所以疑神者,其与是!"(《庄子·达生》)这种主体虚净,以物观物之说,成就了后世"无我之境"的美学观,无我之境,不知何者为我,何者为物,"无我之境,人惟静中得之。"

虚净的主体心灵如实的观照万有,不受外物牵绊而无待,便可得自由解放;换言之,"自由"便是主体解消无我对立与否的标志;同样,"自由"也是分解技术与艺术的关键所在。

"庖丁为文惠君解牛,手之所触,肩之所倚,足之所履,膝之所踦,砉然响然,奏刀騞然,莫不中音,合于《桑林》之舞的,乃中《经首》之会。"文惠君曰:"嘻!善哉!技盖至此乎?"庖丁释刀对曰:"臣之所好者道也,进乎技矣。始臣之解牛之时,所见无非全牛者。三年之后,未尝见全牛也。方今之时,臣以神遇而不以目视,官知止而神欲行。依乎天理,批大郤,导大窾,因其固然。技经肯綮之未尝,而况大軱乎?良庖岁更刀,割也;族庖月更刀,折也。今臣之刀十九年矣,所解数千牛矣,而刀刃若新发于硎。彼节者有间,而刀刃者无厚。以无厚入有间,恢恢乎其于游刃必有余地矣,是以十九年而刀刃若新发于硎。虽然,每至于族,吾见其难为,怵然为戒,视为止,行为迟,动刀甚微,謋然已解,如土委地,提刀而立,为之四顾,为之踌躇满志,善刀而藏之。"(《庄子·养生主》)庖丁最初解牛时,还未能解消与牛之对立,因而"所见无非全牛",但当主体解消了物我对峙后,便"未尝见全牛";于是解牛的时候,"不以目视",不需要苦苦找寻下刀之处,手起刀落,自自然然便能"依乎天理","因其固然";至于"以无厚入有间",正表现了其活动自由,"为之四顾","踌躇满志",便是艺术活动的满足感。

由此可见,只懂得墨守规律的,仅是掌握了技术而已,能从规律向上翻之无律之境界,自由与规律高度统一,即所谓"从心所欲不逾矩",才是艺术,才是美,正如石涛指出:"无法而法,乃为至法。"所以说,"庄子已经意识到美是自然生命本身合规律的运动中所表现出的自由","美是人的自由的表现"。

主体自由后的表现,便是逍遥游于浑和的天地万物中,而这也正是艺术主体精神解放超脱,与宇宙相通相合的自由圆满境界,无论创作或观赏,都是游心于宇宙人生蕴藏的无限可能,比如庄子"独与天地精神往来"(《庄子·天下》),于是能在濠梁之上观鱼乐,在鱼的情趣与自己的情趣间交流往复,但同时,他也是在艺术境界中,与鱼冥合而得艺术性的共感。事实上,体道境界并不外于艺术境界,"这种由一个人的精神所体验到的与宇宙相融合的境界……是艺术性的人生与宇宙的合一。"换言之,二者合二为一,分别只在于前者成就了艺术化人生,后者成就了艺术性作品。

从道来说,天地万物各任情性,而又并有合作,正体现了浑和一体之美。因此,庄子常教人体会这种天地间的大美,"天地有大美而不言","圣人者原天地之美而达万物之理,是故至人无为,大圣不作,观于天地之谓也。"(《庄子·知北游》)这也影响到后世的自然文学。

但在主体方面,欲望与成见会令主体受障蔽,因而在各个体间形成封域,于是不能体照道,不能与之契合,更无法得其美而成就艺术了。因此,同体道一样,先得忘,"遣除主观情识造作,虚寂待物,体验到自然浑和之美,这种美是离绝功利欲望,直接于万物的生命性情,与儒家同道德修养所达到的美不同,这是纯粹艺术之美,是一切纯粹艺术的最高依据,也是美的最高境界,故又谓之'至美'……真正至极之美,乃根源于道。"因此,庄子本人虽没有正面探讨美,但中国的艺术精神却是源于此。

再者,庄子教人心斋坐忘以体道,而其道即至美,换言之,即教人去体会美,培养美感,这就符合对美感教育的解说了,《庄子》一书即是美育教科书。庄子提出人要体道,是为了要与道冥合,避免割离析裂,物我对峙而令主体陷溺于无穷无尽的驰逐,而这就可说是美育的目的及重要性。

在孔子来说,美是统一于善,建立于善的,不能配合善的美,孔子则不给予地位;而善是德性的完满表现,是根源于天道的。因此,美具有工具价值,是为人生服务的。

而孔子重视的美与善的关系,在庄子看来,根本不成问题,因美的本质在于自然无为,主体精神自由,主客体融合为一,换言之,美其实是道的表现,而这也就是善了,美善诸价值,皆出于道,并涵融于道为一体。因此,美有其自身价值,是自目的,而艺术人生就是人类生活的最高境界了。

至于后世的影响,孔子的说法令中国美育由道德牵引导向,开了务实、充实的审美境界之风,近乎后世的现实主义。而孔子强调审美与艺术能陶冶道德情操,实现社会和谐,阐明了美感的社会作用。

庄子高举审美境界以涵融一切,与儒家主张道德富有艺术意味,重视个人体会与境界,二者有异曲同工之妙。再者,在庄子的论述下开虚灵的审美境界之先,近乎后世的浪漫主义。

孔子、庄子的美学思想及审美境界的论述,对中国古代家庭美育的影响源远流长。

西汉初期,推崇黄老之学,崇尚无为以及自然之美。随后又有汉武帝时期的罢黜百家,独尊儒术,儒家思想成为主流思想。随之,经学教育受到空前的重视。汉代的家庭美育教育与当时的经学教育有一定的联系。家族之中,出现了通过博学一经而走向仕途的大有人在。值得注意的是,"家教"一词,并非仅限于家庭成员内部的教育,也可指老师在家中训导门生弟子的活动。如西汉初年,鲁国申公,居家授业,"弟子自远方至,受业者百余人。"当然,这种教授弟子的形式,不是家庭教育的主要对象,可以略而不论。两汉时期,注重女性教育也是家庭教育的重要内容,刘向撰《列女传》。班固之妹班昭的《女诫》则是以母亲的口吻训导自己女儿的典范著作。蔡邕作《女训》篇来教育女儿,则有意把人的外表之美与内在之美结合起来。《女训》道:"夫心,犹首面也,是以甚致饰焉。面一旦不修饰,则尘垢秽之;心一朝不思善,则邪恶入之。人咸知饰其面,而莫修其心,惑矣。夫面之不饰,愚者谓之丑;心之不修,贤者谓之恶。愚者谓之丑,犹可;贤者谓之恶,将何容焉?故览照拭面,则思其心之洁也;傅脂,则思其心之和也;加粉,则思其心之鲜也;泽发,则思其心之顺也;用栉,则思其心之理也;立髻,则思其心之正也;摄鬓,则思其心之整也。"蔡邕要求女儿蔡文姬要做到外表仪容美和内心美和谐统一,要求女儿在日常梳理打扮时,不应忽视对心灵道德的修饰,要把美化容貌与道德修养联系起来,以达到身心美之目的。

两晋南北朝是一个思想杂糅的时代,汉末社会动荡,儒学呈现衰颓之势,人们开始思考人生何为,在这种哲学思考中玄学兴起,将宇宙论与人生论融合,佛教传入,道教兴起,作为外来传入的佛教和刚兴起的道教同时选择了依靠中国传统文化范式。宗白华说:"汉末魏晋六朝在政治上是最混乱、苦痛的时代,在精神上却是最自由、富有热情和艺术精神的时代。"家庭美育除充满玄学色彩外,自由奔放与略带伤感的悲情也是时代的主旋律。

隋唐时期,家庭教育的内容上则是以培养官僚士大夫从政和科举的家庭智育、修身明德尊君尽孝的家庭道德教育以及锻炼与塑造健康体魄的家庭体育三个方面为主。唐代吏部考试的四个项目身、言、书、判,即吏部"关试",是士子科举及第之后一次重要的选官考试,所以,唐人尤其讲究书法,要求楷书优美。书法教育成为家庭美育的一个方面,如欧阳通是唐代著名书法家欧阳询之子,早年丧父,在其母的教诲下,苦练欧体字,数年后,与父齐名,号大小欧阳体。

宋元明清时期,美学提升到一定的高度。美学与儒家、道家和禅学融合在一起,以儒家的仁学为主,有着道家的自然无为,也有着禅学的清心一片。这些与世俗的人生价值观念不同,体现着宋元明清代审美风格与价值取向相结合。就具体的美学形式而言,诗词、戏曲、小说、绘画及书法无不充满别样的审美情趣,这种审美欣赏大都以"道(理)"为基础,从而形成了此时期的一套美学体系。家庭美育也与此时代背景紧密相连。

第二节　我国传统家庭美育的内容与方法

中国古代家庭或家族是中国文化的一个重要柱石,是中国文化得以传承的重要载体。活跃在各个时期的家庭或家族是中国古代文化的典型代表,不仅在政治上拥有很高的地位,而且也要重视家庭教育以保障和延续家族的地位和利益。本节主要内容旨在探讨,在漫长历史进程中,中国家庭美育所包含的内容与方法。

一、我国传统家庭美育的内容

中国古代是以伦理为主组成的社会,社会的基本组成单位——家庭的类型非常复杂,它基本上对应着各级官僚体制,组成不同的世俗家庭,处在金字塔顶端的是王或者皇帝组成的帝王之家。然后是公、侯、伯、子、男、王(与早期的周天子所称的王不同)、侯、将、相,及普通官宦、平民之家等组成的纵贯系统。当然普通家庭也可以按士、农、工、商等职业为主划分家庭类型。大的家庭或者长时段的考察一个家庭时,这时的家庭可以称为家族,有时候家族和家庭基本上是一个概念。家族或者家庭包括家庭组织、家庭生活、家庭地位及家族的延续是人们非常重视的问题。

中国古代的社会是以宗法家长制为主。宗族制度在我国三代时期已经形成,夏禹传位于其子启,为王位继承是宗法政治性质的滥觞。商代或兄终弟及、或父死子继,宗法制度渐趋严密。居于宗族核心地位的是宗子——宗族的嫡长子——继承始祖的爵位。嫡长子之外的儿子可以别子为宗。周代的宗法制已相当完备,为家族利益或者王室利益牺牲个人利益获得普遍认可和赞扬,忠的思想凌驾于其他道德条目如孝、勇等之上。为了保存家族(宗族)的地位和利益,宗法制度相当完备。后世的聚族而居、义庄、义田等都秉承宗法制的核心精神,与维持家族利益有密切的联系。家族(宗族或家庭)的首领是父系父权的集中代表,家族(宗族或家庭)的家教主要有族长或宗子负责。教育内容除了军事、祭祀、生产、生活之外,家庭美育教育的内容也是重要的组成部分。

中国家庭美育所包含的主要内容有仰视星空以欣赏天文之美,学习干戈羽龠之舞以体验文武和谐之美,艮止于庭、习《诗》学《礼》以重视经学之美,重视人伦之美,成为家庭美育的主要内容,曲水流觞兰亭会以展示书法之美,重视文章词曲的写作以陶冶性情之美等。

(一)仰视星空以欣赏天文之美

黄帝时代,天文历算知识不仅为生产和生活所需要,而且也与占卜迷信紧密相联,当时最受重视。黄帝"考定星历,建立五行,起消息;正闰余,于是有天地神祇物类之官,是谓五官"。(《史记·历书》)他把天象与官职联系起来。后世的重、黎、羲、和等分别掌管专门的天文历法知识。西周幽王、厉王之后,这种王官之学分散到各诸侯国。"陪臣执政,史不记时,君不告朔,故畴人弟子分散,或在诸侯,或在夷狄,是以其禨祥废而不统。"(《史记·历书》)这里的"畴人"就是知星人,古代精通天文星象者。

前文《史记·龟策列传》中记载的博士卫平为宋元王解梦,也是他熟悉天文星象的例证。

汉武帝时,制定《太初历》,司马迁即为畴官之一,其他的还有唐都、邓平等。

清代学者阮元(1764—1849)专门为从黄帝至清初的二百四十三位天文历算家作《畴人传》。

这些天文历算学家,基本都是在家庭内部由父子兄弟相传授,如大家熟悉的司马谈、司马迁父子。他们掌握了一定的天文知识,同时也欣赏了浩瀚夜空的星象之美。

（二）艮止于庭、习《诗》学《礼》以重视经学之美

《尚书》有一篇《文王世子》,是周公为了天子之家,花费大量心血制定的家教制度,有时被称为《世子法》。《世子法》中的乐教内容值得关注,与美育教育密切相关。乐教有乐官施教。乐教课程规定,每当春夏之时,学习具有雄武之力的干戈之舞,此舞节奏紧凑,动作剧烈,适合于参与王室征伐时演奏。每当秋冬之时,学习具有文雅之趣的羽籥之舞,此舞节奏舒缓,动作柔和,适合于参与王室节庆时演奏。干戈之舞与羽籥之舞,一文一武,亦文亦武,文武和谐。《世子法》还教习丝弦乐器,可以边弹奏边吟诵诗词。

春秋时期,家庭美育继续发展,如孔子对其子孔鲤(字伯鱼)的过庭之训就含有丰富的家庭美育教育的内容,"鲤趋而过庭,曰:'学《诗》乎?'对曰:'未也。''不学《诗》,无以言。'鲤退而学诗。他日,又独立,鲤趋而过庭,曰:'学《礼》乎?'对曰:'未也。''不学《礼》,无以立。'鲤退而学礼。"(《论语·季氏》)"子谓伯鱼曰:女为《周南》、《召南》矣乎? 人而不为《周南》、《召南》,其犹正墙而立也与!"(《论语·阳货》)《诗》和《礼》不仅是使人言而有物、言而有信,其中也很重视人伦之美。孔子是想通过"兴于诗,立于礼,成于乐",使其子伯鱼及像伯鱼一样的年轻人成为"文质彬彬"的君子,成为对家庭和社会有用的人才。

（三）育优良家风,以重人伦之美

陈寅恪说:"士族特点既在门风优,不同于凡庶,优美的门风则基于学业的因袭,故士族家世相传的学业,便与当时政治社会有极重要影响。"[①]重视人伦之美,是家庭美育的重要组成部分。

子承父命也是人伦之美的重要体现。孔子说:"父在,观其志;父没,观其行,三年无改于父之道,可谓孝矣。"(《论语·学而》)西汉著名的史学家司马迁牢记父亲的临终遗训,虽身处逆境,仍矢志不渝。在《史记·太史公自序》一文中,记述了其父的谆谆教诲:"予先,周室之

---

① 陈寅恪:《唐代政治史述论稿》,上海:上海古籍出版社,1997年,第13页。

太史也。自上世尝显功名于虞夏,典天官事。后世中衰,绝于予乎?汝复为太史,则续吾祖矣。今天子接千岁之统,封泰山,而予不得从行,是命也夫,命也夫。予死,汝必为太史,为太史毋忘吾所欲论著矣。且夫孝,始于事亲,中于事君,终于立身。扬名于后世,以显父母,此孝之大者。夫天下称诵周公,言其能论歌文、武之德,宣周、召之风,达太王、王季之思虑,爰及公刘,以尊后稷也。幽、厉之后,王道缺,礼乐衰,孔子修旧起废,论《诗》、《书》,作《春秋》,则学者至今则之。自获麟以来,四百有余岁,而诸侯相兼,史纪放绝。今汉兴,海内一统,明主贤君、忠臣义士,予为太史而不论载,废天下之史文,予甚惧焉,汝其念哉!"①司马迁最终完成了不朽的名著《史记》。

三国时期的政治家、军事家诸葛亮有著名的《诫子书》:"夫君子之行,静以修身,俭以养德。非淡泊无以明志,非宁静无以致远。夫静,欲学也。才,须学也。非学无以广才,非志无以成学。慆慢则不能研精,险躁则不能理性。"其中的"非淡泊无以明志,非宁静无以致远",早已成为千古名句。

三国另一军事家钟会五岁丧父,有其母张氏将其抚养长大,"年四岁授《孝经》,七岁诵《论语》,八岁诵《诗》,十岁诵《尚书》,十一诵《易》,十二诵《春秋左氏传》、《国语》,十三诵《周礼》、《礼记》,十四诵成侯《易记》,十五使入太学问四方奇文异训。"这可以看作当时世族教子的普遍进程。

(四)曲水流觞兰亭会以展示书法之美

中国早期家庭美育中的艺术教育是与伦理教育及礼乐教育分不开的,与自然美育也有关联。原始时期的图腾活动、祭祀活动经常伴随着歌、乐、舞,早期的巫、史等职业都是在家族内部相传承。春秋时期,人们重视诗、书、礼、乐及射、御等六艺,这同时也是家庭艺术教育的内容。

魏晋时期,书法艺术悄悄溜进人们审美意识的大门。很多世家大

---

① 司马迁:《史记》,北京:中华书局,1959年,第3309页。

族都非常重视书法艺术,琅琊王氏是当时世家大族最具典型性的代表,王氏家族在书法艺术方面取得的成就最引人注目,家族之中书法大家人才辈出。王羲之的父亲王旷,从父伯王敦、王导都是书法家,叔父王廙更是杰出,"画为晋明帝诗,书为右军法。"王导的儿子王恬、王洽擅长书法,以及孙子王珉也是书法名家。王羲之得到家庭的书法艺术传承,特别是王廙、卫夫人等书法大家的指导,再加上自己的天赋及刻苦练习,最终领悟了书法艺术的真谛,走上书法艺术的巅峰,《晋书》论其书法成就曰:"为古今之冠,论者称其笔势,以为飘若浮云,矫若惊龙。"①王羲之的儿子中很多都擅长书法,其中第七子王献之书法艺术成就最高,他"工草隶,善丹青。七八岁时学书,羲之密从后掣其笔不得,叹曰:'此儿后当复有大名'。"②王献之在书法艺术方面大胆创新,敢于突破,在其父亲书法艺术风格的基础上,另创"一笔书",被称为破体书法——大令体,父子二人并称"二王"。

在王氏家族的审美教育传统中,他们不会将家族子弟拘泥于对儒家经典生吞活剥式或者填鸭式的死记硬背,而是经常会参加一些轻松愉悦、亲近自然的集会,通过雅集活动潜移默化的对子女进行艺术感染教育,培养他们亲近自然、体味自然的审美能力,兰亭集会就是其中一个重要的典范。公元353年上巳日,即三月三这一天,雨过天晴,天朗气清,惠风和畅。王羲之带着儿子王凝之、王徽之、王操之等到山阴兰亭参加集会,这里环境清幽,文人们饮酒赋诗,流觞曲水,子女在这样的优美的山水环境与融洽的人文环境中自然潜移默化,受益良多。此次集会共有四十二人,王羲之为此次集会写《兰亭集序》,不仅具有很高的文学价值,更是书法中的绝品。王羲之酒酣微醺的状态下完成了《兰亭集序》,这是一种个体与自然融为一体的天人合一境界。王羲之将自身委寄于自然山水,而将对自然山水的观照,对人生的感悟超

① 房玄龄:《晋书》,北京:中华书局,1974年,第2093页。
② 同上书,第2105页。

越于山水上,在酒酣微醺后,以纯然澄明的心境,借用书法的笔墨形式自由的将内心的情感体验酣畅淋漓的进行表达。《兰亭序》在尽情的表达自己的审美愉悦与个人感悟之外,也对家族子弟寄予殷切的厚望,对他们的人生态度寄予终极关怀。《兰亭序》曰:"夫人之相与,俯仰一世,或取诸怀抱,悟言一室之内;或因寄所托,放浪形骸之外。虽趣舍万殊,静躁不同,当其欣于所遇,暂得己,快然自足,曾不知老之将至。及其所之既倦,情随事迁,感慨系之矣。向之所欣,俯仰之间,已为陈迹,犹不能不以之兴怀。况修短随化,终期于尽。古人云:'死生亦大矣。'岂不痛哉!"这是王羲之对人生的体悟,也是对孩子的人生态度的指引,人生如白驹过隙,忽忽而过,但不必感伤,应该积极抒发情怀,自由表达心迹,乐观自在的生活,与天地融为一体。王羲之对后代的这种教育方式不能不说是高明的。

颜之推的《颜氏家训》就很重视对子女的艺术教育。颜氏家族的艺术成就,在书法方面颇为著名。颜之推在《颜氏家训·杂艺》中提到自己幼年时期就继承了家传的书法艺术,也像高祖颜腾之、曾祖父颜炳、父亲颜协一样,在书法艺术方面获得了一定的造诣。

> 真草书迹,微须留意。江南谚云:"尺牍书疏,千里面目也。"承晋、宋余俗,相与事之,故无顿狼狈者。吾幼承门业,加性爱重,所见法书亦多,而玩习功夫颇至,遂不能佳者,良由无分故也。然而此艺不须过精。夫巧者劳而智者忧,常为人所役使,更觉为累;韦仲将遗戒,深有以也。①
>
> 王逸少风流才士,萧散名人,举世惟知其书,翻以能自蔽也。萧子云每叹曰:"吾著《齐书》,勒成一典,文章弘义,自谓可观;唯以笔迹得名,亦异事也。"王褒地胄清华,才学优敏,后虽入关,亦被礼遇。犹以书工,崎岖碑碣之间,辛苦笔砚之役,尝悔恨曰:"假

---

① 颜之推:《颜氏家训》,呼和浩特:内蒙古人民出版社,2011年,第251页。

使吾不知书,可不至今日邪?"以此观之,慎勿以书自命。虽然,厮猥之人,以能书拔擢者多矣。故道不同不相为谋也。①

颜之推认为,楷书、草书等书法艺术是需要我们加以留意的。颜之推还认为一个人的字体代表了这个人的风貌和德行,字如其人,人如其字,可见写一手好字是多么重要。

《颜氏家训》对家庭美育涉及内容不仅仅是书法,"上智不教而成,下愚虽教无益,中庸之人,不教不知也。古者,圣王有胎教之法:怀子三月,出居别宫,目不邪视,耳不妄听,音声滋味,以礼节之。书之玉版,藏诸金匮。……父子之严,不可以狎;骨肉之爱,不可以简。简则慈孝不接,狎则怠慢生焉。由命士以上,父子异宫,此不狎之道也;抑搔痒痛,悬衾箧枕,此不简之教也。或问曰:"陈亢喜闻君子之远其子,何谓也?"对曰:"有是也。盖君子之不亲教其子也,《诗》有讽刺之辞,《礼》有嫌疑之诫,《书》有悖乱之事,《春秋》有邪僻之讥,《易》有备物之象:皆非父子之可通言,故不亲授耳。"……人之爱子,罕亦能均;自古及今,此弊多矣。贤俊者自可赏爱,顽鲁者亦当矜怜,有偏宠者,虽欲以厚之,更所以祸之。共叔之死,母实为之。赵王之戮,父实使之。刘表之倾宗覆族,袁绍之地裂兵亡,可为灵龟明鉴。……齐朝有一士大夫,尝谓吾曰:"我有一儿,年已十七,颇晓书疏,教其鲜卑语及弹琵琶,稍欲通解,以此伏事公卿,无不宠爱,亦要事也。"吾时俯而不答。异哉,此人之教子也!若由此业,自致卿相,亦不愿汝曹为之。"②颜之推从胎教、严慈兼施、不亲教其子、注重气节几个方面阐释家庭人伦美育的内容。

(五)重视文章词曲的写作以陶冶性情之美

汉代重视文章的写作,汉赋达到极高的水平。文章写作能力的获

---

① 颜之推:《颜氏家训》,呼和浩特:内蒙古人民出版社,2011年,第258页。
② 同上书,第19页。

得，有些是得益于家庭美育的传授。司马迁秉承父命写成的《史记》，被鲁迅赞美为"史家之绝唱，无韵之离骚"。西汉末年刘向、刘歆父子校书秘阁，撰写《七略》、《别录》，刘向的《列女传》主要记载贤德女子的事迹，为后世培养女子高尚的情操树立了典范。蔡文姬是西汉末年著名学者蔡邕的女儿，博学能文，通晓音律，著有五言诗及骚体《悲愤诗》各一首，琴曲歌辞《胡笳十八拍》一篇。三国时曹操、曹丕、曹植父子三人，分别都有名作传世，更创造了文学的奇迹。

曹丕的《典论·论文》称文章为"经国之大业，不朽之盛事。"他把文章写作的意义提到前所未有的高度。刘勰《文心雕龙》把文章之美与自然之美结合起来，《原道》曰："文之为德也大矣，与天地并生者何哉！夫玄黄色杂，方圆体分，日月壁垒，以垂丽天之象，山川焕绮，以铺地理之形，此盖道之文也。仰观吐曜，俯察含章，高卑定位，故两仪既生矣，惟人参之，惟性所钟，是谓三才，为五行之秀，实天地之心，心生而言立，言立而文明，自然之道也。"①文章之道与天地自然同道，与天地万物合为一体。

普通士大夫家庭或家族重视家庭或家族成员的美育教育，是中国古代文化得以传承的重要一环。

二、我国传统家庭美育的方法

中国传统家庭之所以重视对子孙后代美育的培养，是希望塑造他们的良好的人格，把他们塑造成彬彬有礼的君子。颜之推在《颜氏家训》中谈到艺术的强烈感染力，把文学、书法、音乐等艺术形式列为审美教育的内容，但并不是要求子孙后代精通此道，以此为业，而是通过这些艺术形式对其进行精神方面的熏陶、艺术的感染而非纯技艺或技能的培训。这些艺术感染对完美君子人格的塑造起到锦上添花的辅助作用，只是修身养性的手段，而非终极目的。中国这种传统家庭美

---

① 刘勰:《文心雕龙校注拾遗》，杨明照校注，北京:中华书局，1959年，第12页。

育思想到民国时期发生了重大的变化。这种变化与此时期在美育方面有理论及实践建树的学者如蔡元培、王国维、梁启超等吸收西方美育思想有很大的关系。

民国时期很多教育家、美育家逐渐把眼光投向救国救民的社会活动中,他们吸收西方的美学思想,与中国传统的美育思想相结合,提出了很多新的家庭美育方法。在中西文化的融合中,王国维与蔡元培的美育思想值得关注,与其说他们的美育方法受到过西方美育思想的影响,不如说他们的说法与中国传统的美育方法更接近。我们可以从他们提到的美育方法中总结出中国传统家庭美育的方法,其方法大致有以下几个方面:注重三育并举,艺术是实现美育的主要手段,家庭美育注重情感教育,以美育代宗教。

(一)注重三育并举

王国维(1877—1927),字静安,号观堂,浙江海宁人。生平著作有62种,大多收入《海宁王静安先生遗书》,其他考证等文章收入《观堂集林》,王国维融汇中西学术思想,他与美育相关的论著《曲录》、《宋元戏曲考》、《人间词话》、《红楼梦评论》、《孔子之美育主义》等都有深厚的西学背景。

王国维主张培育"完全之人物"为美育的目的。所谓"完全之人物"即为全面发展之人物。王国维在《论教育之宗旨》一文中指出,"完全之人物"的教育包括身心两方面的教育,身体方面的强健即通过体育以达目的;心灵方面的教育(心育)根据康德的分法,分为知力、意志、情感三方面,分别与真、善、美相对应而有智育、德育、美育三个部分,美育是心灵教育的重要组成部分之一。王国维早年受康德、叔本华哲学影响很大,他的美育思想也有这方面的痕迹。王国维认为,人的心理由三要素构成,美育即情感的教育,也称"情育","完全之人物,精神与身体必不可不为调和之发达。而精神之中又可分为三部:知力、感情及意志是也。对此三者而有真善美之理想:'真'者知力之理想,'美'者感情之理想,'善'者意志之理想也。完全之人物不可以不备真善美之三德,欲达此理想,于是教育之事起。教育之事亦分为三部:智育、德育、美育是也。"①王国维此时很强调三育并举,才能造就完全之人物。

王国维继承康德的看法,把人的心理分为知情意三个部分,知的教育属于智育,意的教育属于德育,情育则属于美育,或者说"美育即情育。"当然,三者之间既有相对的独立性,又有渗透性,相互交错,不可分离。

(二) 善于以艺术为载体

王国维认为艺术是实现美育的主要手段。艺术可以"发表人类全体之情感",可以对智育之干燥与德育之严肃,提供纯粹之快乐,疗救人们在现实世界的受伤的身心,得到慰藉和安息。所以王国维继承席勒的精神游戏说,在《人间嗜好之研究》一文中认为艺术具有精神游戏的性质。

> 若夫最高尚之嗜好如文学美术,亦不外势力之欲之发表。希尔列尔(席勒)既谓儿童之游戏存于用剩余之势力矣,文学美术亦不过成人之精神的游戏,故其渊源存于剩余之势力,无可疑也。且吾人内界之思想感情,平时不能语诸人或不能以庄语表之者,于文学中以无人与我一定之关系故,故得倾倒而出之。易言以明之,吾人之势力所不能于实际表出者,得以游戏表出之是也。若夫真正之大诗人,则又以人类之感情,彼其势力充实不可以已,遂不以发表自己之感情为满足,更进而欲发表全体之感情。彼之著作实为人类全体之喉舌,而读者于此得闻其悲欢啼笑之声,遂觉自己之势力亦为之发扬而不能自已。故自文学言之,创作与鉴赏之二方面,亦皆依此势力之欲为之根柢也。文学既然,他美术何独不然?②

① 王国维:《王国维文学美学论著集》,周锡山评校,上海:上海书店,2018 年,第103 页。

② 北京大学哲学系美学教研室编:《中国美学史资料选编》,下册,北京:中华书局,1981 年,第441 页。

席勒的美学思想是对康德美学思想的继承。康德的《纯粹理性批判》解决的是知力（理性）的问题,《实践理性批判》解决的是意志自由（道德）的问题,那么,在理性与道德之间有没有张力呢？康德的《判断力批判》解决了这个问题,他用审美判断力将纯粹理性和实践理性连接了起来。天才创造的艺术之美高于自然之美。

王国维继承康德的思想,在《红楼梦评论》中说:"夫自然界之物,无不与吾人有利害关系;纵非直接,亦必间接相互关系者也。苟吾人而能忘物与我之关系观物,则夫自然界之山明水媚,鸟飞花落,故无往而非华胥之国,极乐之土地。岂独自然界而已？人类之言语动作,悲欢啼笑,孰非美之对象乎？然此物既与吾人有利害之关系,而吾人欲强离其关系而观之,自非天才,岂易及此？于是无才者出,以其所观于自然人生中者复现于美术中,而使中智以下之人,亦因其物之与己无关系,而超然于利害之外。……故美术之为物,欲者不观,观者不欲。而艺术之美所以优于自然之美者,全存于使人易忘物我之关系也。"[1]

物我关系与王国维经常使用的美育词语"有我之境"、"无我之境"、"写境"、"造境"等密切相关。

"有我之境,以我观物,故物皆著我之色彩。无我之境,以物观物,故不知何者为我,何者为物。"[2]故"无我之境,人惟于静中得之。有我之境,于由动之静时得之。故一优美,一宏壮也。"[3]"无我之境"属于"优美"的审美范畴,"有我之境"属于"壮美"的审美范畴。

王国维认为:艺术创作"有造境,有写境,此理想与写实二派之所由分。然二者颇难分别。因大诗人所造之境,必合乎自然,所写之境,亦必临于理想故也。"[4]"写实"（写境、现实）与"造境"（写心、理想）之间你中有我,我中有你,扑朔迷离,实难细分。

---

① 北京大学哲学系美学教研室编:《中国美学史资料选编》,北京:中华书局,1981年,第434页。

②③ 王国维:《人间词话》,北京:人民文学出版社,1961年,第191页。

④ 同上书,第192页。

自然中之物,互相关系,互相限制。然其写之于文学及美术中也,必遗其关系、限制之处,故虽写实家,亦理想家也。又虽如何虚构之境,其材料必求之于自然,而其构造,亦必从自然之法则。故虽理学家,亦写实家也。①

王国维受康德的影响,认为美具有一种超功利的性质,而艺术品又可以让审美者的心中荡起美好的涟漪,撑起双桨,驶向美好的"忘却物我关系"的彼岸,摆脱痛苦,获得解脱。王国维在《古雅之在美学上之位置》一文中说:

> 美之性质,一言以蔽之,曰:可爱玩而不可利用者是已。虽物之美者,有时亦足供吾人之利用,但人之视为美时,决不计及其可利用之点。其性质如是,故其价值亦存于美之自身,而不存乎其外。②

> 一切之美,皆形式之美也。就美之自身言之,则一切优美皆存于形式之对称、变化及调和。至宏壮之对象,汗德(康德)虽谓之无形式,然以此种无形式之形式,能唤起宏壮之情,故谓之形式之一种,无不可也。③

这里,王国维指出美的非功利、非物欲性质,明显来自康德的"审美无功利"论。王国维继承此论之后,进一步探讨了审美的"无形式之形式"。此种"无形式之形式"能达到"物我化一"之境,是将康德的"审美无功利"论和叔本华的天才论有机地结合了起来。王国维还提出了"三种之境界"说:

> 古今成大事业、大学问者,必经过三种之境界:"昨夜西风凋

---

① 王国维:《人间词话》,北京:人民文学出版社,1961 年,第 192 页。
②③ 王国维:《王国维遗书》(第五册),上海:商务印书馆,1940 年,第 23 页。

碧树,独上高楼,望尽天涯路。"此第一境也。"衣带渐宽终不悔,为伊消得人憔悴。"此第二境也。"众里寻他千百度,蓦然回首,那人却在,灯火阑珊处。"此第三境也。[①]

王国维不仅看到了美的无功利性,同时他结合中国传统"无用之用"的观点,既要欣赏美的纯粹性(非功利性),又要看到美的巨大的社会功利性。

王国维对美的探索,至此并没有止步。王国维于1898年入东文学社,由日本教员田冈佐代治引导始知康德,至1903年春得以研读康德,但苦其不可读,转读叔本华之书,由叔本华的《知识论》得以上窥康德之《纯粹理性批判》。在1904年间,王国维发现叔本华学说的矛盾之处,他用叔本华的"生命意志说"来解读《红楼梦》,撰写成《红楼梦评论》。"生活的本质何? 欲而已矣。""欲"是人生痛苦的根源,"故欲与生活,与苦痛,三者一而已矣。"王国维所说"欲"即叔本华的"生命意志"。人生苦痛的原因,正是因为人人有"欲"。解脱之道,非美术无以当之。他在《红楼梦评论》中说:"美术之务,在描写人生之苦痛与其解脱之道,而使吾侪冯生之徒,于此桎梏之世界中,离此生活之欲之争斗,而得其暂时之平和,此一切美术之目的。"[②]王国维认为,在我国之文学作品中,只有《桃花扇》与《红楼梦》具有厌世解脱的精神,但《桃花扇》借侯方域、李香君之事,抒写故国之恨,并非为描写人生而作,故非真解脱。只有《红楼梦》因描写生命意志之苦痛而求解脱,才是真解脱。但王国维发现叔本华的解脱说,有自相矛盾之处。他在《红楼梦评论》中已发觉这个问题。王国维认为,叔本华的最高理想在于解脱。但叔本华只谈一人之解脱,而不谈一切人类与万物的解脱。一个人的生命意志与人类及万物在根本上是统一的。如果一切人类及万物均

---

① 王国维:《人间词话》,北京:人民文学出版社,1961年,第203页。
② 北京大学哲学系美学教研室编:《中国美学史资料选编》,北京:中华书局,1981年,第421页。

不拒绝生命意志,而不能全部解脱的话,那么,一个人不可能脱离一切人类及万物而独自得到解脱。此后,王国维由叔本华而转向尼采,在《叔本华与尼采》一文中,虽然两人都承认意志是人性的根本,叔本华强调的是要灭绝意志,尼采则是赞赏意志。尼采说:"欲寂灭此意志者,亦一意志也。"叔本华认为只有天才才能深切地感受到生命意志带来的苦痛,从而寂灭之。尼采将叔本华的"天才论"改为"超人说","超人说"把叔本华的"生命意志"发展成为"权力意志"。所谓"权力意志",是指人把追求权力,要求统治一切事物以实现自我扩张、自我超越的意志,他的本性不是寂灭,而是自强不息,喷薄而出,不是在苦痛的轮回中寂灭欲念,而是在奋发有为中享受权力意志带来的快乐,陶醉在酒神狄奥尼索斯的狂热之中。这样的超人,具有尼采所膜拜理想的人格。尼采认为,"超人"应该取代上帝的位置而成为新的膜拜对象。"上帝已死:现在我们盼望着——超人生存!"①尼采一方面在本体论层面肯定权力意志为人的本质,在伦理学上张扬权力意志,避免了叔本华在本体论与伦理学的相互背离,而达到了两者的相互一致。这样积极的"解脱"要比叔本华消极的解脱更胜一筹。王国维在《宋元戏曲史》中对于悲剧的分析正基于此:"明以后,传奇无非喜剧,而元则有悲剧在其中。就其存者言之:如《汉宫秋》、《梧桐雨》、《西蜀梦》、《火烧介子推》、《张千替杀妻》等,初无所谓先离后合,始困终亨之事也。其最有悲剧之性质者,则如关汉卿之《窦娥冤》、纪君祥之《赵氏孤儿》。剧中虽有恶人交构其间,而其蹈汤赴火者,仍出于其主人翁之意志,即列于世界大悲剧中,亦无愧色也。"②元杂剧中的代表作《窦娥冤》及《赵氏孤儿》的悲剧性质不在个人的命运,不在个人的性格,而在彰显主人翁的意志。什么大义灭亲、杀身成仁等在"超人"的"权力意志"面

---

① ［德］尼采:《查拉特斯图拉如是说》,尹溟译,北京:文化艺术出版社1987年,第138页。
② 王国维:《王国维学术经典集》,干春松、孟彦弘编,南昌:江西人民出版社,1997年,第281—282页。

前都成第二位的了。

王国维的美育思想对其子女的美育教育产生了重要影响。王仲闻是王国维子女中的佼佼者,他在诗词上取得的成就与其家学有密切的关系。

(三)注重情感浸入共鸣

蔡元培(1868—1940),字鹤卿,号子民,浙江绍兴人。民国后,曾任南京临时政府教育总长和北京大学校长,主张"以美育代宗教"。蔡威廉是蔡元培的女儿,有家学渊源,曾随父到过法国、德国和比利时留学,专攻油画,毕业后供职于国立杭州艺专,是二十世纪中国重要的油画画家,也是早期美术教育家。

1795 年,德国美学家席勒的《美育书简》出版,正式提出美育的概念。蔡元培说:"及十八世纪,经鲍姆加登与康德之研究,而美学成立。经席勒尔详论美育之作用,而美育之标识,始彰明较著矣。"①"美育的名词,是民国元年我从德文的 Astheticche Erziehung 译出,为从前所未有。"②"美育"一词最早是由蔡元培翻译而来的。而对美育一词的内涵和外延,蔡元培在不同的时期,有过不同的论述。

1901 年,蔡元培在《哲学总论》一文中说:"美育者教情感之应用是也。……心理学虽心象之学,而心象有情感、智力、意志之三种。心理学者,考定此各种之性质、作用而已,故为理论学。其说此各种之应用,为论理、伦理、审美之三学。伦理学说心象中意志之应用;伦理学示智力之应用;审美学论情感之应用。故此三学者,为适合心理学之理论于实地,而称应用学也。其他有教育学之一科,则亦心理之应用,即教育学中,智育者教智力之应用,德育者教意志之应用,美育者教情感之应用是也。"③与王国维一样,蔡元培也受到康德哲学的影响,把人的心理分为知、意、情三部分,知育涉及的是人的智力教育,意志涉

① 蔡元培:《蔡元培美育论集》,高平叔编,长沙:湖南教育出版社,1987 年,第 209 页。
② 同上书,第 216 页。
③ 蔡元培:《蔡元培全集》(第一卷),中国蔡元培研究会编,杭州:浙江教育出版社,1997 年,第 357 页。

及的是德育教育,美育涉及的是情感问题。显然,这种划分是粗线条的,对于美育如何作用于情感则没有详论。1930 年,蔡元培为《教育大辞书》撰写条目,对美育的内涵的界定是:"美育者应用美学之理论于教育,以陶养感情为目的者也。……顾欲行为之适当,必有两方面之准备:一方面,计较利害考察因果,以冷静之头脑判定之;凡保身卫国之德,属于此类,赖智育之助。又一方面,不顾祸福,不计生死,以热烈感情奔赴之;凡与人同乐,舍己为群之德,属于此类,赖美育之助者也。所以美育者,与智育相辅而行,以图德育之完成者也。"这里强调了美育的情感教育的特征,即其最终目的是为了陶养感情。1931 年,蔡元培在《美育与人生》一文中,再次揭示美育的内涵:"人人都有感情,而并非都有伟大而高尚的行为,这由于感情推动力的薄弱。要转弱而为强,转薄而为厚,有待于陶养。陶养的工具,为美的对象,陶养的作用,叫做美育。"①美的对象是客观存在的外在事物,陶养的作用要通过审美主体调动内在的情感体验和审美能力去感受、鉴赏审美对象的美,这样就达到了美育的作用。在《美育代宗教》一文中说:"我之所以不用美术而用美育者,一因范围不同。欧洲人所设立之美术学校,往往只有建筑、雕刻、图画等科,并音乐、文学,亦未列入;而所谓美育,则自上列五种外,美术馆的设置,剧场与影戏院的管理,园林的点缀,公墓的经营,市乡的布置,个人的谈话与容止,社会的组织与演进,凡有美化的程度者均在所包;而自然之美,尤供利用;都不是美术二字所能保举的。二因作用不同,凡年龄的长幼,习惯的差别,受教育程度的深浅,都令人审美观念互不相同。"②这里,蔡元培通过对美育与美术区别的论述,对美育的外延进行了规定,美育的范围非常广,从时间上来说,"一直从未生以前,说到既死之后,可以休了",包含人的一生;从空间上看,凡能对人的情感进行陶养的一切对象,都包含在内。

---

① 蔡元培:《蔡元培美育论集》,高平叔编,长沙:湖南教育出版社,1987 年,第 266 页。
② 同上书,第 206 页。

（四）以美育代宗教

"以美育代宗教说"的首次提出，是蔡元培于1917年4月在北京神州学会演讲时阐述的。此后，他在多种场合反复强调此说，要"以美育代宗教"。蔡元培为什么要坚持"以美育代宗教"呢？

首先，"以美育代宗教"适合中国的国情。中国经过腐朽的晚清政府的统治及外国列强的蹂躏，使国人认识到只有改变愚昧落后的国民精神，培养具有高尚精神追求的一代新人，才是未来中国的出路。有人趁机提出"宗教救赎论"，认为只有佛教、道教或基督教才能改变中国的现状。谭嗣同、梁启超及章太炎就是坚定的佛教救赎论支持者。蔡元培对此的分析是："吾人赴外国后，见其人不但学术政事优于我，即品行风俗亦优于我，求其故而不得，则曰是宗教为之。反观国内，黑暗腐败，不可救疗，则曰是无信仰为之。于是或信从基督教。……皆不明因果之言也。彼俗化之美，仍由于教育普及，科学发达，法律完备。人人于因果律知之甚明，何者行之而有利，何者行之而有害，辨别之甚析，故多数人率循正轨耳。于宗教何与？至于社会上一部分之黑暗，何国蔑有，不可以观察未周而为悬断也。质言之，道德与宗教，渺不相涉。"[1]康有为倡导"孔教运动"，开设孔教会，尊崇孔子，按照西方的宗教理论和宗教标准，对孔教的外在形式进行粉饰和改造，提倡"孔教即国教"，得到袁世凯的大力支持。蔡元培在《信教自由会之演说》中对此抨击道："宗教是宗教，孔子是孔子，国家是国家，各有范围，不能并作一谈。"孔教二字不能成一名词。"国家自国家，宗教自宗教"，"国教"二字也不能成为一名词。蔡元培极力反对孔教会的尊孔复古的活动。在此背景下，蔡元培提出了"以美育代宗教"的主张。蔡元培还对中西方美育的发展状况作了对比："中国古代教育，礼、乐并重。后来不重视乐了，所以音乐不进步。又如图画及陶器、刺绣等，虽有时代曾著特色，但没有专门教育的机关，所以停滞了。欧洲近代各种美

---

① 蔡元培：《蔡元培全集》（第三卷），高平叔编，北京：中华书局，1984年，第28页。

术都有教育机关,所以进步很快。且他们科学的教育比我们进步,普通的人对于光线、空气、远景的差别,都很注意,所以美术上也成为公则。我们的教育重模仿古人,重通式,美术也是这样。他们教育上重创造,重发展个性,所以美术上也时创新派,也注重表示个性。"①中国传统文化中有鲜明的非宗教精神,他认为"中国自来在历史上便与宗教没有什么深切的关系,也未尝感非有宗教不可的必要。将来的中国,当然是向新的和完美的方向进行,各人有一种哲学主义的信仰。在这个时候,与宗教的关系,当然更薄弱,或竟至无宗教的存在。所以将来的中国,也是同将来的人类一样,是没有宗教存在的余地的。"②蔡元培在《论孔子的精神生活》一文中,认为孔子的精神除了仁、智、勇三者之外,还有两点就是毫无宗教的迷信和利用美术的陶养。蔡元培"以美术代宗教"的思想无疑受到孔子思想的影响。

蔡元培受西方美学美育思想的影响更为强烈,他一生出国五次,累计几近十二年。蔡元培受康德、席勒的美学思想的影响很大。蔡元培接受康德的现象与物自体思想,也把世界分为现象世界和实体世界,康德的物自体是不可知的,蔡元培却认为可以通过审美给二者架设桥梁。蔡元培把康德在《判断力批判》中揭示的美感的四大性质:审美无利害,无概念的普遍性,无目的和目的性和无概念的必然性。蔡元培将此四个特征用"超脱、普遍、有则、必然"来加以分别概括。关于审美的普遍性,蔡元培理解为:"盖以美为普遍性,决无人我差别之见能参与其中。食物之入我口,不能兼果他人之腹;衣服之在我身者,不能兼供他人之温,以其非普遍性也。美则不然。即如北京左近之西山,我游之,人亦游之,我无损人,人亦无损于我。隔千里兮共明月,我与人均不得而私之……所谓独乐乐不如与人乐乐,与寡乐乐不如与众

---

① 蔡元培:《蔡元培全集》(第四卷),中国蔡元培研究会编,杭州:浙江教育出版社,1997年,第30页。

② 同上书,第70页。

乐乐,美之为普遍性可知矣。"①

蔡元培很重视审美的"超脱性",康德在《判断力批判》中说:"美是无一切利害关系的对象。因为人自觉到对那愉快的对象于他是无任何利害关系时,他就不能不断定这对象必具有使每个人愉快的根据。因为她既然不是根据主体的任何偏爱(也不是基于任何其他一种经过考虑的厉害感),而是判断者在他对于这种愉快时,感到自己是完全自由的;于是他就不能找到私人的只和他的主体有关的条件作为这愉快的根据,因此必须认为这种愉快是根据他所设想人人共有的东西。结果他必须相信他有理由设想每个人都同感到此愉快。"②蔡元培发展了康德关于美的超越功利,超越个人得失而进入自由的世界的思想。"马、牛,人之所利用者,而戴嵩所画之牛,韩干所画之马,决无对之而作服乘之想者。狮、虎,人之所畏也,而卢沟桥之石狮,神虎桥之石虎,决无对之而生搏噬之恐者。植物之花,所以成实也,而吾人赏花,决非作果实可食之想。善歌之鸟,恒非食品。灿烂之蛇,多含毒液,而以审美之观念对之,其价值自若。美色,人之所好也,对希腊之裸像,决不敢作龙阳之想。对拉若尔·鲁滨司之裸体画,决不敢有周防秘戏图之想。盖美之超绝实际也如是。"③

席勒的《美育书简》发展了康德哲学与美学思想。他认为,审美教育可以解决政治自由问题:"我们为了在经验中解决政治问题,就必须通过审美教育的途径,因为正是通过美,人们才能达到自由。"④席勒通过审美教育来解决政治自由问题的想法,让蔡元培看到了希望。可以说,蔡元培的"以美育代宗教"思想基本上是受席勒思想的影响而产生的。

与美育的自由相比,宗教反而是不自由的,会有很多的限制。所

---

① 蔡元培:《蔡元培全集》(第三卷),高平叔编,北京:中华书局,1984年,第33页。
② [德]康德:《判断力批判》,韦卓民译,上海:商务印书馆,1987年,第48页。
③ 蔡元培:《蔡元培全集》(第三卷),高平叔编,北京:中华书局,1984年,第33—34页。
④ [德]席勒:《美育书简》,徐恒醇译,北京:中国文联出版公司,1984年,第39页。

以，美育可以代宗教，而宗教不能代美育。蔡元培在《美育代宗教》一文中说："有了美育，宗教可不可代美育呢？我个人以为不对，因为宗教上的美育材料有限制，而美育无限制，美育应该绝对的自由，以调养人的感情。……美育要完全独立，才可以保有它的地位，在宗教专制之下，审美总不很自由。所以用宗教代美育是不可以的。还有，美育是整个的，一时代有一时代的美育。……美育是普及的，而宗教则有界限。……美育不要有界限，要能独立，要很自由，所以宗教可以去掉。"①

蔡元培"以美育代宗教"思想的来源是多方面的，不仅包含了中国古代的美育传统、非宗教精神，而且还吸收了西方康德、席勒等人的美育理论。

蔡元培主张将美育纳入国家的教育方针。1912 年 9 月，蔡元培时任教育总长，北京教育部颁发了《教育宗旨令》，提出了军国民教育、实利主义教育、公民道德教育、世界观教育与美感教育，这就是著名的五育并举的教育思想，也是第一次将世界观教育、美感教育写进国家的教育方针。蔡元培在《对于教育方针之意见》说："五者，皆今日之教育不可偏废者也。军国民主义，实利主义，德育主义三者，为隶属于政治之教育。（吾国古代道德教育，则间有涉世界观者，当分别论之。）世界观、美育主义二者，为超轶政治之教育。"②前三者隶属于政治教育，而后两者则是超越政治的教育，超越政治则可通往政治自由之途。蔡元培对五者的关系还用譬喻来给予形象化的说明："譬之人身，军国民主义者，筋骨也，用以自卫；实利主义者，胃肠也，用以营养，公民道德者，呼吸循环机也，周贯全体；美育者，神经系也，所以传导；世界观者，心理作用也，附丽于神经系而无迹象之求。此即五者不可偏废之理也。"③美感教育为何如此重要呢？

---

① 蔡元培：《蔡元培美学文选》，北京：北京大学出版社，1983 年，第 163—164 页。
② 同上书，第 5—6 页。
③ 蔡元培：《蔡元培全集》（第二卷），高平叔编，北京：中华书局，1984 年，第 135 页。

世界观教育,非可以旦旦而聒之也。且其与现象世界之关系,又非可以枯槁单简之言说袭而取之也。然则何道之由?曰美感之教育。美感者,合美丽与尊严而言之,介乎现象世界与实体世界之间而为津梁。

纯粹之美育,所以陶养吾人之感情,使由高尚纯洁之习惯,而使人我之见、利己损人之思念,以渐消沮也。

故教育家欲由现象世界而引以到达于实体世界之观念,不可不用美感之教育。[①]

提出美育,因为美感具有普遍性,可以破人我彼此的偏见;美感具有超越性,可以破生死利害的顾忌,在教育上应特别注重。

所以美育者,与智育相辅而行,以图德育之完成者也。[②]

蔡元培重视美育,把他写进国家的教育方针,这不仅是由美育自身的性质决定的,美育还可以救治当时的社会弊病,提高教育质量,实现其"教育救国"的教育理想,使国人都具有良好的道德品质。

蔡元培认为,人的一生都与美育有关,他把美育实施的范围分为:家庭美育、学校美育、社会美育三个方面。美育关系一个人的一生,人在不同的时期、不同的环境下接受不同内涵和形式的美育,但他们之间又是互相联系,互相补充的。

除了王国维、蔡元培提出一些美育理论外,民国时期成立了中华美育会,并创办了《美育》月刊。中华美育会的负责人吴梦非写过《女子对于家庭美育的责任》一文,主张把旧式家庭进行改革,使它具有一种美的组织、美的经营方式。女子对于家庭,比男子更为接近,所以家庭美育的责任,女子比男子格外重。家庭美育可以分赏玩和创造两个部分。

王国维的美学理论充满形而上学的玄思,蔡元培、吴梦非等人主

---

① 蔡元培:《蔡元培全集》(第二卷),高平叔编,北京:中华书局,1984年,第134页。
② 蔡元培:《蔡元培全集》(第四卷),北京:线装书局,2009年,第283页。

张把家庭美育与学校美育、社会美育结合起来，这给家庭美育的实践指明了路径，使家庭美育更积极地走向公众视野，与现代家庭美育思想更为接轨。

除了蔡元培、王国维等美育大家外，胡适、陶行知等推行实用主义美育观，晏阳初提倡平民主义美育观，梁启超宣扬改良主义美育观，徐志摩、陈源等倡导自由主义美育观等，这些美育思想竞相宣传，轩轾分明，各言其是，互相争鸣。

第三节　我国传统家庭美育的现代教育价值

在所有家庭教育活动中，家庭美育能够触及人类精神活动的各个层面，能够促进人格的整体发展。家庭美育有其独特的目标结构，其活动特征也与其他家庭教育活动有很多不同的地方。家庭美育教育不仅需要感觉、情绪等的直观活动，也有赖于理性的参与，可以说是需要家庭成员的全部精神力量的投入。家庭美育对于培养家庭继承人的审美能力，美感价值感受力和创造力，有很大的帮助。这些正是古今中外的人们都很重视家庭美育的原因，将家庭美育看作人生发展中必不可少的一部分，将其看作实现完美人生目的的必要手段。家庭美育在个人人格完善中占有重要的地位。家庭美育既要与人的高等精神活动相联系，也要有很强的实践能力，两者缺一不可。

中国现代美育教育不是凭空产生的，它不仅吸收了最前沿的理论体系和理论成果，而且继承了中国传统家庭美育中的基本原则与方法。中国传统家庭美育在现代要想能够成功转型，需要吸取中国古代家庭美育的优良传统，以推动现代家庭美育的完善与发展，其具体做法有以下三个方面：中国现代家庭美育要注重吸收中国传统家庭美育的哲理思辨色彩；要注重吸收中国传统家庭美育重视艺术熏染的方法；同时，中国现代家庭美育要与马克思主义美育思想密切结合。

一、我国现代家庭美育要注重吸收中国传统家庭美育哲理思辨色彩

所谓哲理思辨,就是在实施家庭美育的过程中,注重与美学家进行对话。思考美学家提出的问题,提高受教育者的关于美学的哲理思辨的能力。我国的孔子早已提出"兴于诗、立于礼、成于乐"的美育主张,希望以艺术的陶冶来培养完美的人格。

在美育理论方面,西方席勒的游戏说影响较大。席勒之所以提出此说,与当时他所处的德国的政治局势动荡不无关系。席勒的出发点是找出人怎样才能获得真正的自由。他认为人性中有两种矛盾的力量发生作用:一是感觉的力量,受情欲的支配;一是智性的力量,受规律的支配;两者皆无自由可言。但人有一种游戏冲动,能把此二者结合起来,回到"绝对""整体",不受情欲与规律的限制,所以有真正的自由,而这里提到的冲动的对象就是美,因此只有通过美感教育才有改革社会的条件。

席勒也是在哲理思辨的基础上,提出了自己的学说。

李泽厚说:"从哲学的角度对美和艺术进行探讨,在二十世纪以前,基本上是西方美学的主流。有意思的是,在美学史上占最为显赫地位的,常常是哲学家。美学上最为重要的理论也常常是从哲学的角度提出的,如柏拉图、康德、黑格尔、克罗齐、杜威等等。这种美学经常只是作为某种哲学思想或体系的一个部分或方面,从哲学上提出了有关美或艺术的某种根本观点,从而支配、影响了整个美学领域的各个问题,使人们得到崭新的启发或观念。"①李泽厚很重视哲学美学,向往哲学美学给人世间带来的诗意的人生。

中国古代很重视审美主体的艺术素养、审美能力,庄子的"心斋"说,孟子的"养气"说,及"心性"说,"才情"说,"才胆识力"说等,都强调

---

① 李泽厚:《美学四讲》(插图珍藏本),桂林:广西师范大学出版社,2001年,第19页。

内在的修养是审美的心理条件。东晋葛洪认为："是以偏嗜酸咸者，莫能知其味；用思有限者，不能得其神也"，如果"以常情览巨异，以褊量测无涯，以至粗求至精，以甚浅揣甚深，虽始自髫龀，讫于振素，犹不得也。"清代魏禧提出了"积理练识"论，认为审美和"为文之道"，"在于积理而练识"，因为耳闻目见，皆有所以然之理，故积理需广博，犹如"富人积财"，多多益善，"练识如炼金"，精益求精，方能把握大千世界的美。

审美主体感于物而诱发自由的想象与联想，是审美创造（不一定是现成的艺术品）的心理条件。孔子提出的"引譬连类"、"举一而返三隅"，庄子注重的"乘物以游心"，已谈到主体的能动性对于审美的意义。西晋陆机开始论述审美和艺术构思中想象活动超越时空的特征，他在《文赋》中说："收视反听，耽思傍讯，精骛八极，心游万仞"，"观古今于须臾，抚四海于一瞬"，"罄澄心以凝思，眇众虑而为言，笼天地于形内，挫万物于笔端。"

刘勰在《文心雕龙》中更提出了"神思"说："行在江海之上，心存魏阙之下，神思之谓也。文之思也，其神远矣。故寂然凝虑，思接千载；悄然动容，视通万里"。①

古今中外的艺术家、美学家都很重视对受教育者进行哲理思辨的训练。

二、我国现代家庭美育要注重吸收中国传统家庭美育重视艺术熏染的方法

中国古代对于艺术的功能的认识，不像西方那样着重"认知"、"模仿"、"再现"，而是重视"写意"、"言志"、"缘情"等，所以艺术审美、艺术美育也不限于认识、接受，而是强调体验、感悟、再造，在接受对象、改造对象、同对象的默然契合中怡情悦性，使性情合乎礼仪规范。因此，

---

①　刘勰：《文心雕龙校注拾遗》，杨明照校注，北京：中华书局，1959年，第230页。

怡情悦性的艺术熏染的过程，也是政治伦理教化的过程，是人的完美人格形成的过程。艺术熏染的途径有以下几个方面。

诗以言志的熏染。《尚书》首倡"诗言志"说。"诗言志"的字面意思即是"诗以言志"。《诗经》首篇《关雎》："关关雎鸠，在河之洲。窈窕淑女，君子好逑。参差荇菜，左右流之。窈窕淑女，寤寐求之。求之不得，寤寐思服。悠哉悠哉，辗转反侧。参差荇菜，左右采之。窈窕淑女，琴瑟友之。参差荇菜，左右芼之。窈窕淑女，钟鼓乐之。"这首诗最主要的是第一句，诗句的表面意思是在那河中小岛上，可以听见雎鸠婉转优美的歌唱之声。那善良又美丽的少女是小伙子梦寐以求的追求对象。这首使用了比兴的手法。朱熹认为："兴者，先言他物以引起所咏之词也。周之文王生有圣德，又得圣女姒氏以为之配。宫中之人，于其始至，见其有幽娴贞静之德，故作是诗。言彼关关然之雎鸠，则相与和鸣于河洲之上矣。此窈窕之淑女，则岂非君子之善匹乎。言其相与和乐而恭敬，亦若雎鸠之情挚而有别也。后凡言兴者，其文意皆放此云。汉康衡曰，窈窕淑女，君子好逑，言能致其贞淑，不贰其操，情欲之感无介乎容仪，宴私之意不平动静。夫然后可以配至尊而为宗庙主。此纲纪之首，王教之端也。"①后世君子选择配偶时，特别是君王选择妃子，那女子不但外表美丽，还要内心善良贤淑，忠贞不贰，对自己的夫君感情深挚。朱熹认为只有这样才是符合人伦道德的，而且这也是人伦道德的根本和基础。在《关雎》之中，虽然是小伙钟情于女子，但他的这种行为是符合人伦道德的，符合道德就是美的。我们读诗要体会诗歌所言之志。

情采的熏染。艺术表现和感染人的情感。《乐记》认为"乐者，音之所由生也，其本在人心之感于物也。""情动于中，故形于声，声成文，谓之音。"陆机刘勰在《文心雕龙》的《情采》篇说："圣贤书辞，总称文章，非采而何？夫水性虚而沦漪结，木体实而花萼振，文附质也。"虎豹

---

① 朱熹：《诗集传》，长沙：岳麓书社，1989 年，第 2 页。

无文,则鞟同犬羊;犀兕有皮,而色资丹漆,质待文也。若乃综述性灵,敷写器象,镂心鸟迹之中,织辞渔网之上,其为彪炳,缛采名矣。故立文之道,其理有三:一曰形文,五色是也;二曰声文,五音是也;三曰情文,五性是也。五色杂而成黼黻,五音比而成韶夏,五性发而为辞章,神理之数也。《孝经》垂典,丧言不文;故知君子常言,未尝质也。老子疾伪,故称'美言不信',而五千精妙,则非弃美矣。庄周云'辩雕万物',谓藻饰也。韩非云'艳乎辩说',谓绮丽也。绮丽以艳说,藻饰以辩雕,文辞之变,于斯极矣。研味《孝》《老》,则知文质附乎性情;详览《庄》《韩》,则见华实过乎淫侈。若择源于泾渭之流,按辔于邪正之路,亦可以驭文采矣。夫铅黛所以饰容,而盼倩生于淑姿;文采所以饰言,而辩丽本于情性。故情者文之经,辞者理之纬;经正而后纬成,理定而后辞畅:此立文之本源也。昔诗人什篇,为情而造文;辞人赋颂,为文而造情。何以明其然?盖风雅之兴,志思蓄愤,而吟咏情性,以讽其上,此为情而造文也;诸子之徒,心非郁陶,苟驰夸饰,鬻声钓世,此为文而造情也。故为情者要约而写真,为文者淫丽而烦滥。而后之作者,采滥忽真,远弃风雅,近师辞赋,故体情之制日疏,逐文之篇愈盛。故有志深轩冕,而泛咏皋壤。心缠几务,而虚述人外。真宰弗存,翩其反矣。夫桃李不言而成蹊,有实存也;男子树兰而不芳,无其情也。夫以草木之微,依情待实;况乎文章,述志为本。言与志反,文岂足征?是以联辞结彩,将欲明理,采滥辞诡,则心理愈翳。固知翠纶桂饵,反所以失鱼。'言隐荣华',殆谓此也。是以'衣锦褧衣',恶文太章;贲象穷白,贵乎反本。夫能设模以位理,拟地以置心,心定而后结音,理正而后摛藻,使文不灭质,博不溺心,正采耀乎朱蓝,间色屏于红紫,乃可谓雕琢其章,彬彬君子矣。"情感是艺术创作的内驱力和艺术动人心魄感染力的内在动因。

家庭和谐关系及艺术环境的熏染。在中国文学史上,唐宋八大家享有盛名,其中北宋时期的苏洵、苏轼、苏辙父子三人,尤为令人瞩目。"三苏"之所以成功,很大程度上受益于他们身后有一位杰出的"夫

207

人"、"母亲"。苏洵之妻程氏出身于书香世家,其父程文应曾任大理寺丞。程氏自幼受到良好的家庭教育,喜欢读书,精通经史,有远见卓识。苏洵早年虚度光阴,不思进取,正是在其妻的熏染感化下,幡然悔悟,发奋读书。程氏教子,目标高远。据《宋史·苏轼传》记载,程氏曾为幼小的苏轼声情并茂的读《范滂传》,"程氏读东汉《范滂传》,慨然叹息,轼请曰:'轼若为滂,母许之乎?'程氏曰:'汝能为滂,吾顾不能为滂母耶?'"程氏感动了其子,希望儿子长大后能成为像范滂那样的名士,自己也做范滂式的母亲。长大后的苏轼以范滂为榜样,为国担忧,为民请愿,为官清正廉洁,勤政爱民。苏轼的诗画成就也与程氏的教育有关。苏轼在《东坡志林》中说:"有竹柏杂花,丛生满庭,众鸟巢其上。""恶杀生,儿童婢仆皆不得捕鸟雀,数年间皆巢于低枝,其毂可俯而窥也。"[①]陶醉在如此优美的环境之中,人的审美情趣极易得以提升,极易获得诗画创作的灵感及艺术形象的积淀。在如此家庭环境的熏染下,三苏的文学及艺术创作能力得到极大的提高,北宋仁宗嘉祐二年(1057),父子三人一同赴东京(今开封市)应试,苏轼、苏辙兄弟二人同榜高中进士,名动京师。三苏都取得了杰出的成就。

艺术风格的熏染也是非常重要的方面。黑格尔在《美学》中谈及风格:"各门艺术共同的发展过程,任何艺术门类的艺术,从整体看都是一个进化的过程,每一门艺术都会到达一个发展繁荣的顶峰,在顶峰之前会有一个发展时期,之后有一个衰落时期。……每个发展阶段都会有差异,这种差异人们便用来标志各种不同的艺术风格,如'严峻的'、'愉快的'的风格,这些风格指一般的观照方式和表现方式,有时可能以外在形式的自由与否、繁简与否。……艺术作品风格是作品内容与形式的和谐统一中所展现出的总的思想倾向和艺术特色,集中体现在主题的提炼、题材的选择、形象的塑造、体裁的驾驭、艺术语言和

---

① 苏轼:《东坡志林》,王松龄点校,北京:中华书局,1981年,第26页。

艺术手法的运用等方面。"①在我国,"风格"最开始的使用并非用于艺术作品,而是流行于魏晋时期盛行的人物品藻风气,用于指人物的格调神韵。如《世说新语·德行》中"李元礼风格秀整,高自标持,欲以天下名教是非为己任。"后来刘勰《文心雕龙》中"风格"用于指诗文的格调,指文章的体性和体势。如《文心雕龙·体性》篇中"体式雅郑,鲜有反其习;各师成心,其异如面。若总其归涂,则数穷八体:一曰典雅,二曰远奥,三曰精约,四曰显附,五曰繁缛,六曰壮丽,七曰新奇,八曰轻靡"。"体"是文体,"性"是个性,"体性"就是文章的风格。后来司空图的《二十四诗品》则对艺术作品做了比较全面的概括,提出雄浑、冲淡、高古、典雅、绮丽、自然、豪放、清奇、飘逸等二十四种艺术风格。

艺术境界的熏染。境界一词本来是佛教用语,指的是佛学造诣或宗教修养所达到的高层次的精神世界。大约在南宋时期,境界一词被引用到中国文论中。李涂曰:"作世外文字,须换过境界。《庄子》寓言之类,是空境界文字;灵均《九歌》之类,是鬼境界文字;子瞻《大悲阁记》之类,是佛境界文字;《上清宫辞》之类,是仙境界文字。"②唐代释皎然主张写诗:"取境之时,须至难至险,始见奇句。""放意须险,定句须难,虽取由我衷而得若神表。"有时候,"境界"一词与"意境"同意。唐代王昌龄认为:"诗有三境:一曰物镜,二曰情境,三曰意境。"从此"意境"成为艺术创造所追求的审美境界和艺术批评的重要原则。王国维系统全面地阐述了艺术境界论,严格区分了有我之境和无我之境,心造之境和写实之境等。金岳霖在《论道》中认为太极是"至真、至善、至美、至如"的境界,也就是真、善、美和自由合一的境界。宗白华认为,审美的境界产生于道德境界和宗教境界之间。"画家诗人'游心之所在',就是他独辟的灵境,创造的意象,作为他艺术创作的中心之中心。什么是意境? 人与世界接触,因关系的层次不同,可有五种境

① [德]黑格尔:《美学》,朱光潜译,上海:商务印书馆,1979年,第368页。
② 李涂:《文章精义》,北京:人民文学出版社,1962年,第66页。

界：(1)为满足生理的物质的需要，而有功利境界；(2)因人群共存互爱的关系，而有伦理境界；(3)因人群组合互制的关系，而有政治境界；(4)因穷研物理，追求智慧，而有学术境界；(5)因欲返本归真，冥合天人，而有宗教境界。功利境界主于利，伦理境界主于爱，政治境界主于权，学术境界主于真，宗教境界主于神。但介乎后二者中间，以宇宙人生的具体为对象，赏玩它的色相、秩序、节奏、和谐，借以窥见自我的最深心灵的反应；化实景而为虚境，创形象以为象征，使人类最高的心灵具体化、肉身化，这就是'艺术境界'。艺术境界主于美。"①所以，通过艺术境界的熏染，诱导审美主体发挥其自主性、能动性的过程中，提高审美能力，并使人在境界或意象创造中感受到无穷的乐趣。

近些年来，人们逐渐达成了一个普遍的共识，即教育的最终目标不仅仅是传授知识，培养人的道德品质，而是要塑造完美人格。美育对人的感情、思想、意志、性格等能产生深刻影响，在塑造完美人格方面有特殊效果，是素质教育的不可或缺的组成部分。重视和加强美育便成为教育界、美学界和文艺界众多有识之士的共同心愿。1993 年国务院制定的《中国教育改革和发展纲要》对美育做了专门的要求。在1999 年《政府工作报告》中，朱镕基总理指出："要大力推进素质教育，使学生在德、智、体、美等方面全面发展。"随后，各级政府对美育的地位有所认识，审美教育无论在理论上，还是在实践方面都取得了一定的成绩。浙江大学传媒与国际文化学院主办期刊《马克思主义美学研究》，创刊于 1998 年，是以马克思主义美学理论为对象的高端学术杂志。国家社科基金重大项目也比较多，如"当代中国美育话语体系建构研究"，地方性的美育课题研究更是数不胜数，如 2016 年上海市哲学社会科学规划课题"学校德育、美育、体育的融合育人机理研究"，甘肃省教育科学"十三五"规划课题"'SW＋课堂'在农村小学音、美、品科等学科的实施策略与研究"，黑龙江职业教育年会"十二五"规划课

---

① 宗白华：《美学与意境》，北京：人民出版社，1987 年，第 209 页。

题"基于建构体、美、劳一体化教学模式的高职院校体育教学内容",云南省教育厅 2009 年度科学研究基金项目"审美制度问题研究——基于'美'的审美人类学阐释"等等。全国性的美育研讨会不时召开。各级政府的相关部门、学校及培训机构开展各类美育培训班及不同层次的教学活动,有一定的收效。

三、我国现代家庭美育要与马克思主义美育思想密切结合

中国传统家庭美育,要与时俱进,与马克思主义美学密切结合,接受马克思主义美学思想的指导。

马克思主义美学是在康德美学和黑格尔美学的基础上发展起来的,有继承也有超越。实际上,马克思、恩格斯关于美学的直接论述很少,在中国现代美学中流传的主要是马克思主义学者的艺术理论,指导着中国的艺术实践,起着主流作用。马克思主义美学从文艺与社会关系的角度来立论,强调艺术的社会效应,艺术要起革命的作用,无产阶级的艺术要与无产阶级革命结合起来。

这与西方近现代美学常常强调的艺术要与现实社会保持一定的心理"距离",审美心理距离说产生于 20 世纪初,是瑞士心理学家和美学家爱德华·布洛(Edward Bullough,1880—1934)提出的,1912 年,他发表了《作为一个艺术因素与审美原则的"心理距离说"》一文。"这个距离,这种审美原则或审美态度,实质上就是要保持一种无功利、非实用的而又最适当的心理距离,如果采取伦理的、经济的、理智的、实用的等等直接的功利态度,就与艺术和审美无关。如航船在海上遇到大雾,如害怕沉船,就不能投入审美欣赏如果同现实的自我和事物的实用分割开来,采取审美观照的态度,获得了'距离',大雾成了半透明的乳状帷幕,美和美感都产生了。这个距离既是审美活动的生成,又是主体的心理状态,还是审美价值的表现。这就是说,审美活动既不是纯主观的理想的,也不是纯客观的、现实的,而是二者在'距离'上的组合。距离就是把从对象上所产生的感受与主体自我相分离,主体是

超出物外的主体,客体是孤立存在的客体。有距离就有美,没有距离就没有美。"①因为艺术具有超社会功利性的审美特征。而马克思学者葛兰西的"距离说"却与此大相径庭。他认为一个有知识的现代人阅读经典作家的作品时,应该仅仅欣赏它们的审美价值,而同思想内容区别开来。同样,我们在艺术欣赏时决不能陶醉在审美里,而应该从审美的象牙塔外部对其道德进行凝视和审查,从而与其保持一定的距离。所以葛兰西可以以审美的眼光惊叹《战争与和平》的完美,却不赞同托尔斯泰在这部小说中寄托的思想感情。葛兰西与布洛的距离说,二者可谓南辕北辙,背道而驰,但并不妨碍他们各自表达自己的审美观点。

马克思主义美学要求艺术的审美与社会功利密切结合,正如葛兰西那样,强调除审美外,艺术有社会的、政治的、革命的、文化的附加作用和额外功能。这与中国的传统文论"文以载道"有异曲同工之妙。马克思主义美学在中国能够被很快的接受,也不是偶然的事情,我们的文化中原来就有这种类似的或者似曾相识的基因存在。那么,我们的文艺要求为工农兵、写工农兵就是对马克思主义美学理论中国化的灵活发挥。

李泽厚对马克思主义美学进行了全面的继承和发挥。他认为要从人类学本体论的哲学角度去研究美学,提出了"人类学本体论的美学"的概念。李泽厚认为"人类学本体论哲学"与"主体性实践哲学"二者是异名而同实的概念,在《批判哲学的批判》一书中,他就提出了这两个概念:

> 本书所讲的"人类的""人类学""人类学本体论",就完全不是西方的哲学人类学之类的那种离开具体的历史社会的或生物学的含义,恰恰相反,这里强调的正是作为社会实践的历史总体的

---

① 顾永芝:《美学原理》,南京:东南大学出版社,2008年,第272页。

人类发展的具体行程。它是超生物族类的社厄存在。所谓"主体性"，也是这个意思。人类主题既展现为物质现实的社会实践活动（物质生产活动是核心），这是主体性的客观方面即工艺—社会结构亦即社会存在方面，基础的方面。同时主体性也包括社会意识亦即文化心理结构的主观方面。从而这里讲的主体性心理结构也主要不是个体主观的意识、情感、欲望等等。而恰恰首先是指作为人类集体的历史成果的精神文化、智力结构、伦理意审美享受。①

康德的先验论之所以比经验论高明，也正在于康德是从作为整体人类的成果（认识形式）出发，经验论则是从作为个体心理的感知、经验（认识内容）出发。维特根斯坦以及现代哲学则更多地从语言出发，语言确乎是区别于其他动物的人类整体性的事物，从语言出发比从感知、经验出发要高明得多。但问题在于，语言是人类的最终实在、本体或事实吗？现代西方哲学多半给以肯定的回答，我的回答是否定的。人类的最终实在、本体、事实是人类物质生产的社会实践活动，在这基石上才生长起符号生产（语言是这种符号生产中的主要部分）。当然，语言与社会实践活动的关系是异常复杂的，维特根斯坦也已明确指出，语言是由社会生活和社会性的实践活动所决定，并且是由社会性的语言决定个体的感知，而不是相反。这一切都相当正确，现在的课题是如何从发生学的角度来探讨人类原始的语言——符号活动与社会实践活动（其中又主要是维持集体生存和繁殖的物质生产活动）的关系和结构。从哲学上说，这也就是，不是从语言（分析哲学）、也不是从感觉（心理学）而应从实践（人类学）出发来研究人的认识。语言学、心理学应建立在人类学（社会实践的历史总体）的基础上，这才是马克

---

① 李泽厚：《批判哲学的批判——康德述评》（修订第 6 版），北京：生活·读书·新知三联书店，2007 年，第 102 页。

思主义的能动的反映论,也就是实践论。真正的感性普遍性和语言普遍性只能建筑在实践的普遍性之上。①

所以,如果从美学角度来看,我以为,简单套用如下公式——康德→黑格尔→马克思——是不对的,而应该修正为:康德→席勒→马克思。贯串这条线索的是对感性的重视,不脱离感性的性能特征的塑形、陶铸和改造来谈感性的统一。不脱离感性,也就是不脱离现实生活和历史具体的个体。当然,在康德那里,这个感性只是抽象的心理;在席勒那里,也只是抽象的人,但他提出了人与自然、感性与理性在感性基础上相统一的问题,把审美教育看作由自然的人上升到自由的人的途径,这仍然是唯心主义的乌托邦,因为席勒缺乏真正历史的观点。马克思从劳动、实践、社会生产出发,来谈人的解放和自由的人,把教育建筑在这样一个历史唯物主义的基础之上。这才在根本上指出了解决问题的方向。所以马克思主义的美学不把意识或艺术作为出发点,而从社会实践和"自然的人化"这个哲学问题出发。②

李泽厚认为马克思主义美学来自康德,而不是黑格尔。他充分发挥马克思《1844 年经济学—哲学手稿》中"自然的人化"的思想,把马克思"自然的人化"思想与当下人类的文明建设相关联,并在"自然的人化"观点的基础上,创立"人类学本体论哲学",进而形成其人类学本体论美学关于"美是什么、美感是什么、艺术是什么"的原理体系。他的人类学本体论美学把艺术和一切活动的发生机制和本质都来自人的心理本能:"情感本体或审美心理结构作为人类的内在人化的重要组成,艺术品乃是其物态化的对应品。艺术生产审美心理结构,这个结构又生产艺术。随着这种交互作用,使艺术作品日益成为独立的文化部类,使审美心理结构成为人类心理的颇为重要的形式和方面,成为区别于智(智力的心理结构)、意(意志心理结构)的情感本体。从而艺

---

① 李泽厚:《批判哲学的批判——康德述评》(修订第 6 版),北京:生活·读书·新知三联书店,2007 年,第 82 页。

② 同上书,第 402 页。

术是什么,便只能从直接作用、影响建构人类心理情感本体来寻求规则或'定义'."①

李泽厚认为,人类创造的物质文明和精神文明,以及在人类主体实践过程中形成的工艺—社会结构和文化心理结构,或者社会存在和社会意识,都是人类主体及其主体性实践力量的历史文化积淀。"寻找、发现由历史所形成的人类文化—心理结构,如何从工具本体到心理本体,自觉地塑造能与异常发达了的外在物质文明相对应的人类内在的心理—精神文明,将教育学、美学推向前沿,这即是今日的哲学和美学的任务."②美学和艺术的功能在于塑造心灵和陶冶性情。李泽厚把美学放在哲学美学的角度去把握,美的问题不再是对审美对象的精细描述,而是对美的根源和本质的追问;美感的问题不再是审美经验的科学剖析而是陶铸性情、优化人性,艺术的问题将是心理情感的自由生成和扩展。

李泽厚对马克思主义美学的孜孜以求,正说明马克思主义美学对中国美学思想的影响是根深蒂固的。

我们在接受中国传统家庭美育思想的优良传统时,应该接受马克思主义美学思想的指导,与时俱进。

当然,现代家庭美育的实施途径是相当复杂的。除了哲理思辨与艺术熏染这样的专业化途径,需要与马克思主义美育相结合外,还需要全社会的共同努力。

应然与实然之间总是存在着一定的张力。正如著名学者章新建所说:"美育作为教育的重要指标,还没有引起一些部门足够重视。美育目前还没有硬性指标,可有可无,可抓可不抓,至少没有公认而且具体的测评标准。到目前为止,全国没有统一的美育大纲,也没有明文布置各地必须建立美育体系,各地基本上是各搞各的。这种缺乏统一

---

① 李泽厚:《美学四讲》(插图本珍藏本),桂林:广西师范大学出版社,2001 年,第192 页。

② 李泽厚:《美学三书》,天津:天津社会科学出版社,2003 年,第 422 页。

领导统一部署并因此而产生的松散和混乱的状况,对于学校的审美教育无疑是极为不利的。"①有些家长或学校虽然意识到审美教育的重要性,但缺乏确实有效的措施和行动。具体来说,除了形而上的哲学玄思与亲身目睹的艺术熏染之外,还有以下几个方面也要兼顾。譬如重视美育在素质教育中的地位。重视审美教育的指导思想,要把马克思主义的审美观作为美育的指导思想。把蔡元培先生的实施家庭美育、学校美育和社会美育相结合的观点落到实处,以学校美育为主。

美的境界是超越的、纯净的,与美相关联的概念"和",则是美的流行与展示。所谓"物各付物",万物各得其所,和谐相处。"和"这一概念最早见于《尚书·舜典》。"典乐"是当时的乐官,其职责之一是向贵族子弟传授音乐技能,"八音克谐"进而实现"神人以和"是当时音乐演奏的最高理想。在中国美学史上,与"和"相关、被征引最广泛的一段材料是《左传·昭公二十年》记载的齐景公与晏婴的一段对话。在这段对话中,晏婴提到美好的音乐往往是不同乐器、不同声律相互间杂,清浊、短长、疾徐、哀乐、刚柔、高下等不同声调杂相配合并相得益彰形成的。这种音乐形态就是"和",反之则属于"同"的范畴了。由此可见,先秦之后被奉为中国美学核心范畴的"和",实际上肇始于音乐领域,在后来的发展过程中逐渐被其他艺术门类挪用。将音乐领域的"和乐"之"和"衍生为"和谐"之"和",并且把人心的和谐、天地的和谐、社会的和谐,看成是中国艺术"和谐"之美的具体表现。这也是中国传统家庭文化教育追求的圆融境界。

当前,我国正处于实现社会主义现代化的进程中,实现中国梦,实现中华民族的复兴,达到美与万物和谐的境界、世界人民同呼吸共命运,中国现代家庭审美教育大有用武之地,有着美好的明天。

---

① 转引自杨平:《多维视野中的美育》,合肥:安徽教育出版社,2000年,第312页。

第五章　劳:生存之道

马克思、恩格斯认为:生产劳动是人类最基本的实践活动,人类社会赖以存在和发展的基础。劳动创造了人本身,人的个性、才能和世界观是在劳动过程中形成的。在合理的社会里每个成员都能把体力劳动与脑力劳动结合起来,使自己各方面能力得到充分的发展,成为全面发展的人。劳动是创造物资生产资料的基础,无论是过去还是现在,作为传统的农业大国,劳动一直被我国人民重视,也留下了很多关于劳动的名言,比如"人生在勤,不索何获?"(张衡)、"童孙未解供耕织,也傍桑阴学种瓜"(杜荀鹤),"晨兴理荒秽,带月荷锄归"(陶渊明)、"临渊羡鱼不如退而结网。"(班固)等。2013 年 4 月 28 日习近平同劳动模范代表座谈会的讲话"'一勤天下无难事。'必须牢固树立劳动最光荣、劳动最伟大、劳动最美丽的观念,让全体人民进一步焕发劳动热情,释放创造潜能,通过劳动创造更加美好的生活。"人民创造历史,劳动开创未来。劳动是推动人类社会进步的根本力量。本节内容将从劳动、劳动教育、家庭劳动教育的梳理过程中探寻我国家庭劳动教育的产生和发展,在文化的传承过程中探寻其对新时代家庭劳动教育的价值。

第一节　我国传统家庭劳动教育的产生与发展

一、劳动教育与家庭劳动教育

（一）劳动教育

劳动的内涵

《辞海》中把"劳动"界定为"人们改变劳动对象使之适合自己需要

的有目的的活动;劳动力的支出或使用;人类社会存在和发展的最基本条件。"①"劳动是人类特有的基本的社会实践活动,也是人类通过有目的的活动改造自然对象并在这一活动中改造人自身的过程。"《中国大百科全书(哲学卷)》将劳动定义为:在经济学中,劳动是指劳动力(含体力和脑力)的支出和使用。马克思指出劳动"不仅使自然物发生形式变化,同时他还在自然物中实现自己的目的,这个目的是他所知道的,是作为规律决定着他的活动的方式和方法的,他必须使他的意志服从这个目的"②《教育大辞典》指出"劳动即是劳动力的使用和消费、人以自身活动来引起、调整和控制人和自然之间的物质变换过程。制造和使用生产工具,并在一定的社会关系中进行劳动,是人和动物的本质区别。劳动过程包含有目的的活动或劳动本身、劳动对象和劳动资料三个要素。在劳动过程中,人的活动借助于劳动资料,使劳动对象发生预定的变化。当过程结束时,劳动与劳动对象结合在一起,劳动物化了,劳动对象被加工成产品,具有适合人们需要的使用价值。"③教育研究者对劳动及其价值进行了深入分析,认为人类通过劳动来推动生产的发展和社会的进步,同时也促进人自身的发展。④劳动在本体上是一种实践活动,劳动是个人自身发展和参与社会交往的一种方式;价值上同时满足自身和社会实践的需要,是人类生存和发展的一种手段,是人的价值的体现;劳动的高级形式是自我实现。⑤总体上说,劳动是人类社会生存和发展的基础,主要是指生产物质资料和非物质资料的过程,劳动是人维持自我生存和自我发展的唯一手

① 夏征农、陈至立:《辞海》(第六版彩图本),上海:上海辞书出版社,2009年,第1306页。
② [德]马克思、(德)恩格斯著;中共中央马克思恩格斯列宁斯大林著作编译局编译:《马克思恩格斯全集》(第23卷),北京:人民出版社,1972年,第202页。
③ 顾明远:《教育大辞典》(第一版),上海:上海教育出版社,1998年,第930页。
④ 黄济:《关于劳动教育的认识和建议》,载《江苏教育学院学报》(社会科学版),2004年第5期,第17页。
⑤ 曹飞:《中小学生劳动素养评价指标体系探析》,载《劳动教育评论》,2020年第3期,第44页。

段。劳动的分工一般包括体力劳动和脑力劳动。

对于劳动的含义在一些文献资料里面也有描述,比如《庄子·让王》:"春耕种,形足以劳动。"(此句体现劳动是人身体完全可以负担的);宋朱彧《萍洲可谈》(卷三):"但人生恶安逸,喜劳动,惜乎非中庸也"。这里的劳动即是操作也是活动,主要是说明生产劳动是保障生活的必需过程。另外周瘦鹃《劳者自歌》:"平生习于劳动,劳心劳力,都不以为苦"。重视劳动过程中也重视技能的提升,甚至把劳动上升到艺术的层面,方法是精神专一,如"庖丁解牛"就说明技艺精湛。因此,劳动主要指体力劳动、脑力劳动,与我们当下理解的劳动是创造物质财富和精神财富的活动的概念是一致的。

我国在进入工业文明、现代化之前主要是以家庭为基本生产单位、以手工为主要生产方式的自给自足的小农经济在社会中占主导地位,生产的目的主要是为满足家庭生活需要而不是交换。因此人们满足生活的方式就需要自己劳作才能获取相应的物质生产资料。从远古社会开始中国人就以农业为生,随着社会的发展不断有了现代文明和新的技术,但是农业依然是中国社会的重要产业,中国人民在一方水土养育一方人的背景下依靠土地不断的生存、发展、创新,有了现代的文明。起源于农业社会的中国,劳动是生存的必须方式,人民需要在泥土里寻找生存的来源——食物,耕种是保障人们生活的根本方式,因此,劳动自然伴随社会发展、也伴随人的一生。在中国历史上无论是艺术、建筑、饮食等制造工艺方面都有名列前茅的高超技艺,比如景德镇陶瓷、长城、苏绣,但中国的传统工艺面临失传,制造业的技术还需进一步提高的情况也逐渐凸显出来。陶行知在《自立歌》中,他这样写道:"滴自己的汗,吃自己的饭,自己的事自己干。靠人,靠天,靠祖先,都不算好汉。"①深刻阐释了劳动有利于国人树立自强意识,有

---

① 李珂、蔡元帅:《陶行知劳动教育思想对新时代加强大学生劳动教育的启示》,载《思想教育研究》,2019年第1期,第107页。

利于智力与创造力的发展,有利于树立正确的劳动价值观,并有利于国家工农业发展与社会进步。2020 年 11 月 24 日,在全国劳动模范和先进工作者表彰大会上的重要讲话中,总书记精辟阐释了"执着专注、精益求精、一丝不苟、追求卓越的工匠精神",强调它们"是以爱国主义为核心的民族精神和以改革创新为核心的时代精神的生动体现,是鼓舞全党全国各族人民风雨无阻、勇敢前进的强大精神动力"。因此传承发展我国劳动人民劳动智慧,发扬工匠精神可以促进我国的技术进步及发展。

2. 劳动教育的内涵

《辞海》中对"劳动教育"的解释是"对学生进行热爱劳动和劳动人民,珍惜劳动成果、树立正确的劳动态度、通过日常生活培养劳动习惯和技能的教育活动。"马卡连柯认为,劳动教育即人的劳动品质的培养。主要任务不仅是为社会培养出具备一定生产技能的劳动者,更重要的在于促进学生优秀的道德品格和精神品质的发展。[①]苏霍姆林斯基高度重视劳动教育的作用,他强调:人的全面和谐发展必须建立在劳动教育的基础之上,否则教育将无从谈起。"劳动,这是渗透一切、贯通一切的东西"。劳动具有强大的教育作用,它不只是全面发展的内容,更是全面发展的基础。劳动教育应当始终贯穿于人的全面发展教育过程的始终。因此,培养全面发展的人的秘诀就在于对其进行劳动教育。[②]他指出"学校教育的使命就在于使劳动进入个人的精神生活、进入集体生活,要使热爱劳动早在少年时期和青年时期就成为一个人的品质。"[③]

劳动教育内容和形式受生产力、科学技术、文化教育发展水平以

---

① 吴式颖等:《马卡连柯教育文集》,北京:人民教育出版社,1985 年,第 180 页。

② 朱博:《苏霍姆林斯基劳动教育思想研究》,上海:华中师范大学硕士论文,2018 年,第 13 页。

③ 蔡汀、王义高、祖晶莹:《苏霍姆林斯基选集五卷本》(第一卷),北京:教育科学出版社,2001 年,第 226 页。

及人们物质文化生活水平制约,16世纪英国早期空想社会主义者托马斯·英尔在《乌托邦》一书中最早阐述教育与农业、手工业劳动结合的思想,17世纪英国经济学家约翰·贝勒斯首先采用劳动学校这一名词。18世纪法国启蒙思想家、教育家卢梭把它作为培养"自由人"的基本要求,使之具有各种思想品质,能自食其力。瑞士教育家裴斯泰洛齐认为,劳动是教育和发展的重要条件,合理组织儿童从事体力劳动,能够促进其智慧和道德发展。19世纪空想社会主义者欧文进一步指出,人的性格是通过包括劳动在内的实际活动形成的。完善的新人应该德、智、体、美、劳全面发展。1816年在英国纽克兰纳郡建立性格形成学园,进行工厂的生产劳动与教育结合的尝试。

从教育的角度看"劳动教育"是以促进被教育者形成劳动价值观(即确立正确的劳动观点、积极的劳动态度,热爱劳动和劳动人民等)和养成劳动素养(有一定劳动知识与技能、形成良好的劳动习惯等)为目的的教育活动。另外,劳动还与"劳动技术教育""通用技术教育"等概念相关。不过"劳动技术教育"较强调技术的学习,与职业定向存在更密切的关联;"通用技术教育"则是开展基础技术教育的课程形式,"通用技术"是其教育重点,"劳动"并不是其核心含义。换言之,劳动教育是面向所有教育对象的普通教育,而"劳动技术教育""通用技术教育"两个概念中虽也有"劳动"的要素,但较多指向具体技术或者通用技术的学习等,强调重点有显著差异。

从劳动教育的内容看,其外延和内涵涵盖了劳动兴趣、劳动意识、劳动认知、劳动价值、劳动态度、劳动习惯、劳动技能、劳动精神、劳动创造等方面的劳动素养教育。因此,"劳动教育"顾名思义,指围绕劳动这一基本形式来开展的教育活动,当然不能离开劳动,但也绝不能将其简单地等同于一般意义上的劳动,而忽视其教育的功能与内涵。

中国共产党领导下的教育事业,历来有劳动教育的优良传统。1982年教育部将劳动课正式列入小学教学计划、国家教育委员会于

1987 年颁发《全日制小学劳动课教学大纲(试行草案)》。1992 年制定颁发《九年义务教育全日制小学劳动课教学大纲(试用)》。[1]2015 年,教育部、共青团中央、全国少工委就联合颁布了《关于加强中小学劳动教育的意见》明确提出,劳动教育是全面贯彻党的教育方针的基本要求,是实施素质教育的重要内容,是培育和践行社会主义核心价值观的有效途径。孩子在劳动中获得一些生活体验,以及从劳动中获得生活的乐趣,培养一种现代新生活的态度与方式,既是今后生活的需要,也是未来生存的需要,更是让其生命更好地发展的需要。劳动的结果表现在服务自己、服务他人(社会),在服务自己方面就是教授学习者自己解决衣、食、住、行能够生存的基本能力。服务社会即是通过劳动能够为社会创造社会价值,为他人的生活、生存提供方便。一方面是劳动是维持生命存续的需要,另一方面劳动是社会人的社会价值的需要。本文认为劳动教育重在引导儿童将劳动作为自我的生活方式,通过劳动体验,实现自我的精神全面地成长。[2]劳动教育的核心是培养劳动价值观教育。

(二)家庭劳动教育

家庭劳动教育即在家庭中实施的劳动教育,家庭成员中的长辈是劳动教育的实施者,孩子是教育对象,教育的内容和劳动相关。前苏联教育家马连柯特别重视少年儿童的家庭教育,在家庭教育中,他又特别重视少年儿童的劳动教育。他提出:"在教育自己儿童的工作中,父母永远不应该忘记劳动的教育。"[3]他指出在家庭的范围内,要给儿童一种普通所谓熟练技术劳动的教育是很困难的。但父母也不能认为家庭教育对于获得熟练技术没有任何关系。在家庭里获得了正确劳动教育的儿童,后期就会很顺利地完成自己的专门教育。凡在家庭

---

① 顾明远主编:《教育大辞典》(第一版),上海,上海教育出版社,1998 年,第 934 页。
② 赵荣辉:《劳动教育及其合理性研究》,北京:中央民族大学出版社,2012 年,第 4 页。
③ 吴式颖等编译:《马卡连柯教育文集》(下卷),北京:人民教育出版社,1985 年,第 182 页。

里没有接受任何劳动经验的儿童,虽然国家社会努力去教育他,也不会获得很好的熟练技术,会遭到各种失败,会成为不合格的工作者。因此他在家庭教育问题中《儿童教育讲座》第六讲劳动教育中指出:"正确的苏维埃教育如果不是劳动教育,那是不能想象的。劳动永远是人类生活的基础,是创造人类生活和文明幸福的基础。"①在文中马卡连柯分析了家庭劳动教育的意义和作用。主要有以下几点:第一,儿童参加社会劳动的能力以及他对这种劳动能力的准备决定了儿童在社会上的作用;第二,劳动源于需要,应提倡创造性的劳动;第三,劳动不仅可以促进人的健康发展、培养人的工作能力,还可以促进人与人之间的和谐的关系;第四:劳动可以促进人的道德和精神的发展。我们很清楚,凡是能做许多事情的人,无论在什么情形下都不会是不知所措的人,总是生活得更快乐、更为乐观、更为幸福。

苏霍姆林斯基在劳动是人全面发展的基础一文中指"在我们的社会里,劳动正在成为人们获得幸福的重要源泉,成为从创造中获得快乐的源泉,成为充分,表现个人的聪明才智和爱好的条件。每个人都是在劳动这一重要的社会环境中发挥自己的特点的,在这一过程中,我们的社会不能忽视每个人的个人兴趣。"②因此劳动是伴随人一生的必须素养,劳动教育从人出生之后便与劳动形成密切关系。已有的系列研究也表明动作训练可以培养孩子自我管理能力,培养其责任感和良好的生活习惯,代替、限制动作技能的发展不利于孩子独立性和自我管理能力的培养。幼儿期开展自我服务的劳动锻炼,不但能促进孩子肌肉、骨骼等发育和肢体动作的灵活性,而且还能将在动手、动脑的反复实践获得知识和成功的体验等迁移到其他领域,从而促进孩子能力的发展。

① 吴式颖等编译:《马卡连柯教育文集》(下卷),北京:人民教育出版社,1985 年,第179—180 页。
② 蔡汀、王义高、祖晶莹:《苏霍姆林斯基选集五卷本》(第一卷),北京:教育科学出版社,2001 年,第 201 页。

劳动可以培养孩子的独立性,孩子在一岁半到两岁左右就开始表现出自我独立的倾向,会通过动作和语言表现自我倾向。如果家长能够关注并及时回应孩子自我发展的需求。根据孩子的年龄特点让孩子进行劳动,学会做事,能够促进孩子自己能做自己的事情,不依赖别人帮助的独立意识,有利于孩子独立性和创造性的发展。另外在劳动的过程中能够促进孩子动手、动脑、用心思考,促进其智力发展,俗语"心灵手巧"正是这样思想的体现,当然孩子的劳动内容应该是最基本的生活自理和力所能及的家务等活动。同时,劳动可以培养孩子勤劳动手习惯和吃苦耐劳的精神,促进孩子身体健康,增强体质。劳动过程能够让孩子感受劳动成果生产的过程,体验劳动创造世界的含义,促进良好个性和道德品质的发展。

陈鹤琴是我国现代教育史上第一个把家庭教育实践与科学理论紧密结合的开拓者。他指出"我们应当让小孩有劳动机会来发展他做事的能力,要知道父母的主要工作,是培养儿童自己劳动的习惯,培养儿童自己独立的能力。"①家庭劳动教育的目的在于培养孩子热爱劳动、尊敬劳动、珍惜劳动成果的好习惯,并引导孩子们获得一些基本的生产知识和劳动技能,从而促进孩子们的全面发展。

二、我国传统家庭劳动教育的历史演变

(一)劳动认知体现社会变迁

劳动的重要性,历代社会人们都有明确的认识,但对"劳动"特别是"体力劳动"的观点,有不同意见。总体上看,受社会制度的影响和等级礼制观念限制,春秋战国时期的思想家普遍鄙视劳动特别是体力劳动,认为只有所谓"小人"(地位低下者)才从事体力劳动,而所谓君子则应"劳心""勤礼",且劳力者应为劳心者所役使,如春秋时知武子认为,"君子劳心,小人劳力,先王之制也"(《左传·襄公九年》)。春秋

---

① 陈鹤琴:《家庭教育与父母教育》,上海:上海人民出版社,2013年,第218页。

时鲁国的敬姜也认为"君子劳心，小人劳力，先王之训也"(《国语·鲁语》)。这种观念直接为儒家所接受和继承，如孔子即对农业生产等体力劳动表示鄙视：樊迟请学稼，子曰：吾不如老农。请学为圃，曰："吾不如老圃。"(《论语·子路》)对于这段话，有人认为，这是孔子谦虚的表现，稼非孔子所擅长，故请樊迟向专业的老农请教。这段话实际上表明了孔子的明确态度，即体力劳动是不应当被重视的，因为这句话后面紧跟着这样的表述："樊迟出。子曰：小人哉，樊须也！上好礼，则民莫敢不敬；上好义，则民莫敢不服；上好信，则民莫敢不用情。夫如是，则四方之民襁负其子而至矣，焉用稼?"孔子即认为樊迟要学稼圃，就是"小人"(庶人)的表现，学习礼义等才是最重要的。

孟子明确提出："或劳心，或劳力：劳心者治人，劳力者治于人；治于人者食人，治人者食于人；天下之通义也。"(《孟子·滕文公上》)儒家之所以有如此的思想，与时代背景、学术思潮等密切相关。这样在价值体系上，就有了高下之分、贵贱之别。儒家学派之外的其他诸子在这一问题上基本与儒家一致，如管仲的四民分类法，是将并不直接从事劳动生产的"士"排在首位，但他们所讲的"劳心"，并非指从事科学研究和发明创造这样的智力劳动，而是指统治阶层对政权的管理，即"无恒产而有恒心"的"士"的活动。

春秋战国以来，特别是儒家对体力劳动的看法，可以说在很大程度上直接影响了此后两千多年中国社会的走向。读书做官、成为"劳心者"而不是劳力者，就成为全社会的普遍价值取向。特别是在科举时代，"朝为田舍郎，暮登天子堂"就成为历代读书人的梦想由于不重视科学研究这样的脑力劳动，再加上上面提到的道家对技术的警惕和排斥，结果就使中国古代精英阶层不仅普遍轻视生产劳动而且也不关注发明创造这样的脑力劳动。陶希圣认为"优秀分子大抵贱工贱商趋于政治活动，则生产技术不易改良，而农工商业不能进步。"但是，儒家思想对劳动价值观的影响绝不止于此。由于儒家思想的复杂性，其对劳动价值观的影响实际上有两方面。一方面，儒家固然强调劳心劳力的对立和抑彼扬此,从而引导人们将读书视为功名之路、利禄之途;但另一方面,儒家也强调人格的独立,强调"义"而独立人格的获得也需要劳动作为保障。如孟子讲"穷则独善其身,达则兼济天下"(《孟子·尽心上》),"说大人,则藐之,勿视其巍巍燃"(《孟子·尽心下》),"富贵不能淫,贫贱不能移,威武不能屈"(《孟子·滕文公下》)等,都强调了士人要有独立的人格,不可屈从于权势,而劳动反而成为独善其身的重要保证,士人劳动而保持了人格的独立:躬耕于畎亩,才能独善其身;种豆南山下,方可不为五斗米折腰。正如清初大儒张履祥所言:"夫能稼穑,则可无求于人;可无求于人,则能立廉耻。知稼穑之艰,则不妄求于人;不妄求于人,则能兴礼让。古之士,出则事君,处则躬耕,故能守难进易退之节,立光明俊伟之勋。"①耕读世家也就成为古代很多知识分子的理想生活状态。

科举逐渐取代门第成为选士的最重要标准之后,封建时代的知识分子有很多是来自社会底层,对农民等劳动者有着天然的情感,怜悯、同情、讴歌劳动者就成为文学创作中的一个重要主题。比如,王安石的家庭往上几代,都是耕读并举的读书人。到他父亲王益才通过科考,跻身仕途。王安石和他父亲一样,都是善良的理想主义者,在他的生活体验中,明确知道底层农人的艰辛不易,这也成为他终其一生的政治基调。故而,无论在朝在野,王安石作品里都不时显露出乡村生活的影子。比如《题西太一宫壁》:"柳叶鸣蜩绿暗,荷花落日红酣。三十六陂春水,白头想见江南。"②这首诗写于熙宁元年(1068),当时王安石应诏入京,打算一展政治抱负。可他并没有春风得意的喜悦和自信,只是独自闲逛。可见其对农民生活的理解、农民生存状态的了解的朴素的耕读思想。

陶行知先生提出"生活教育",劳动教育是其生活教育的重要构成

---

①　(清)张履祥:《杨园先生集》,北京:中央民族大学出版社,2002年,第994页。
②　大生:《耕读传家》(耕读卷),西安:陕西师范大学出版总社,2018年,第42页。

部分。其提倡在劳力上劳心,用心以制力。这是他从为劳苦大众服务的教育思想出发得来的。劳苦大众是"劳力"者,他们不能脱离劳力而劳心,应该在"劳力上劳心",做到体、脑并用,体力劳动与脑力劳动相结合。他主张,必须把劳心者、劳力者,劳心兼劳力者统一为在劳力上劳心的人,然后万物的真理都可以获得,人间之阶级都可以化除,而理想之极乐世界才有实现之可能。陶行知反对轻视劳动的"万般皆下品,唯有读书高"的庸俗思想。陶先生主张教学做合一,注意培养与发展学生的智力。他认为,世界上新理无穷,教师不可能把一切都给予学生,教师所赋予学生的,还是极其有限的,多数要靠学生自己去找出来。因此,学校必须给予学生一种生活力,使他们可以单独或共同地去征服自然,认识世界以及改造社会。①

（二）不同历史时期家庭文化中劳动教育的发展与特点

1. 先秦时期

（1）职业分工出现劳动分工

《劳心者治人,劳力者治于人》出自《孟子》的《滕文公章句上》。孟子提出的"劳心者治人,劳力者治于人"论断是讲的如何区分社会工作的伦理问题。统治者,被统治者,食人,食于人。《左传襄公九年》知武子"君子劳心,小人劳力,先王之制也"。借君子统治与小人被统治。孟子进行借用,创造性地发明了体力劳动与脑力劳动的差别,借以区别劳心者统治劳力者。而在"或劳心,或劳力"的基础上进一步发挥为"劳心者治人,劳力者治于人"的论断。依此作为中国封建政治的理想范式。后世由于这个论断,而演化出学习治天下的体制。家庭教育中父母也是按照这个理念影响后辈,督促后辈勤学、努力、上进。

（2）教育方法重说理

孟母作为古代家庭道德教育成功的典范,其创造性的家训方法

---

① 赵荣辉:《劳动教育及其合理性研究》,北京:中央民族大学出版社,2012年,第21页。

为后人提供了不少有益的启示,具有重要的现代价值。首先是以身作则、言而有信的教育原则。据《韩诗外传》卷九记述,有一回,孟轲的东邻家宰猪。他问母亲:"东家杀豚何为?"答曰:"欲啖汝。"杀猪是为了给你肉吃。刚说完话,她就后悔自己失言,因为这明明是欺骗孩子,"是教之不信也"。为了培养孩子诚实的优良品德,她买肉给孩子吃孟母言出必行、教子有信的做法,对孟轲成长起了良好的作用,是"贤母使子贤也",很显然,如果父母言而无信,说而不行,行而无果,这是无法培养子女诚实的品德的。其次是依理处事,不偏不倚。《三字经》中有"昔孟母,择邻处,子不学,断机杼"之褒言。"择邻处"如上所说,"断机杼"是指孟母教子的又一典故:有一天,她在家织布,孟子在旁边读书,织布声很大,学习难以专心,便到外面去玩了。孟母"知其喧也,呼而问之曰:'何为中止'"? 孟子回答说:"有所失复得"。孟母很是失望,"引刀裂其织",剪断织布机上的线。孟子害怕,忙问其故。孟母曰:"子之废学,若吾断斯织也。"[1]这体现其注重教育过程的以理服人。

(3) 轻视体力劳动

此时家庭文化中涉及劳动教育的内容主要是服务自己方面。这一时期历史背景既体现出人们对于劳动教育不会太感兴趣,但是从劳动教育的内涵上看,劳动是自我服务、自我创造价值,自我贡献社会的一种体现。人们轻视的是体力劳动,但从劳动教育的内涵上看,当时的社会环境中每个家庭中都不会缺少基本的劳动素养的培养。因为生产力水平低下,人们需要采摘、捕猎、耕种农作物以获取维持生命的持续的基本口粮,因此,在家庭日常生活中孩子自然需要参与日常劳作以获取基本的生存所需物质资料。我们熟知的"孟母三迁"即是重视环境对人成长的影响。但孟母的家教思想也存在某些缺陷,如轻视体力劳动、轻视商贾,认为这都是小人干的事的片面性,但这种历史的

---

① 徐少景、陈廷斌:《中国家训史》,北京:人民教育出版社,2011 年,第 88 页。

局限性,并不影响孟母家训的巨大成功。

2. 两汉时期

这一时期家庭开始注重孩子求一技之长,独立谋生能力的培养。两汉时期,家学世传的主要内容是经学、律令,为官从政,不过,工匠技术的父子相传应该是比较多的。这个时候家长对于孩子劳动的认识已经有了一定的变化。不仅仅只注重获取功名,而且注重要有一技之长,要能够通过劳动自食其力。家长对于孩子的期望也不仅仅让孩子去当官任职,反而出现有些担任要职的官员教育子女能有一技之长,可以独立谋生,不要依靠父辈积累家业的情况。陆逊(183—245)是三国时吴国名将,官至丞相。有人建议他通过个人关系走后门,为子弟谋求官职,他说:"逊以为子弟苟有才,不忧不用,不宜私出以要荣利;若其不佳,终为取祸。"①意思说我以为子弟如果真有才能,不必忧愁自己不被任用,所以不应该私自外出为其谋荣势、财利;如果子弟没有才干,而为他们之私谋荣利,最后也只会给他带来祸害。他认为孩子们有才能的终有施展其抱负的机会、无才干而用私人关系帮助孩子们只会为孩子带来害处观点。又如教导子孙家人学习技艺,培养独立谋生技能的东汉权臣邓禹(2—58)也教诫子孙"各守一艺"②,具备独自谋生的能力。这一家庭教育理念作为一种人生价值导向,无论在古代还是在今天,都是很有价值的。

3. 两晋南北朝隋唐时期

(1) 重视技术为立业谋生之本

这一时期,更加重视劳动技术,把劳动作为安身之本。随着社会的发展,人们对劳动的认识更加全面,特别是在经历社会动荡,朝代更迭,人们对于参政当权的认识的也有了变化,教育子女有一技之长,能够创业、守业、勤劳简朴,这样即便遇到社会动荡,只要家有存粮依然

---

① 徐少景、陈廷斌:《中国家训史》,北京:人民教育出版社,2011年,第211页。
② 同上书,第142页。

能够保障家人生存的基本需要。同时人们也认识到文化学习对一个人发展的重要性,即使不从政当官,有一定文化知识,就能使自己及家人不受饥寒之苦,也有记载一些家庭会因为社会动荡带领全家人躲避到偏僻地方,等到动乱结束之后再搬迁到原来居住的地方的。因此耕读结合的思想在这个时期得到充分的发展。正如俗话说的"金银传家"不如"耕读传家",正是把耕读并举的生活理念,传给子孙。寥寥数语,就说明"耕读"对一个人、对一个家族的好处,一是,说明读书可以让人明理。二是,说明"耕"的重要性,耕是物质生活的依赖。接着,强调在衣食无忧的情况下,一定要读书——读书是立身行道、显亲扬名的唯一途径。最后又落在"耕"上,进一步说明耕田可以赡养父母、子女保证家庭基本需求。这一时期技术作为谋生的重要途径,有的家庭能够以一技传世,因此会有很多子承父业者的。比如医学有梁高平令姚菩提,久病成医,受到梁武帝的礼待。其子僧垣为一代名医,享誉域外;自梁至隋,任官封公,其孙"受家业。十许年中,略尽其妙。每有人造请,效验甚多"。比如祖氏天文历算方面,祖冲之(429—500)之祖父昌,为刘宋大匠卿,掌管官室、宗庙等土木营建。冲之"有机思",擅长制造,"特善算",为南齐制订《大明历》;其子暅之,"少传家业,究极精微,亦有巧思,"修订《太阳历》,并与父冲之共同求得球的正确体积。其孙祖皓也"少传家业,善算历",任广陵太守。①

(2) 家训诗:育子女勤读书善耕种

诗僧王梵志的家训诗有家训诗八首,指出要对孩子进行严格的教育。也要对他们进行训导,其中"家中勤检校,衣食莫令偏"。王梵志认为,做父母的,应"夜眠须在后,起则每须先",对孩子的言行勤于检查,衣食不能由他们挑剔,防止偏食偏爱。三是"子莫徒使,先教勤读书养"。对儿子不要只想使唤他,而是要先教他勤奋读书学习,即便是"一朝乘驷马,还得如相如"。当上了高官,乘坐四匹马拉的车,还应鼓

---

① 徐少景、陈廷斌:《中国家训史》,北京:人民教育出版社,2011年,第255页。

励他效法西汉辞赋家司马相如(前 179—前 117)，做到多才多艺。杜甫既鼓励子孙识字读书，也教导他们学习简单的劳动技术，"诸孙贫无事，宅舍如荒村。盖前自生竹，堂后自生营。"《示从孙济》反映了这一家教思想，住在荒村中，生活只能靠自己，要注意"淘米少汲水，汲多井水浑"。井小而浅，如多汲水，水就浑浊不能用了。还要学会收割蔬菜，"刈葵莫放手，放手伤葵根"。①教孙儿剪割葵菜时要握住葵茎，以保护好葵根，使新生的枝叶鲜嫩肥，这体现他对劳动教育的重视，同时也是对劳动人民的尊重，通过劳动自食其力，这是人生存之根本。

4. 宋元明清时期

(1) 择业观念发生变化：谋求一技之长　不贪祖辈功名

随着社会发展，经济繁荣择业观念发生了较为明显的变化：一是不再单纯地要子弟习举业，走仕途，而是实事求是，能读书求仕的子弟就走科举之路，如果子弟天性或资质不适合读书，那就及早选择一个技能当职业，自食其力；凡能够自立的职业都可以选择，农桑、商贾乃至于书画医都可以。二是提倡学习经世济用之学，这在清代家训中尤为突出。康熙皇帝就号召皇室子孙掌握一些技艺，认为"凡学一艺，必于自身有益"②。他还要子孙学习一些先进的科学技术知识。洋务派领袖们更是主张子弟学习科学知识，学习西方先进的文化和科学技术，甚至将子弟送到国外学习深造。南宋袁采在其《袁氏世范》"人之有子，须使有业。贫贱而有业，则不至于饥寒；富贵而有业，则不至于为非。凡富贵之子弟，耽酒色，好博弈，异衣服，饰舆马，与群小为伍，以至破家者，非其本心之不肖，由无业以度日，遂起为非之心。小人赞其为非，则有铺啜钱财之利，常乘间而翼成之。子弟痛宜省悟。"③指出家庭不论贫富都要教育孩子有一种可以谋生的事业，同时不论贫富

---

① 王梵志.示从孙济[DB/OL].古典文学网，https://www.gdwxcn.com/article/7392.html，2020 年 7 月 21 日。
② (清)康熙.《庭训格言》，新疆：新疆人民出版社，2001 年，第 139 页。
③ 郑宏峰.《中华家训》(第 2 册)，北京：线装书局，2008 年，第 234 页。

都要让孩子读书,孩子资质不同读书不一定都能考取功名,但是读书能够带来很多无形的好处。

朱舜水明清时期学者,著有《朱舜水先生文集》,在家书中指出能够贫寒困窘,而不忘读书是最好的;能从事种田、种采、捕鱼、砍柴等各种生产劳动以致能孝敬赡养父母的也算不错;掌握一技之长或是替别人做工,只要能够养活家人就可以了,但是不论如何都不要做官吏。"汝辈既贫窘,能闭门读书为上,农、圃、渔、樵,孝养二亲,亦上也;白工技艺,自食其力者次之;万不得①已,佣工度日又次之;惟有房官不可为耳!"②可见这一时期一般家庭中出现了不求功名的思想。

李鸿章在给家中弟弟的信件中指出自己虽然身居要职,没有缺憾,但是最希望的就是兄弟们都能够自立自强,"余蒙祖宗遗泽,祖法教训,幸得科名,内顾无所忧,外遇无不如意,一无所缺矣。所望者,再得诸弟强立,同心一力。何患令名之不显? 何患家运之不兴?"③他用家书的形式不断激励家中兄弟勤读书,谋求自己的安身立命之法。陆游在《放翁家训》中说"子孙才分有限,无如之何,然不可不使读书。贫则教训童稚,以给衣食,但书种不绝足矣。能布衣草履,从事农圃,足迹不至城市,大是佳事。关中村落,有魏郑公庄,诸孙皆为农。张浮休过之,留诗云:'儿曹不识字,耕凿郑公庄。'仕宦不可常,不仕则农,无可憾也。"④子孙的才能有差异,但是都要读书,读书不一定能为官,而且为官也不一定长久,所以能够读书耕种,保证有饭吃有衣服穿也是很好的事情。读书种田,在陆游的眼中是非常好的生活状态。

《郑板桥家书》是郑板桥教育子弟的家书集,虽然数量不多,但每封信都称得上是家书经典。郑板桥在《戒弟》"务农"篇中指出用"我想天地间第一等人,只有农夫,而士为四民之末。农夫上者种旧百亩,其

---

① 郑宏峰:《中华家训》(第2册),北京:线装书局,2008年,第420页。
② 同上书,第371页。
③ 同上书,第323页。
④ 陆游著:《放翁家训》,北京:中华书局,1985年,第10页。

次七八十亩,其次五六十亩,皆苦其身,勤其力,耕种收获,以养天下之人。使天下无农夫,举世皆饿死矣。"①表达对农夫的敬重;林则徐著有《林文忠公政书》,他在家书中专门写要求孩子学习种田的技能"诫子学稼"。"本则三子中,惟尔资质最钝,余固不望尔成名,但望尔成一拘谨笃实子弟,尔若堪弃文学稼、是余所最欣喜者。盖农居四民之首,为世间第一等最高贵之人,所以余在江苏时,即嘱尔母购置北郭隙地,建筑别墅,并收买四围粮田四十亩,自行雇工耕种,即为尔与拱儿预为学稼之谋。尔今已为秀才矣,就此抛撇诗文,常居别墅,随工人以学习耕作,黎明即起,终日勤动而不知倦,便是长田园之好子弟。"②他告诫儿子农夫是不错的职业,学业不能大成,能够勤于耕作,善于管理田园也是很好的一个职业。左宗棠在家信中说"诸孙读书,只要有恒无间,不必加以迫促。读书只要明理,不必望以科名。"读书重要是要讲明理,不是考取功名的。他还说"吾平生志在务本,耕读而外别无所尚。"③至于后来,天下大乱,左宗棠以幕宾的身份带兵起家,却因此而被保举推荐给皇上,结果成为一方统帅并受封爵位,也是时势造英雄,无心插柳柳成荫。

(2) 家训中系统论述勤俭的重要性,勤劳节约教育的内容更加完善

司马光的《训俭示康》通过对列举历史上名人勤俭节约的事例教育家人勤俭,同时举出奢侈败落案例警示家人,充分论证勤俭对家庭的重要意义,用"众人皆以奢靡为荣,吾心独以俭素为美。"④表明自己对勤俭的态度。同时要求袁彩根据自己丰富的经验,在《袁氏世范》通过反面教育的方法,指出一个人如果懒惰无聊,贪图淫逸,最终没有好

① 郑宏峰:《中华家训》(第 2 册),北京:线装书局,2008 年,第 318 页。
② 林则徐:《林则徐家书》,北京:中国长安出版社,2014 年,第 186 页。
③ 张霆:《历代家教宝典》,郑州:中国古籍出版社,2008 年,第 276 页。
④ 郭齐家、李茂旭:《中华传世家训经典》(第 2 卷),北京:人民日报出版社,2009 年,第 933 页。

下场,以此告诫家人端正自己品行,养成良好习惯。"凡人生而无业,及有业而喜于安逸,不肯尽力者,家富则习为下流,家贫则必为乞丐。凡人生而饮酒无算,食肉无度,好淫滥,习博弈者,家富则致于破荡,家贫则必为盗窃。"①康熙《庭训格言》"民生本在勤,勤则不匮。一夫不耕,或受之饥;一妇不蚕,或受之寒。是勤可以免饥寒也。"②"虽贵为天子,而衣服不过适体;富有四海,而每日常膳除赏赐外,所用肴馔,从不兼味。此非朕勉强为之,实由天性使然,汝等见朕如此俭德,其共勉之。"③他告诫子孙勤俭可以免饥寒。至于人生衣食财禄。皆有定数。若俭约不贪,则可以养福,亦可以致寿。康熙虽然贵为天子,但穿衣服也只求合身,我虽有天下的财富,但每天日常用餐,除了赏赐给他人外,留给自己吃的菜肴从来不超过两种以上。他不是勉强用规定要孩子们去节俭这样做,而是希望孩子们看他如此崇尚节俭的德行,就一定要共同努力,相互勉励自己这样养成节俭的习惯,体现其在家庭教育中的以身示范的思想。

孙奇峰(1584—1675年)明末清初理学大家。在其家训中就有关于治家方面勤俭哪个更重要的论述,他说"二者皆要,尤要在克勤克俭之人耳"。④勤劳和节俭都很重要,更重要的是既要勤劳又要节俭,这样开源和节流平衡才能保持家业不断,生活无忧。康熙年间张英官之礼部尚书在《天道造物,必无两全》中指出"思尽人子之责,报父祖之恩,致乡里之誉,诒后人之泽,唯有四事:一曰立品,二曰读书,三曰养身,四曰俭用。"⑤他教育孩子勤俭持家是安身立命的重要途径。

雍正崇尚节俭以惜财用"生人不能一日而无用,即不可一日而无

---

① 郭齐家、李茂旭:《中华传世家训经典》(第2卷),北京:人民日报出版社,2009年,第450页。

② (清)康熙:《庭训格言》,新疆:新疆人民出版社,2001年,第129页。

③ 同上书,第131页。

④ 郭齐家、李茂旭:《中华传世家训经典》(第3卷),北京:人民日报出版社,2009年,第1006页。

⑤ 郑宏峰:《中华家训》(第1册),北京:线装书局,2008年,第356页。

财。然必留有余之财而后可供不时之用，故节俭尚焉。夫财犹水也。节俭犹水之蓄也，水之流不蓄，则一泄无余而水立涸矣；财之流不节，则用之无度而财立匮矣。"①这样一段论述教育皇子等人要崇尚节俭，要能够为未雨绸缪，做好充足的储备以备不时之需。

曾国藩在家书中多次提到勤俭、勤苦、勤能、不可奢侈慵懒，说明"勤则兴，惰者败"的道理。比如在大女儿出嫁的筹备信中说"遭此乱世，虽大富大贵，亦靠不住，惟勤俭二字可以持久。"②要求女儿出嫁嫁妆等方面的开支，务必不能奢侈。"儿侄辈总须教之读书，凡事当有收拾。宜令勤慎，无作欠伸懒漫样子，至要至要。吾兄弟中惟澄弟较勤，吾近日亦勉为勤敬。即令世运艰屯，而一家之中勤则兴，懒则败，一定之理，愿吾弟及儿侄等听之省之。"③"无论治世乱世，凡一家之中，能勤能敬，未有不兴者；不勤不敬，未有不败者。"④"勤俭"是中华民族的一个根基，在这一事情的家庭教育的内容中基本上都有相关的论述。在物质生活水平提高很快的今天，勤俭仍然是我们应该坚持的美德。

（3）耕读传家思想得到巩固并进一步发展

耕读并重，然而毕竟应当先有耕。孙奇逢针对当时社会有的人只会追求功名，连自己都无法养活自己的情况写给他的孩子一段话说明为什么要让他们学习耕种技能，"汝三人学稼，吾虑不明习此事而小视之也。舜耕历山，伊尹耕莘野，孔明耕南阳，此是何等勋业伟大功业！孔子于樊迟，何鄙而小之，此中道理甚活，正不相悖。舜、尹躬耕时，浑身备礼义信之用，故能升闻发迹。孔子大道为公，正欲偕及门，共兴东周，纳斯世斯民于凿井耕田，家给人足，岂区区以百亩之不治为忧哉！今日寄居苏门，不耕无以为养，且无以置吾躬也。不有耕者，无以住读者，况负薪挂角，古人何尝不兼尽于一身？吾老矣，此躬不力，望汝等

---

① 郑宏峰：《中华家训》（第1册），北京：线装书局，2008年，第299页。
② 郑宏峰：《中华家训》（第3册），北京：线装书局，2008年，第507页。
③ 同上书，第544页。
④ 同上书，第522页。

并耕不息。"①张履祥在《训子语》中也说道:"读而废耕,饥寒交至;耕而废读,礼仪遂亡。"②张英在家训中说"人家'富贵'两字,暂时之荣宠耳。所恃以长子孙者,毕竟是'耕读'两字。住在乡下可以出租管理几亩耕地,租息有加倍收入,可以供养一家人生活。鸡和猪养在栏里、蔬菜种在园里、鱼虾养在池塘里、柴可在山上获取,可以在十多天甚至几个月里不用花几个钱。而且住在乡下,亲戚应酬就会少,即使偶尔有客人来,也不过准备杀鸡做饭来招待。女子尽力劳作,可以从事纺织,穿布衣服,骑毛驴,不必鲜美华丽,所有这些都是住在城里不可能的。边耕田、边读书、聘请老师教育子女,也很简单清静。"他告诉家人耕读生活自然有其中乐趣,甚至比城内生活更好。在耕读并举的时代,无论贫富贵贱,大家都是离不开农业生活的。

陆游一生写了两百多首家教诗,不断劝勉子孙耕读并举。比如,《示子孙》"吾家世守农桑业,一挂朝衣即力耕。汝但从师劝学问,不须念我叱牛声。"③"闻义贵能徙,见贤思与齐。食尝甘脱粟,起不待鸡鸣。萧索园官菜,酸寒太学童。时时语儿子,未用厌锄犁。"④这首他八十岁时,所写的另一首《示儿》诗,还在叮嘱儿子,永远不能厌弃农耕劳动,告诫子孙我们每天三餐能够吃到新鲜甘美的粮食,全靠自己每天清晨鸡不叫就起床下地劳动。在冷冷清清的菜园里种植蔬菜,整天和姜、蒜、韭菜之类打交道,这对于一个读书人来说,似乎有点太寒酸了,但是,这却是生活之本。只有满足基本生存之道,之后才能有更多的发展。

洪亮吉(1746—1809),祖籍安徽歙县。乾隆四十五年(1780年)中举人,乾隆五十五年(1790年)中进士,授翰林院编修,后任贵州学政,著有《洪北江集》。在在家训中用"余以年迫迟暮,不复能佣力于外,又念汝曹

---

① 郭齐家、李茂旭:《中华传世家训经典》(第1卷),北京:人民日报出版社,2009年,第57页。

② 大生:《耕读传家 耕读卷》,西安:陕西师范大学出版总社,2018年,第106页。

③ 陆游王维.示子孙[DB/OL].古诗文网,https://so.gushiwen.org/search.aspx?value=%E7%A4%BA%E5%AD%90%E5%AD%99,2020年7月24日。

④ 大生:《耕读传家 耕读卷》,西安:陕西师范大学出版总社,2018年,第34页。

渐以成长；回忆毕生之事，冀弛日暮之肩。郭外有薄田二顷，城东老屋三十间，使四子一嗣孙分守之。以为寡也？则廉吏之子，尚有负薪；以为多也？则翁归之家，或余赐镒。汝曹能勤苦自持，当衣食粗足耳。"①告诉孩子们自己年迈不能继续做事，家里田地，足够他们生活之需，不要嫌弃多少，只要能辛勤劳苦地持家，能保证衣食就足够了。

5. 近代家庭文化中劳动教育的发展与特点

从辛亥革命开始到 1919 年新民主主义运动、大革命运动、抗日战争、解放战争、1949 年中华人民共和国成立。这一时期中国主要处在战争中，追求民族独立与发展阶段。经济社会水平较低，人们生活保障困难，勤劳耕种，勤俭持家是社会总体趋势。

(1) 自力更生，保家卫国

毛泽东一生为中国革命事业做出巨大贡献，但是他家表兄弟、堂兄弟各亲戚希望能够凭借他的关系谋得一些职务、照顾、上学等问题，他都回信委婉拒绝，并且告知家人要服从地方安排，安心工作，不要拈轻怕重。毛泽东于 1937 年写给童年好友、表兄文运昌的一封信，当时的文运昌想在延安谋到一份有薪水的好职位，故而写信要求毛泽东帮忙。毛泽东回信说"家境艰难，此非一家一人情况，全国大多数皆然，惟有合群奋斗，驱除日本帝国主义，才有生路。吾兄想来工作甚好，惟我们这里仅有衣穿饭吃，上自总司令下至伙夫，待遇相同，因为我们的党专为国家民族劳苦民众做事，牺牲个人私利，故人人平等，并无薪水。如兄家累甚重，宜在外面谋大小差事接济，故不宜来此。"劝表兄不要对延安有私念。远悌是毛泽东的堂侄。毛泽东在这封回信"你做印厂工作很好，应将此项工作做好，不要来北京。学习事将来有机会再说。"②拒绝了由他推荐上学的事情，鼓励堂侄安心于本职工作。革命烈士何叔衡于 1929 年写给继子的一封家书，信中告诫儿子谋生处

---

① 郑宏峰：《中华家训》（第 3 册），北京：线装书局，2008 年，第 402 页。
② 郭齐家、李茂旭：《中华传世家训经典》（第 2 卷），北京：人民日报出版社，2009 年，第 1270 页。

世,必须自力更生,不要贪求任何意外之财,从而鼓励儿子努力进取。其中就有这样的一句话"一切劳力费财的事,总要仔细想想。要于现时人生有益的才做。幸福绝不是天地鬼神赐给的,病痛绝不是时运限定的,都是人自己造成的。"①他在同年的另外一封信中对儿子如何做人、治家、种田、高牧、孝母、教子等问题都提出了具体指导意见。如"深耕易耨的作一点田土。"②就是指导孩子精心耕种,要深耕细做,及时除草。

(2)勤劳简朴,自立自强

冯玉祥将军的女儿冯弗伐出嫁时,他写下首诗作为赠礼,诗中"勤俭耐苦,天助自助。有学有德,平民生活。"③就是冯玉祥告诫女儿要勤俭度日,注意学习和德心地向善,待人真诚,过平常日子。《钱氏家训》是吴越国王钱镠留给子孙的精神遗产,分个人篇、家庭篇、社会篇和国家篇。《钱氏家训》钱氏家族人才辈出,除了苏杭奠基者钱镠,还有众多的政治家、文学家和学者,如宋末元初画家钱选,明代学者钱德洪、画家钱谷,明末清初诗人钱谦益,清代藏书家钱曾、学者钱塘、文字训诂学家钱大昭、画家钱杜、篆刻家钱松,近现代植物学家钱崇澍,以及为共和国做出卓越贡献的钱学森、钱伟长、钱三强、钱钟书、钱其琛。据统计,在新中国担任国家领导职务的钱氏后裔有六位,在海内外的钱氏科技人才中,相当于院士级别的有近两百位。从钱镠建功立业,修建豪华楼堂官舍到其父亲钱宽避而不见。钱镠徒步找寻父亲询问缘故。其父亲告诉说:"我家历代以耕田、打鱼为生,从来没有这么富贵过。你今天统治十三州,却被敌国三面围困。你与人争天下,说不定有一天会连累全家人,所以我不愿意见到你。"④听了父亲的话,钱

---

① 郭齐家、李茂旭:《中华传世家训经典》(第2卷),北京:人民日报出版社,2009年,第821页。
② 同上书,第1460页。
③ 同上书,第825页。
④ 张仲超编著:《钱氏家训》,北京:线装书局,2010年,第8页。

镠立时有所领悟,开始勤于政事,服务百姓,使这个国小势弱的小国在五代十国中历时最长,社会局面也最安定。钱氏家训历多个朝代到今天仍然被人们推崇,可见其家训值得学习,发扬,能够为普通百姓教育子女提供参考意见。其中"勤俭为本,自必丰亨;忠厚传家,乃能长久。"[①]把勤劳节俭当作根本,一定会丰衣足食;用忠实厚道传承家业,就能够源远流长,就是《钱氏家训中重要一条》。勤劳是专注于各项任务、工作,创造生产、生活等有形或无形的资料,节俭是当用则用,当省则省;节俭不仅适用于金钱的使用,而且也适用于生活中的每一件事。从合理地使用一个人的时间、精力,到养成小心翼翼的生活习惯,我们都要坚持这一原则。节俭意味着科学地管理好自己和自己的时间与金钱,意味着合理地利用我们一生所拥有的资源。

第二节　我国传统家庭劳动教育的内容与方法

我国传统家庭高度重视培养孩子的劳动观念和劳动技能,由于社会分层和分工的不同,不同家庭劳动教育的内容也有较大的差异性,从文献资料的梳理来看由于社会等级制度的较大差异教育内容也有较大差异,我们主要归纳了相对普遍意义上的传统家庭的劳动教育的主要内容与原则。

一、我国传统家庭劳动教育的内容

(一)勤劳简朴——立身之道

"勤"是品德,"劳"是行动,"简朴"简单朴素,指物质消耗少,创造更多生产资料,尽量减少物质消耗,勤劳简朴作为传统家庭教育主要内容之一,贯穿于中国社会发展的整个历史进程,虽然不同时期社会背景不同,但是这一教育内容作为人安身立命的基本法则从未中

---

① 张仲超编著:《钱氏家训》,北京,线装书局,2010 年,第 97 页。

断过。

1. 勤劳简朴以身作则

从先秦时期开始引导家庭成员要勤劳简朴就是家庭教育的主要内容。《左传·宣公十二年》中有"民生在勤,勤则不匮"、"文王犹勤,况寡德乎"[1]等许多句子,劝导人们要勤劳,不能怠惰放荡。《国语鲁国》与这样的故事公父文伯见母亲敬姜正在纺麻,就说:"我们这样的家庭,您尚且亲自织布,我怕触怒季孙氏。他会认为我不能很好地事奉母亲呢!"敬姜叹息道:"鲁国恐怕快要亡了吧!让你这样的小孩当官,怎么没有让你懂得为官的道理呢?"然后便叫儿子坐下说"昔圣王之处民也,择瘠土而处之,劳其民而用之,故长王天下。夫民劳则思,思则善心生;逸则淫,淫则忘善,忘善则恶心生。沃土之民不材,逸也;瘠土之民莫不响(同向)义,劳也。"意思是安逸会使人放荡,滋生邪恶。故圣王选择贫瘠的土地安置百姓,让他们从事艰苦的劳动,向往道义,从而能长久地统治天下。那时,男人上至天子、三公九卿、诸侯、卿大夫、士,下至庶人,都"明而动,晦而休,无日以怠。"[2]这段话也是告诉公父文伯人们勤劳就会想到节俭,想到节俭就会有善心产生;人们安逸就会放纵,放纵就会忘记善心,忘记善心就会生出恶心。她教育儿子的过程中举天子、诸侯、卿大夫、士、庶人以及他们的配偶朝夕勤劳、劳心劳力的例子,教育儿子勤而勿惰,继承发扬先人的业绩。"男女效绩,愆则有辟,古之制也。君子劳心,小人劳力,先王之训也。自上而下,谁敢淫心舍力?"男女都要出成绩,有过失要受到惩罚,这是先王的训诫。我希望你说"必无废先人",而你却说"胡不自安",我真怕你父亲的基业被你葬送了。姜敬教其儿子勤劳勿怠的目的固然是为了保住家庭的利益,"君子劳心,小人劳力"的训导也并不可取,但她反对儿子好逸恶劳,认为勤劳有助于培养良好的德行的观点却是正确

---

① 徐少景、陈廷斌:《中国家训史》,北京:人民教育出版社,2011年,第100页。
② 陈同生译注:《国语》,北京:中华书局,2016年,第98页。

的。①这也是持家之根本。

2. 勤劳简朴 以简持家

两汉三国时期,社会经济凋敝,财物匮乏,连天子也不能坐有四匹同样颜色的马所驾的马车,将相则坐牛车,至于普通百姓,更是没有什么积蓄。在这种情况下,统治者便采取与民生息的政策,提倡俭朴的道德风尚。《史记·萧相国世家》有载"何置田宅必居穷处,为家不治垣国墙,曰:'后世贤,师吾俭;不贤,毋为势家所夺'。"(萧何购置田地住宅,总是选择在贫穷偏僻的地方,住家的周围不筑围墙。)他说:"子孙后代如果贤能,就学习我的俭朴;如果不贤能,这样也不会被权势人家所强夺。"②萧何是汉代开国丞相,权力极大,按理他及他的家庭都可以过上奢华无度的生活,但萧何却节俭治家,且要求他的子孙效法他,这一点是非常难能可贵的。这也是对先秦家庭教育中勤劳简朴的继承和发展。疏广曾任西汉宣帝太子太傅,后辞官归家,用皇帝赏赐的金银与乡族同宗聚餐共乐,招致子孙的不满。希望亲朋好友中老人劝说他在世的时候能够为子孙置办家业,广曰:"吾岂老悖不念子孙哉?顾自有旧田庐,令子孙勤力其中,足以共衣食,与凡人齐。今复增益之以为赢余,但教子孙怠惰耳。贤而多财,则损其志;愚而多财,则益其过。且夫富贵,众人所怨也;吾既亡以教化子孙,不欲益其过而生怨。"③他认为子孙能够在家里本来就有的田地上,辛勤劳作,足够供他们穿的和吃的,可以过得和普通人一样了。如果再给他们增多田产,会使子孙懈怠懒惰罢了。于是疏广对他的子孙发表了一通训诫,表明他这样做的目的是希望子孙们能够勤劳简朴,自食其力,勤俭持家,而不要贪求意外的财富。

---

① 徐少景、陈廷斌:《中国家训史》,北京:人民教育出版社,2011年,第100页。
② 班固撰,王继如主编:《汉书今注》(第3卷),南京:凤凰出版社,2013年,第1209页。
③ 班固撰,王继如主编:《汉书今注》(第4卷),南京:凤凰出版社,2013年,第1776页。

马皇后在汉章帝时期作了太后。但她一直勤俭朴素留下母仪天下的风范。因此,皇帝想封舅舅们为王,下面的人趁机附和。马皇后的诏书,表明了自己的反对态度。其中"吾为天下母,而身服大练,食不求甘,左右但着帛布,无香薰之饰者,欲身率下也。"①这样的语言表面自己勤俭以身作则,不能偏护娘家人。

何并,西汉人,为官清廉,两袖清风,为时人所称颂。在写给儿子的遗嘱中,告诫儿子不要接受朝廷赠送的财物,丧事应尽量从简,可见其希望儿子养成节俭的生活作风,体现了他的治家方针。同样做过太子老师,后来又身为三公,已到人臣极致的张酺;姑母为汉和帝生母,女儿为汉顺帝皇后,本人也官至大将军梁商东汉大臣;东汉时期曾官至丞相张酺都是为人谦和、生活简朴,教育子孙勤劳简朴的典范。

3. 勤劳俭朴　家训传承

宋元明清时期,随着社会统一,经济发展的不断完善,社会分工也更加明确,很多官宦、有钱有势家庭的孩子能够接触劳动的机会也不断减少,但是珍惜劳动成果,节约简朴依然是家庭教育的重要内容。(南宋)江端友《戒子通录》中指出"凡饮食知所从来:五谷则人牛稼穑之艰难,天地风雨之顺成,变生作熟,皆不容易。"②教育孩子要知道五谷杂粮,肉食蛋禽来之不易,应该珍惜。特别是没有付出多少劳动就能够有衣服穿,有饭吃就不应该挑剔,应怀有满足和感恩之心。朱柏庐在《朱子家训》中用"一粥一饭,当思来处不易;半丝半缕,恒念物力维艰。"③教育子女应该知道一碗粥一碗饭,是来之不易的。衣服布料上的半丝,半缕线,一定要想他们的获得也是很困难的。用此教育孩子勤俭持家,"自奉必须俭约,宴客切勿流连。"④自己生活,修身养性

① 郭齐家、李茂旭:《中华创世家训经典》(第3卷),北京:人民日报出版社,2009年,第881页。

② 郭齐家、李茂旭:《中华创世家训经典》(第2卷),北京:人民日报出版社,2009年,第439页。

③④ 郑宏峰:《中华家训》(第2册),北京:线装书局,2008年,第278页。

的时候一定要勤俭节约。而宴请朋友的筵席上则不要吝啬。"居身务期俭朴,教子要有义方。"①平常做人修身一定要节俭朴实,教育子孙一定要用好的方法。

康熙《庭训格言》中有这样一句话"赖祖父福荫,天下一统,国泰民安。远方外国商贾渐通,各种皮毛较之向日倍增。记朕少时,贵人所尚者,惟貂,次则狐嗛天马之类,至于银鼠,总未见也……而今银鼠能值几何? 即此一节而论,祖父所遗之基,所积之福,岂可易视哉!"②"朕为天下君,何求而不得? 现今,朕之衣服有多年者,并无纤毫之玷,里衣亦不至少污,虽经月服之,亦无汗迹,此朕天秉之洁净也。若在下之人能如此,则凡衣服不可以长久服之乎?"③康熙通过今夕对比的方式告诫子孙要能够知道一丝一缕,来之不易,应当珍惜,日常生活应该注意节俭。张英针对富人子弟衣食浪费就写有专门的家训其中有这样的一段话,"古人有言:'惟土物爱,厥心臧善良',故子弟不可不令其目击田家之苦。"④借鉴历史、分析现象,告诉家人只有子弟当知田家之苦,感受饥寒冷那才能珍惜粮食,节约日常生活所需。

(二)自力更生——立身之基

两汉三国时期,因为经受战乱之苦,上自王公大臣,下至平民百姓都知道自力更生。相关典故和家训内容也比较丰富,比如《汉书·平当传》中有记载"吾居大位,已负素餐尸位素餐之责矣,起受侯印,还卧而死,死有余罪。今不起者,所以为子孙也。"⑤平当是汉哀帝时的丞相,患重病卧家休养时,汉哀帝打算封他为关内侯,派使者来召他,平当没有应召,家人劝他为子孙考虑,于是平当当着家人表白自己心迹,自己无功受禄,只能为子孙带来害处,子孙后代需要靠自己奋发图强。

---

① 郑宏峰:《中华家训》(第2册),北京:线装书局,2008年,第279页。
② (清)康熙:《庭训格言》,新疆:新疆人民出版社,2001年,第79页。
③ 同上书,第131页。
④ 郭齐家、李茂旭:《中华创世家训经典》(第3卷),北京:人民日报出版社,2009年,第1032页。
⑤ 同上书,第879页。

张纯是东汉光武帝时期的大司空(相当于丞相),很有政绩,很受百姓拥戴,临终前他却告诫家人:"司空无功于时,猥蒙爵土,身死之后,勿议传国。"①意思是我作为大司空无功于时代,而辱蒙朝廷赐予的爵位和封土。我死了以后,子孙就不要讨论传袭之事了。他想告诉子孙后代走自食其力的道路,不要贪求父辈的福荫不能无功受禄,继承他的爵位与封地。许荆为东汉名臣,他还有两个弟弟,弟弟们未长大成人之前,许荆分给弟弟们又少又差的家产。后来许荆把自己的家产全部让给两位弟弟,并当着弟弟们的面说"吾为兄不肖,盗声窃位,二弟年长,未豫荣禄,所以求得分财,自取大讥。今理沧产所增,三倍于前,悉以推二弟,一无所留。"许荆当初分少而差的家产给兄弟是想鼓励两个弟弟勤劳自立、奋发图强,后来把自己家产让给两个弟弟是因为发现两个弟弟能够勤劳自力更生,自己不求荣华富贵,只求兄弟们能够学会勤奋劳作,勤俭治家。许荆的行为既表达了为兄的爱弟之情,更说明治家有方。

北魏到东魏时期大臣高慎。老病之后,回到家里。家里草屋蓬户,瓮中缶中,没有储粮。妻子对他说:"君累经宰守,积有年岁,何能不少为储畜通。""蓄,以遗子孙乎?"慎曰:"我以勤身清名为之基,以二千石遗之,不亦可乎!"②他的回答正是体现了他欲将自己的勤劳简朴和清廉为官的品质留给后代,同时也是要让孩子明白需要奋发图强自力更生,才能有一生幸福生活。

(三)握一技之长——丰衣足食

两晋南北朝隋唐事情历经四朝乱世沉浮的颜之推,以自己的经验教训教诫子孙:"父兄不可常依,乡国不可常保,一旦流离,无人庇荫,当自求诸身尔。谚曰:'积财千万,不如薄技在身'伎之易习而可贵者,

---

① 郭齐家、李茂旭:《中华创世家训经典》(第3卷),北京:人民日报出版社,2009年,第879页。

② 同上书,第887页。

无过读书也。"①这句话是其勉励子孙自立,学以致用,虽然他是要求子孙读书,但是同时肯定一技在身的重要性。家庭教育中对于男子要求有一技之长,对于女子的要求也是要能够参与劳作,掌握自食其力的基本能力。宋若莘《女论语》就有专门篇章要求女子勤学女工。其中《学作》章写道:"凡为女子,须学女工。"一学纺织麻布。"纫麻缉苎,粗细不同,车机纺织,切勿匆忙。"先将麻剖开、搓细而缉之,再用纺车纺成线,然后织成布匹。麻布、苎布有粗细之分,但均宜勤慎精工,不可匆忙。二要采桑养蚕。这是女子的专业。蚕要辛勤料理,早起晚睡,风雨无阻,天冷要用炭火烘暖,给食要适时均匀,勿使饥饿过饱。三要巢丝织造。蚕结茧后,要巢成丝,织成绸绢,积丈成匹,其工乃成。四是刺绣缝补。"刺鞋作袜,引线绣绒,缝联补缀,百事皆通。"②如果能够按照这样,掌握不同女工的技巧,样样精通,就能衣食丰足,不愁穷乏。就能够不怕寒冷,不愁贫穷。《女论语》强调女子要勤劳生产,不要做衣来伸手、饭来张口的懒人,而是应该有能力参与生产,创造价值的人。另外唐代诗人王梵志看到了技艺对人生的价值:"黄金未是宝,学问胜珠珍;丈夫无技艺,虚沾一世人。"③金山可以化光,学问能够立身,大丈夫若无一技半艺挣钱养家,那等于虚度一世,枉过一生。这是乱世中技艺比出身门第更宝贵的事实在家训中的反映。

(四)耕读并重——进退有度

随着社会发展,生产和生产资料分工逐渐明确。两晋南北朝隋唐时期,家庭教育内容进一步丰富,有了很多自成体系的家训文本,同时家庭教育的内容和范围也有了进一步丰富和完善。比如在梁、齐、北、隋四姓王朝任职颜之推的《颜氏家训》,因为他三次为亡国之人,在朝代更迭,人生起落过程中,他深知,耕读并举的重要性。因此对于生产劳动自食其力颜之推家训中有这样的一段话"生民之本,要当稼穑

---

① 檀作文:《颜氏家训》,北京:中华书局,2011 年,第 98 页。
② 班昭等:《女四书》,北京:团结出版社,2016 年,第 153 页。
③ 徐少景、陈廷斌:《中国家训史》,北京:人民教育出版社,2011 年,第 359 页。

(sè)而食,桑麻以衣。蔬果之畜牧,园场之所产,鸡之善,埘(shí)圈之所生。爰及栋宇器械,樵苏脂烛,莫非种植之物也。至能守业者,闭门而为生之具以足,但家无盐井耳。今北土风俗,率能躬俭节约,以赡衣食;江南奢侈,多不逮焉。"①意思就是人们生存之根本,应当是种植庄稼收获粮食,种植桑麻以获取衣料,蔬菜、水果、肉食是菜场果园、养殖家禽获得,居家生活的日常用品也是靠种植各种作物材料,这样一家人基本上就可以自给自足,保障生活所需要。另外他还教育家人勤俭而不吝啬,他引用孔子的"奢则不孙通'逊',俭则固;与其不孙也,宁固。"②教育家人勤俭节约而不吝啬,"俭者,省约为礼之谓也;吝者,穷急不恤之谓也。今有施则奢,俭则吝;如能施而不奢,俭而不吝,可矣。"意在希望子孙能够舍得帮助贫困的人们而自己又不奢侈,能做到勤俭节约又不吝啬。这是在家训中第一次系统明确提出耕作劳动是保证生活生存必需的,这在士族势力正兴盛的南北朝,实属难得,也体现了在自然经济自足的农耕社会人民开始正式觉醒,意识到培养孩子高尚品德、立业的基础是劳动,劳动才能保障基本的生存。

西晋开国大将羊祜继承了祖上遗留下来的清廉、俭朴的好家风,"立身清俭,被服率素,禄俸所资,皆以赡给九族,赏赐军士,家无余财。"羊祜的思想深受西汉太傅疏广的教子名言——"贤而多财,则损其志;愚而多财,则益其过"的影响,认为给子侄多留遗产有害无益,所以在给羊绣的家书中说:"既定边事,当角巾东路,归故里,为容棺之墟。以白士而居重位,何能不以盛满受责乎?疏广是吾师也。"③羊祜是希望子孙能够自己凭借自己的能力参与劳动,勤俭生活,不能养成依赖祖辈光环,有懒惰散漫的思想。陶渊明只做过几任小官,但是在任期间,同样有劝农的任务。陶渊明的《劝农》诗是一组四言诗,其中

---

① 曾德明译,(南北朝)颜之推著:《颜氏家训》,武汉:崇文书局,长江出版传媒,2017年,第22页。
② 檀作文:《颜氏家训》,北京:中华书局,2011年,第36页。
③ 徐少景、陈廷斌:《中国家训史》,北京:人民教育出版社,2011年,第263页。

"气节易过,和泽难久。冀缺携俪,沮溺结耦。相彼贤达,犹勤陇亩。矧兹众庶,曳裾拱手!"①时令节气去匆匆,和风泽雨难留停。冀缺夫妇同劳作,长沮桀溺结伴耕。告诉人们耕种及时,不辞辛苦的重要性。"民生在勤,勤则不匮。宴安自逸,岁暮奚冀!儋石不储,饥寒交至。顾尔俦列,能不怀愧!"②这首诗,旨在劝人勤勉而不应懒惰。大意是:人生在世应该勤奋,只有勤奋才会衣食不乏匮。那些贪图享乐的人,一年到头连生计都难以维系。如果家中没有储备的粮食,自然饥寒交迫。看看身边辛勤劳作的人们,自己内心怎么能不羞愧呢? 这体现陶渊明对于农民要及时耕种,勤于劳作的提醒,他的劝农诗从把握节气,及时耕种,"纷纷士女　趋时竞逐,桑妇宵兴农夫野宿。"男男女女趁农时,你追我赶忙不停。养蚕农妇夜半起,农夫耕作宿田中。都是在说勤劳耕种,不误农时,才能有保证收获,不受饥寒之苦。

耕读并重的家庭劳动教育是动乱时代人们安身立命的现实选择,客观上形成了我国传统家庭劳动教育的重要内容,并形成了中国知识分子达则兼济天下,穷则独善其身的人格追求。

从总体上看劳动教育的内容包括劳动技能的教育,要有一技之长,会耕种或是是掌握一个生存技能;劳动精神教育要自力更生,能够自己劳动,创造物质生活资料,满足生存需要;家庭生活经营的教育,勤俭节约,"勤"是开源,"节"是节流,这是保证家庭生活物质持续满足需要的基本逻辑。还包括价值观教育,耕读并重就是引导孩子能够正确面对生活中的不同选择,做好准备读书和生活并重,生活健康快乐才是人生最大赢家。因此整体上家庭劳动教育的内容从最初的生存能力的教育到后期生活能力和态度的教育,其内涵在逐渐发生变化。

二、我国传统家庭劳动教育的方法

在劳动方法上,随着家庭教育内容完整体系的不断发展。以《颜氏

---

① ②　陶渊明. 劝农［DB/OL］. 古诗文网, https://so. gushiwen. cn/search. aspx? value＝%E5%8A%9D%E5%86%9C, 2020 年 7 月 20 日。

家训》与舒元舆(？—835)之《陶母文版文》为代表,家庭教育著作对严慈结合、恩威并用的原则与方法深入研究。①其中也有在具体方法在家庭劳动教育中运用,如直观形象法、依事喻理、寓言故事、亲身示范等。

（一）言传身教

先秦时期由于社会阶层的原因,普通家庭的孩子没有接受教育的机会,对于基本的劳动技能和生活技能的劳动教育,家长在日常生活中通过日常劳作,亲身示范教授给孩子。当时的一般百姓家庭因为没有条件读书,所以日常劳作就是耕种、捕猎、樵、牧业等与当时社会发展所产生的各行各业,分工的扩大促进了城市的发展与工商业的繁荣,使手工业逐渐脱离农业向城市集中,自由工商业者也不断涌现,脑力劳动与体力劳动的分工也更加明显。从耕种技能到各行业技能的分工传授,在没有私学存在的时代家庭在子女的劳动技能和劳动思想的教育中必然承担着极其重要的作用。

对于勤劳简朴的思想及持家方法,家长更多的是通过言传身教,说理结合的方法传授给下一代。姜敬、孟母、孙叔敖及其母亲都是通过言传身教的方式告诉孩子要勤劳持家,家业兴盛不在于父辈留下基业多少,更重要的是自己勤劳、简朴才能积累富裕,不败的家业,才能让子孙永久受益。孙叔敖儿时其母亲就告诉她积善行德、勤劳简朴、用心辅助国王进行各项改革,兴修水利,发展农业,促进人们生活水平提升,但是自己不计得失。他卧病将死的时候告诫儿子说"为我死,王则封汝,必无受利配沃地。楚、越之间有寝之丘者,此其地不利,而名甚恶。荆人畏鬼,而越人信机鬼神和灾祥。可长有者,其唯此也。"②后来楚王要把肥沃的土地封赐给他的儿子,但是孙叔敖的儿子谢绝了,请求赐给寝丘,所以这块地至今没有被他人占有。孙叔敖的教育子女受他母亲的影响,这一做法,也是是对公父文伯母关于圣王择瘠土而处民,"故长王

① 徐少景、陈廷斌:《中国家训史》,北京:人民教育出版社,2011年,第257页。
② 郭齐家、李茂旭:《中华创世家训经典》(第3卷),北京:人民日报出版社,2009年,第621页。

天下"这一训诫的继承与丰富。

到两汉三国时期由于天下纷争不断,社会经济恢复缓慢,物资匮乏,统治者便采取与民生息的政策,更是提倡勤劳简朴,戒奢从俭俭朴的道德风尚。所以上自皇帝皇后、大臣,下至平民百姓的一般家庭,家庭教育的内容中都会涉及要求孩子勤劳。前文中提到的马皇后轻奢从简,她本以为这样一来,"外亲见之,当伤心自敕",便会开始自克、自律、自制,改奢从俭。但他看见外亲来拜问的依然"车如流水,马如游龙,苍头衣绿襦,领袖正白",而自己身边的侍从,"不及远矣"。于是,她采取对策,"绝其岁用而已,冀以默愧其心"。①断绝其一年的费用,希望他们能愧对其心,不再铺张浪费。在对皇子、公主的教育上他也是如此,处罚奢侈,奖励俭约。新平公主穿的衣服是用天青色的细绢做的,外衣是直领,马皇后训斥了她,并下令不得给予厚赐。汉明帝子广平王刘羡、世鹿王刘恭、乐成王刘党入宫问起居,"车骑鞍勒昆黑色,无金银彩饰,马不逾六尺,朴素无华",她就"赐钱各五百万"。这一以来由奢变俭的风气慢慢形成。与马皇后亲身示范,赏罚有度有很大关系。汉文帝刘恒在位 23 年,对于勤劳简朴,做得相当突出,并且在《遗诏》中明确提出对己薄葬、简葬,以免劳民伤财。曹操"雅性节俭,不好华丽,后宫衣不锦绣,侍御履不二采,帷帐屏风,坏则补纳(同衲),茵蓐取温,无有缘饰一"。为使家人、内宫力戒奢侈,他专门下了《内戒令》。此令共有八条,从自己注重节约谈起,规定家人、内宫乃至官吏百姓都不得铺张浪费,内容十分具体。曹操还反对嫁娶奢侈,其女嫁人,"皆以卓帐,从婢不过十人。"②曹丕的卞皇后自己亲身示范率先节俭以训导亲属。"卞后性约俭,不尚华丽,无文绣珠玉,器皆黑漆。"卞皇后见娘家亲戚,经常会说"居处当务节俭,不当望赏赐,念自佚也。外舍当怪我遇之太薄,吾自有常度故也"。③曹丕的郭皇后也是崇尚节俭以身

---

① 徐少景、陈廷斌:《中国家训史》,北京:人民教育出版社,2011 年,第 162 页。
② 同上书,第 155 页。
③ 同上书,第 165 页。

作则,告诫家人勤俭节约。他们虽然位高权贵,但是把勤劳简朴节约作为日常生活的一个部分,以此带领人民发展生产,安居乐业。

萧何、平当、张纯、疏广等人不为子孙留太多家业、不让子孙世袭爵位就是为了让后代能够自立自强,勤俭持家。他们通过不同的方式鼓励子孙要各持子孙要勤奋努力,不贪图富贵虚荣能够心怀仁慈善待疾苦之人。吴汉是东汉武将,南阳宛县(今河南南阳)人。归附刘秀,多有战功,被任为大司马,封广平侯。吴汉在前方打仗,妻、子却在家多置田产,他回家后发现此事,便严加责备说:"军师在外,吏士不足,何多买田宅乎!"我领军在外征战,将吏士卒的供养并不充足,你们为什么在家乡多买田宅? 后来,他把妻子所购田宅全部分给兄弟与外祖父母家。吴汉为人俭朴,不事张扬,房屋只修里宅,不建高大的府第;夫人先死,他薄葬小坟,不作祠堂。吴汉不为子孙购置田宅,也是为了防止他们躺在祖先的功劳簿上坐享其成,促使他们好学上进,自谋生路。郑玄东汉时经学家、语言学家、教育家。他晚年写给儿子郑益恩这封信的中页明确指出要孩子能够自立勤奋,载于《后汉书·郑玄传》。其信中说"吾虽无发冕之绪,颇有让爵之高;自乐以论赞之功,庶不遗后人之羞。家今差多于昔,勤力务时,无恤饥寒。菲饮食,薄衣服,节夫二者,尚令吾寡憾。若忽忘不识,亦已焉哉!"①他在通过家信告诉家人自己勤俭耕读,著书立说,不贪念权贵,希望儿子努力耕作田地,衣食注意俭省节约,保一家人不受饥寒,做正人君子。陆贾辅助汉高祖建立政权,后孝惠时,吕太后专权,他知道无法和吕太后争辩,于是病休回家,生前将他的财产均分给五个儿子,让他们自己生产,他有五个儿子,于是拿出出使南越时所得到的珠宝财产,卖了千金,分给儿子,每人二百金,让他们用作生产。"有五男,乃出所使越囊中装,卖千金,分其子,子二百金,令为生产。"②陆贾东汉权臣邓禹(2—58)也教

---

① 张霆:《历代家教宝典》,郑州:中国古籍出版社,2006年,第10页。
② 班固撰,王继如主编:《汉书今注》(第3卷),南京:凤凰出版社,2013年,第1273页。

诫子孙"各守一艺"，具备独自谋生的能力。这些思想，在今天也是有价值的。谢安贵为东晋太傅，教育儿子并非用专门讲解或各种说教的形式，而是言传身教。"有其父必有其子"，父母的言传身教对儿女影响最大。谢公夫人教儿，问太傅："那得念么初不见君教儿？"答曰："我常自教儿"。谢安的夫人教导儿子时，追问太傅谢安说："怎么从来没见过您教导过儿子。"谢安答道："我经常以自身的言行来教导儿子。"①

总体上来说，先秦时期劳动教育更多是在劳动技能和方法的教育上，两汉三国时期的劳动教育更多地注重劳动精神和劳动意识的培养，父母除了基本劳动技能的传授之外，关注引导孩子要能够依靠自己的劳动创造生活，不能依赖祖辈的功劳而不劳而获。

（二）依诗寄情

两晋南北朝隋唐时期在劳动方法上，随家庭教育体系的完整也有了发展。以《颜氏家训》与舒元舆（？—835）之《陶母文版文》为代表，家庭教育著作对严慈结合、恩威并用的原则与方法深入研究。②用诗歌描述耕读生活成为一种流行的方式。耕读作为一体的生活方式在这一时期得到了迅速的发展。而随着文化教育的普及，越来越加重了"读"的成分。耕读并举至少在唐代就被人们广泛接受，并习以为常。而作为同属农业劳作的其他几种方式——渔、樵、牧，也在人们心中占有重要位置。唐代诗人李白有一首《笑歌行》"笑矣乎，笑矣乎！君不见曲如钩，古人知尔封公侯。君不见直如弦，古人知尔死道边。张仪所以只掉三寸舌，苏秦所以不垦二顷田。笑矣乎，笑矣乎！君不见沧浪老人歌一曲，还道沧浪濯吾足。平生不解谋此身，虚作《离骚》遣人读。笑矣乎，笑矣乎！赵有豫让楚屈平，卖身买得千年名。巢由洗耳有何益？夷齐饿死终无成。君爱身后名，我爱眼前酒。饮酒眼前乐，虚名何处有？男儿穷通当有时，曲腰向君君不知。猛虎不看几上肉，

---

① 郭齐家、李茂旭：《中华创世家训经典》（第3卷），北京：人民日报出版社，2009年，第892页。

② 徐少景、陈廷斌：《中国家训史》，北京：人民教育出版社，2011年，第257页。

洪炉不铸囊中锥。笑矣乎,笑矣乎! 宁武子,朱买臣,扣角行歌背负薪。今日逢君君不识,岂得不如佯狂人?"诗中用了大量典故、历史人物,几乎把古代耕读并举的所有生活方式,全都写了进去。诗中提到的"曲如钩""直如弦",用的是姜太公垂钓的典故,"沧浪老人"就是《离骚》中的渔父,这是指"渔";"背负薪"是朱买臣,指"樵";"扣角行歌"指宁武子,是"牧";"伯夷叔齐"采薇而食,许由巢父"隐居不仕",是"耕";张仪、苏秦,发奋读书,纵横七国,是"读"。"渔樵牧耕读",尽在其中矣!①

耕读生活对农耕的生活体验,影响到知识分子的思想和理念,进而影响其政治理念。孟浩然是和王维齐名的唐代田园诗人,一生都在半耕半读的状态中生活,孟浩然的《过故人庄》"故人具鸡黍,邀我至田家。绿树村边合,青山郭外斜。开轩面场圃,把酒话桑麻。待到重阳日,还来就菊花。"就表现出他对农家生活的喜爱,通过写田园生活的风光,写出作者对这种生活的向往。"虽与人境接,闭门成隐居。道言庄叟事,儒行鲁人余。深巷斜晖静,闲门高柳疏。荷锄修药圃,散帙曝农书。"②这是王维《济州过赵叟家宴》一诗中的前四句。所写的赵叟是一个隐居小镇的儒士,即所谓"儒行鲁人余"。而"荷锄修药圃,散帙曝农书"正是对主人日常生活的描述——没事去种药养花,闲来翻看农书。③

比如唐代杜甫,被后人尊为"诗圣",他的诗被称为"诗史"。他的诗歌透露着沉郁肃穆的气息,无论"朱门酒肉臭,路有冻死骨"(《自京赴奉先县咏怀五百字》),还是"三吏""三别",处处都在描述农人的悲惨和命运的不公。那句"安得广厦千万间,大庇天下寒士俱欢颜"(《茅

---

① 大生:《耕读传家　耕读卷》,西安:陕西师范大学出版总社,2018年,第36页。

② 王维.济州过赵叟家宴[DB/OL].古诗文网,https://so.gushiwen.cn/search.aspx?value=%E6%B5%8E%E5%B7%9E%E8%BF%87%E8%B5%B5%E5%8F%9F%E5%AE%B6%E5%AE%B4,2020年7月21日。

③ 大生:《耕读传家　耕读卷》,西安:陕西师范大学出版总社,2018年,第69页。

屋为秋风所破歌》）早已成为千古绝唱。杜甫终其一生都在写诗反映民间疾苦。而浪漫如仙的李白，目睹纤夫生活，写下了《丁都护歌》，哀叹贫民的艰辛。"一唱都护歌，心催泪如雨。万人系磐石，无由达江浒。君看石芒砀，掩泪悲千古。"慷慨悲歌，令人动容。同样伟大的，还有白居易。《卖炭翁》是白居易新乐府诗中最杰出的代表作，无论思想性还是艺术性，都达到了完美统一。安史之乱虽然已经平定，但是唐王朝已必不可免地走向衰落。心怀大义的士人们，不甘心被命运摆弄，他们希望尽自己的绵薄之力，为帝国续命、为农人谋福。于是，以白居易和元稹为首的士人，在诗歌领域发起了一场名为"新乐府"的运动。新乐府运动的特点是文辞朴实、反映苦难、针砭时弊，要让读者从诗歌中察觉现实、反躬自省，所谓"惟歌生民病、句句必尽规"，期望可以起到"补察时政""泄导人情"的作用。

（三）注重说理

颜之推的《颜氏家训》既体现出对后辈们的殷切关怀和谆谆教诲，也是他本人对社会政治、伦理道德、思想文化和风俗习惯等一系列问题的见解。其中关于教子、治家、勉学等 20 个篇章，每个部分重点说明一个问题，观点说理清楚，论证充分，其中治家中关于勤俭和劳动的部分，说理逻辑清晰，例证丰富。《太公家教》是近代以来在敦煌石窟中发现的，非常珍贵。这份《家教》四字一句，文字浅显易懂，有点像《三字经》的形式，但内容却相当丰富，说理清晰，简单易懂，其中"贫人多力，勤耕之人，必丰谷食；勤学之人，必居官职。良田不耕，损人功力。"[①]这段话就生动直白地说明了劳动的重要性。即使贫穷，但只要愿意出劳力，辛勤耕耘，便会丰衣又足食；努力学习，必能取得官职，有所作为。王僧虔训子，旨在勉励他们勤奋读书，自强自立。他说，我们王氏家族中，也有"少负令誉、弱冠越超清级者"，幼小时就享有美名，

---

① 郭齐家、李茂旭：《中华创世家训经典》（第 3 卷），北京：人民日报出版社，2009 年，第915 页。

到二十来岁时就超越一般人。那时，"王家门中，优者则龙凤"，差的也犹如"虎豹"，自失荫封后，哪里还有"龙虎之议？况吾不能为汝荫，应各自努力耳"。他劝诫儿子：有人虽曾担任过三公要职，然结果却默默无闻；有人出身"布衣寒素"，但"卿相"却向他躬腰敬礼；有人则"父子贵贱殊，兄弟声名异"，这是为什么？"体尽读数百卷书耳"，就在于是否一辈子精读数百卷书罢了。你已到了立业之年，正当为官从政，但有妻室拖累，不能闭门读书，这可以一面做官，一面学习，并希望鞭策你的弟弟们。①王僧虔教子，重在启发自觉。因此，他运用了许多人物、事例比喻，企求消除诸子的依赖心，勉励他们提高才智德行，以求有所成就。李世民在《帝范》一书里详细讲述了做皇帝应该注意的哪些方面问题，内容包括君体、建亲、求贤、审官、纳谏、去谗、诫盈、崇俭、赏罚、务农、阅武、崇文十二篇。该书文字言简意赅，通俗易懂，论证有据，说理清晰，论证和举例结合，同时根据自己的亲身经验进行佐证，是教导怎样做好皇帝的重要参考资料。他在务农篇章的论述中这充分体现这一点。

（四）寓教于劳

我国古代不仅把劳动看做是安身立命的重要手段，认为劳动是治国安邦、教育民众的重要手段，把教育融入劳动之中。《帝范》是一部李世民所写的论述人君之道的政治文献。其中专门提出崇俭和务农篇，专门论述崇尚简朴和重视务农的重要性"夫食为人天，农为政本。仓廪实则知礼节，衣食足则知廉耻。故躬耕东郊，敬授人时。国无九岁之储，不足备水旱；家无一年之服，不足御寒暑。然而莫不带犊佩牛，弃坚就伪，求什一之利，废农桑之基，以一人耕而百人食，其为害也，甚于秋螟。莫若禁绝浮华，劝课耕织，使人还其本，俗反其真，则竞怀仁义之心，永绝贪残之路，此务农之本也。"②这里不仅要求李治要

---

① 徐少景、陈廷斌：《中国家训史》，北京：人民教育出版社，2011年，第276页。
② 郑宏峰：《中华家训》，北京：线装书局，2008年，第144页。

重视农业、亲身示范、参与农业生产，还把劳动作为民众懂得礼义廉耻的重要途径，通过劳动怀仁义之心，绝贪残之路。

霍韬（1487—1540）嘉靖时期官至礼部尚书，博学才高，著《霍文敏公全集》。他通过说理的方式告诉子孙"幼事农业，力涉勤苦，能兴起善心，以免于罪戾。故子侄不可不力农作。""凡富家，久则衰倾，由无功而食人之食。夫无功食人之食，是谓厉民自养。凡厉民自养，则有天殃。故久享富佚，则致衰倾，甚则为奴仆，为牛马。是故子侄不可不力农作。"指出幼时参加农业劳作，就会习性忠厚老实，不会产生歪念。幼时参加农业劳作、尽力做一些辛勤艰苦的事情，就能萌发善心，避免罪过。在这里，劳动成为家庭培育孩子区分善恶的重要途径。

第三节　我国传统家庭劳动教育的现代教育价值

一、家庭劳动教育与学校和社会劳动教育的关系

（一）谋生技能到工匠精神的传承

家庭劳动教育内涵和社会学校劳动教育的差异体现在对劳动认识上，纵观历史家庭劳动教育主要围绕服务自己展开，比如握一技之长、耕读并重、勤俭节约等，都是在家庭日常生活层面上提出劳动是满足生活所需，实现生存发展的必要手段。而当下学校或是社会层面的劳动教育强调技能培养的同时更加强调的是劳动人才培养。以农业生产为基础的我国劳动人民不仅重视劳动和劳动分工，同时重视劳动技能的提升，甚至把劳动上升到艺术的层面，方法是精神专一，心无旁骛，最后达到心物一体，譬如魏源所说的"技可进乎道，艺可通乎神"。[1]从某种意义上说，劳动不再是社会底层的谋生手段，而是达成

---

[1]　李珂：《嬗变与审视劳动教育的历史逻辑与现实重构》，北京：社会科学文献出版社，2019年，第4页。

某种艺术效果的手段；劳动过程也不再是枯燥沉闷的，而是艺术般的享受过程。今有孟凡东练就平均每刀 0.003 毫米的"肌肉记忆"，陈小兰把"建昌帮"传统中药技艺传承光大，杨德军率领"福荣海"轮获得国家"863 计划"重点项目"南极磷虾快速分离与深加工关键技术"，这些都是平凡岗位上的劳动创造的。

（二）劳动教育从家庭转向社会主义现代化国家建设

随着社会的变迁，劳动教育从家庭转向学校和社会，从家庭生活转向社会发展，劳动教育内容从围绕家庭生活到促进国家建设转变。劳动教育内容体系更加完善，逐渐形成从家庭到学校再到社会的系统化劳动教育体系。习近平在 2020 年 11 月 24 日全国劳动模范和先进工作者表彰大会上的讲话指出"大力弘扬劳模精神、劳动精神、工匠精神。'不惰者，众善之师也。'在长期实践中，我们培育形成了爱岗敬业、争创一流、艰苦奋斗、勇于创新、淡泊名利、甘于奉献的劳模精神，崇尚劳动、热爱劳动、辛勤劳动、诚实劳动的劳动精神，执着专注、精益求精、一丝不苟、追求卓越的工匠精神。劳模精神、劳动精神、工匠精神是以爱国主义为核心的民族精神和以改革创新为核心的时代精神的生动体现，是鼓舞全党全国各族人民风雨无阻、勇敢前进的强大精神动力。"2021 年中共中央办公厅国务院办公厅印发《关于推动现代职业教育高质量发展的意见》指出"加快构建现代职业教育体系，建设技能型社会，弘扬工匠精神，培养更多高素质技术技能人才、能工巧匠、大国工匠，为全面建设社会主义现代化国家提供有力人才和技能支撑。"到 2035 年，职业教育整体水平进入世界前列，技能型社会基本建成。技术技能人才社会地位大幅提升，职业教育供给与经济社会发展需求高度匹配，在全面建设社会主义现代化国家中的作用显著增强。相对家庭劳动教育，此时劳动教育内容体现的从个人生活转向国家和社会发展。

（三）劳动教育内容系统化科学化

新中国成立后，中国共产党对马克思主义的教劳结合思想做了创造性实践和发展，其原理作为党的教育方针。毛泽东同志多次就教育与生产劳动相结合问题提出指导性意见,并指出:"教育必须为无产阶级政治服务,必须同生产劳动相结合,劳动人民要知识化,知识分子要劳动化"。20世纪50年代,根据毛泽东同志的讲话精神,"教育与生产劳动相结合"党的教育方针写进了国家宪法之中,初期把爱劳动定为"五爱"国民公德之一,学校把学生参加生产为一项主课,组织学生下厂下乡参加工农业生产劳动外,有条件的学校,还可以自办校办工厂和实验园地,有计划地组织学生参加生产劳动进行教育。1958年的《工作方法六十条》,又对各级各类学校有关工农业生产劳动活动的安排,作了明确的规定。"在开门办学"思想指导下,学生全部参加五七干校和到农村插队,进行劳动锻炼思想改造。劳动教育在"文革"十年中出现严重偏差,把知识与生产、理论与实践相对立,劳动替代系统的知识教育,偏离了马克思主义强调的以现代科学知识为基础、以机器为工具的现代劳动。邓小平同志1978年《在全国教育工作会议上的讲话》中指出:"现代经济和技术的迅速发展,要求教育质量和教育效率的迅速提高,要求我们在教育与生产劳动结合的内容上、方法上不断有新的发展"。上世纪80年代根据邓小平同志的讲话精神,学界展开了关于教育方针的大讨论与研究,纠正了学校劳动教育的偏颇,在实践中则加强了中小学劳动技术教育的程式化和规范化建设:教育部1981年4月颁发《关于全日制六年制重点中学教学计划试行草案》明确指出:"中学阶段开设劳动技术课,进行劳动技术教育,使学生既能动脑,又能动手,手脑并用,全面发展";1987年颁发《全日制普通中学劳动技术课教学大纲(试行稿)》。20世纪90年代,根据江泽民同志讲话中对创新能力和实践能力的强调,从素质教育的角度对劳技教育给予了肯定,1993年中央发布的《教育改革和发展规划纲要》中指出:"坚持教育与实践相结合⋯⋯鼓励学生积极参与志愿服务和公益事业。"1999年中央发布的《改革全面推进素质教育的决定》中强调要加强"劳动技术教育和社会实践",使学生接触自然、了解社会,培养热爱劳动的习惯和艰苦奋斗的精神,强调使诸方面教育相互渗透、协调全面发展和健康成长,"教育与生产劳动和社会实践相结合"融入教育界新一轮课改中,义务教育阶段的劳动技术教育不再作为单独的课程开设,而到综合实践中,对劳动教育做了宽泛的理解。2010年,根据胡锦涛同志在全国教育工作会议提出的"丰富社会实践,加强劳动教育,着力提高学习能力、创新能力,提高综合素质"的要求,以及全国劳动模范表彰大会上的讲话精神,教育部颁发了《关于组织开展劳模进校园活动的通知》。[1]2019年11月26日中央全面深化改革委员会审议通过《关于全面加强新时代大中小学劳动教育的意见》。会议强调"劳动教育是中国特色社会主义教育制度的重要内容。要全面贯彻党的教育方针,坚持立德树人,把劳动教育纳入人才培养全过程,贯通大中小各学段,贯穿家庭、学校、社会各方面,把握育人导向,遵循教育规律,创新体制机制,注重教育实效,实现知行合一,促进学生形成正确的世界观、人生观、价值观。"

传统家庭劳动教育内容主要围绕日常生活,相对于学校教育和社会教育来说内容琐碎。在没有学校之前劳动教育主要发生在家庭,在社会变迁的历史长河中,逐渐有了学校的产生,但是劳动教育内容很少在学校涉及。直到新中国成立劳动教育才正式进入教育体系,通过梳理新中国成立以来我国劳动教育政策的发展,我们可以看到劳动教育的内容随着国家建设发展需要更加系统化科学化。2020年3月中共中央、国务院印发《关于全面加强新时代大中小学劳动教育的意见》(以下简称《意见》)。2020年7月教育部印发《大中小学劳动教育指导纲要(试行)》(以下简称《纲要》),细化劳动教育相关要求,重点解决劳动教育是什么、教什么、怎么教等问题。

(四)家庭劳动教育与学校及社会劳动教育的异同

从劳动教育的内容和形式上看,家庭是劳动教育的起点,父母对

---

① 曾天山:我国劳动教育的前世今生[N]人民政协报/2019年/5月/8日/第010版教育在线・声音。

孩子劳动教育的方式更多的是示范，孩子的学习方式是模仿，比如幼儿阶段孩子模仿厨房游戏就是其在日常生活中看到母亲围绕灶台场景的重现。而且这一阶段孩子也乐意参与家人的日常生活中做饭、洗衣、打扫等劳动过程中，可以说这是劳动启蒙阶段，主要是劳动教育和习惯的养成，也是孩子成人后进入社会参与劳动教育的起点。

学校劳动教育更多的是技能培养，指向劳动的认知习得，其中包括劳动能力、劳动态度、劳动精神培养。2018 年 9 月 10 日习近平总书记在全国教育大会上的重要讲话提出了"培养德智体美劳全面发展的社会主义建设者和接班人"的总体要求，劳动教育再次成为全面发展育人体系的重要组成部分，这涉及培养什么人、怎样培养人，为谁培养人的根本问题。关于劳动教育他指出"要在学生中弘扬劳动精神，教育引导学生崇尚劳动、尊重劳动，懂得劳动最光荣、劳动最崇高、劳动最伟大、劳动最美丽的道理，长大后能够辛勤劳动、诚实劳动、创造性劳动。"

2019 年 4 月 30 日，习近平总书记在纪念五四运动一百周年大会上对新时代中国青年提出要求"用勤劳的双手和诚实的劳动创造美好生活"。引导新时代中国青年要勇做走在时代前列的奋进者、开拓者、奉献者，毫不畏惧面对一切艰难险阻，在劈波斩浪中开拓前进，在披荆斩棘中开辟天地，在攻坚克难中创造业绩，用青春和汗水创造为中国建设和发展奉献自己的力量。《意见》提出的"以体力劳动为主，注意手脑并用"要求，并进一步阐明了劳动教育的内涵和特征，指出"劳动教育是发挥劳动的育人功能，对学生进行热爱劳动、热爱劳动人民的教育活动"，它具有三个基本特征：一是鲜明的思想性，强调劳动者是国家的主人，一切劳动和劳动者都应该得到鼓励和尊重，反对一切不劳而获、崇尚暴富、贪图享乐的错误思想；二是突出的社会性，要求引导学生走向社会，认识社会，强化责任担当意识，体会社会主义社会平等、和谐的新型劳动关系；三是显著的实践性，以动手实践为主要方式，引导学生在认识世界的基础上，学会建设世界，塑造自己，实现树德、增智、强体、育美的目的。

《意见》指出"劳动教育是国民教育体系的重要内容,是学生成长的必要途径,具有树立德、增智、强体、育美的综合育人价值。实施劳动教育重点是在系统的文化知识学习之外,有目的、有计划地组织学生参加日常生活劳动、生产劳动和服务性劳动,让学生动手实践、出力流汗,接受锻炼,磨炼意志,培养学生正确劳动价值观和良好劳动品质。"劳动教育的基本目标是"通过劳动教育,使学生能够理解和形成马克思主义劳动观,牢固树立劳动最光荣、劳动最崇高、劳动最伟大、劳动最美丽的观念;体会劳动创造美好生活,认识劳动不分贵贱,热爱劳动,尊重普通劳动者,培养勤俭、奋斗、创新、奉献的劳动精神;具备满足生存发展需要的基本劳动能力,形成良好劳动习惯。"

劳动教育在于为国家建设发展培养各行各业的人才,个体进入社会,通过劳动实现服务社会,服务国家的需要。纵观人的成长过程,劳动始终是与人同在、与事同在的,因而由"家庭—学校—社会"这三个阶段构成了"全过程、全学段、全方位"的劳动教育,劳动教育伴随人的一生,是一种无时不在、无处不在的教育活动。这样一种具有中国特色的劳动教育的时空构建,赋予了我们对劳动教育进行深入探究的新使命。从 2012 年 11 月 15 习近平在十八大讲话中指出"人世间的一切幸福都是要靠辛勤劳动来创造。"再到 2017 年十九大报告中提出"建设知识型、技能型、创新型劳动者大军,弘扬劳动精神和工匠精神,营造劳动光荣的社会风尚和精益求精的敬业风气。"崇尚劳动,尊重劳动被写进政府工作报告。习近平在不同的场合多次提到重视劳动,辛勤劳动,尊重劳动等基本思想,再到各种劳动教育相关文件的出台,逐渐形成系统的劳动教育体系都彰显劳动教育是社会发展的总体布局的重要方面,都足以说明劳动在社会建设和国家发展中的作用。这也是对我国几千年社会发展过程中关于劳动促进社会发展的最根本的传承。

二、当代家庭劳动教育实践的意义

(一)重申父母是劳动教育的第一任老师

2015 年 2 月 17 日习近平在春节团拜会上发表讲话,"家庭是社会的基本细胞,是人生的第一所学校。不论时代发生多大的变化,不论生活格局发生多大变化,我们都要重视家庭建设,注重家庭,注重家风,紧密结合培育和弘扬社会主义核心价值观,发扬光大中华民族传统家庭美德,促进家庭和睦,促进亲人相亲相爱,促进下一代健康成长,促进老年人老有所养,使千千万万家庭成为国家发展、民族进步,社会和谐的重要基点。"家庭、家风、家教逐渐被人们重视,越来越多的部门和家长开始重视家庭建设。2016 年 12 月习近平在会见第一届全国文明家庭代表讲话时指出"尊老爱幼、妻贤夫安,母慈子孝、兄友弟恭,耕读传家、勤俭持家,知书达礼、遵纪守法,家和万事兴等中华民族传统家庭美德,铭记在中国人的心灵中,融入中国人的血脉中,是支撑中华民族生生不息、薪火相传的重要精神力量,是家庭文明建设的宝贵精神财富。"家庭教育需要不断地汲取中华五千年历史文化中的优秀传统也需要在社会发展和进步中完善,变革以适应社会发展的需要。因此重视家庭教育是亘古不变的话题。

"家庭是人生的第一个课堂,父母是孩子的第一任老师。孩子们从牙牙学语起就开始接受家教,有什么样的家教,就有什么样的人。家庭教育涉及很多方面,但最重要的是品德教育,是如何做人的教育。"因此父母在孩子成长和发展的过程中具有非常重要的作用。"办好教育事业,家庭、学校、政府、社会都有责任。家庭是人生的第一所学校,家长是孩子的第一任老师,要给孩子讲好'人生第一课',帮助扣好人生第一粒扣子。教育、妇联等部门要统筹协调社会资源支持服务家庭教育。全社会要担负起青少年成长成才的责任。各级党委和政府要为学校办学安全托底,解决学校后顾之忧,维护老师和学校应有的尊严,保护学生生命安全。"这里指出教育的发展需要多方参与,但是家庭是基础,所以社会各个部分要重视对家庭教育的引导和社会支持,帮助家长了解孩子成长发展的规律,掌握科学的教育方法。2015 年 4 月 28 日在庆祝"五一"国际劳动节暨表彰全国劳动模范和先进工作者大会上习近平讲话指出"劳动是人的本质活动,劳动光荣、创造伟大是对人类文明进步规律的重要诠释,'民生在勤,勤则不匮。'中华民族是勤于劳动、善于创造的民族。正是因为劳动创造,我们拥有了今天的成就。"因此劳动教育应该是家庭教育的重要部分,是教会孩子做人的最基本的教育。

当代家庭中的劳动教育,简单的理解就是在当下的社会背景下,在家庭中实施的劳动教育。其本质还是培养人、锻炼人,相对于学校劳动教育只是其场景发生了变化。其本质依然是把教育和劳动结合,把历史上的"耕读"文化传承下去,同时要体现时代特征。"现代技术条件下的劳动教育,强调教育要与以科技为基础的劳动相结合,培养学生的专业精神、职业精神、劳动精神。"[1]相对于学校劳动教育的概念,家庭劳动教育应该是在日常生活中培养孩子的基本生活所需的基本劳动技能,养成热爱劳动的习惯,了解父母工作的价值、辛苦,培养积极的劳动情感和劳动精神。家庭劳动教育是劳动教育的一个重要组成部分,是指父母或者其他年长者在家庭内自觉地、有意识地对子女进行劳动教育。家长通过力所能及的家务劳动帮助孩子树立积极正确的劳动观念和劳动意识,形成劳动习惯,使孩子成为具有独立生存能力的、有责任感的社会人。[2]

(二)明确家庭是开展劳动教育重要场所

《意见》中指出"劳动教育是中国特色社会主义教育制度的重要内容,直接决定社会主义建设者和接班人的劳动精神面貌、劳动价值取

---

① 曾天山:《新时代中国特色社会主义劳动教育的本质与独特价值》,载《劳动教育评论》(第一辑),2020 年 3 月,第 2 页。

② 朱桃英:《对家庭劳动教育中存在问题的调查及思考》,载当代教育科学,2003 年第17 期,第 23—27 页。

向和劳动技能水平。"由于近年来一些青少年中出现了不珍惜劳动成果、不想劳动、不会劳动的现象,劳动的独特育人价值在一定程度上被忽视,劳动教育正被淡化、弱化。因此,全党全社会必须高度重视,采取有效措施切实加强劳动教育。家庭是开展劳动教育的重要场所,近年来我们也看到一些家长为了让孩子一心学习,包揽孩子日常生活,不让孩子参与任何劳动,包括基本的自理活动,结果造成孩子高分低能,让孩子形成不尊重劳动人民和劳动成果的情况,重视家庭劳动教育,具有极为重要的意义。

首先,有利于培养孩子的责任感。孩子从小做力所能及的家务事,就会在不断的实践中认识到自己是家庭中的一员,应该承担一份家务劳动。渐渐地就对家庭产生一种责任。这种家庭责任感也是以后社会责任感的基础。其次,有利于增强孩子的智力。在从事家庭劳动的过程中,孩子的双手被充分利用,这样能促进孩子左右脑的开发,促进逻辑思维和形象思维的协调发展,有助于提高学习能力。家庭劳动还能培养孩子观察、分析、判断创造能力和动手能力。第三,有利于培养孩子的审美情趣。美,来自生活,来自劳动。孩子的审美情趣,就是从家务劳动,从日常的具体的洗涤、打扫、整理、布置、帮助他人、关心他人等实实在在的劳动实践中逐步培养起来的。第四,有利于培养孩子的社会交往能力。家务劳动,也需要与外界交往。如采购、邻居往来、公益事务等。让孩子去做这些事,孩子会逐步学会怎样与他人打交道,提高交往能力。第五,有利于增强孩子的社会应对能力。一个人的家务劳动能力强,生活技能也高,独立生活能力就强,从而对生活充满自信心,能独立面对各种困难,许多青年人生活能力差,缺乏自立意识和能力,所处环境稍有变化,就很难适应,究其原因,其中主要是从小缺乏家务劳动锻炼。最后,通过系列的劳动实践和劳动教育,使孩子形成正确劳动观,价值观,帮助孩子认识劳动本质,养成劳动习惯。"领悟劳动的意义价值,形成勤俭、奋斗、创新、奉献的劳动精神。"

三、当代家庭劳动教育对传统家庭劳动教育的继承与发展

虽然在当代家庭劳动教育的内涵随着时代的发展在不断地演变，并在新的时代赋予新的意义。但是作为中华优秀传统文化的重要载体和组成部分，我国传统家庭文化中有关劳动教育的思想依然在今天的家庭劳动教育中得到传承和发展。

（一）亘古不变的传承"勤劳"

劳动养成教育即是让孩子形成有意识地参与劳动，积极劳动，愿意劳动，并且从劳动过程中体验要快乐和成长。其中包括：养成热爱劳动、乐于助人、自理的习惯及勤俭朴素、踏实肯干、刻苦耐劳、诚实守信、讲求纪律、团结协作等优良品质；参与孝亲、敬老、爱幼等方面的劳动；具有通过诚实合作劳动创造成果生活的意识和行动等。①2013 年 4 月 28 日在习近平同劳动模范代表座谈会的讲话"'一勤天下无难事。'必须牢固树立劳动最光荣、劳动最伟大、劳动最美丽的观念，让全体人民进一步焕发劳动热情，释放创造潜能，通过劳动创造更加美好的生活。人民创造历史、劳动开创未来。劳动是推动人类社会进步的根本力量。幸福不会从天而降，梦想不会自动成真。实现我们的奋斗目标，开创我们的美好未来，必须紧紧依靠人民、始终为人民，必须依靠辛勤劳动、诚实劳动、创造性劳动。我们说'空谈误国，实干兴邦'，实干首先就要脚踏实地劳动。"家庭教育过程中帮助孩子养成勤劳的习惯在我国传统的劳动教育过程中也是家庭教育中的主要内容，传统教育中的勤劳节俭一直被重视，因而也留下了"耕读传家久"的传统。勤，是中国传统文化对劳动最基本、最核心的定位。"民生在勤，勤则不匮"，"功崇惟志、业广惟勤""天道勤""业精于勤"都道出了中国人愿意通过脚踏实地的艰辛劳动获得幸福与成功的渴望，这是任何时候都

---

① 核心素养课题组：《中国学生发展核心素养》，载《中国教育学刊》，2016 年第 10 期，第 3 页。

不会过时的宝贵品质。即使在生产力高度发达的今天,我们依然要让学生进行必要的体力劳动。因为这种劳动最能让孩子体悟劳动的本真含义,感受到在劳动和创造中播种希望、收获果实、磨炼意志的艰辛与快乐。

家长在日常生活中可以通过以下措施帮助孩子养成劳动习惯。首先,积极主动承担家务劳动。家庭成员不论在外工作是什么,回到家庭就应该分担家庭劳动,家庭成员之间合理分配家务,自然就给孩子培养参与家庭劳动的责任和意识,同时也给孩子示范正确的社会角色,等孩子长大成人以后也能自然过渡到自己的家庭日常生活的处理。其次,热爱自己的职业。2016 年 4 月 26 日习近平在知识分子、劳动模范、青年代表座谈会上讲话"'人生在勤,勤则不匮。'幸福不会从天而降,美好生活靠劳动创造。劳动没有贵贱之分,任何一份职业都很光荣。广大劳动群众要立足本职岗位诚实劳动。无论从事什么劳动,都要干一行,爱一行,钻一行。"因此家长,不论处在怎么样的工作岗位,都要努力奋斗,坚守岗位,认真负责,守职敬业,为孩子树立正确的职业意识,让孩子明白做好自己的本职工作就是平凡中的伟大。正如习近平 2020 年 4 月 30 日给郑州方圆集团全体员工讲话所说"伟大出自平凡,英雄来自人民。面对这次突如其来的疫情,从一线医务人员到各个方面参与防控的人员,从环卫工人、快递小哥到生产防疫物资的工人,千千万万劳动群众在各自岗位上埋头苦干、默默奉献,汇聚起了战胜疫情的强大力量。希望广大劳动群众坚定信心、保持干劲,弘扬劳动精神,克服艰难险阻,在平凡岗位上续写不平凡的故事,用自己的辛勤劳动为疫情防控和经济社会发展贡献更多力量。"最后,在工作中要勇于创新和钻研。父母在自己的岗位上要表现出对职业的钻研精神,能够用心做好岗位工作,同时在自己的领域认真研究,尽量把工作完成得更好。

（二）勤劳从家务开始，注重身体力行

《意见》要求"家庭要发挥在劳动教育中的基础作用。在日常生活中，要时常教育他们也是家庭中的一部分，家庭中的家务也需要他们承担。教孩子做一些由简单到复杂的劳动，不但要在家参与父母的劳动，也要到学校或者社会上参加劳动，并告诉孩子一定要长久坚持，这样才会收获很多。注重抓住衣食住行等日常生活中的劳动实践机会，鼓励孩子自觉参与、自己动手，随时随地、坚持不懈地进行劳动，掌握洗衣做饭等必要的家务劳动技能，每年有针对性地学会 1 至 2 项生活技能。"其中的家务劳动，既包括学生生活上的自理，也包括家庭日常生活中必须做的事：洗衣、做饭、洗碗、打扫房间、购买日用品、照顾老人或病人等。对于教务劳动应该特别强调劳动的"日常性"，家务活动很多时候是固定的内容，每天都要做的事情，孩子在日常的活动中养成劳动的习惯，比如人民日报曾经发布《孩子学做家务年龄表》，见表1，列举了不同年龄段孩子可以参与的加活动，也在引导家长有意识地培养孩子参与家务劳动的习惯。

表 1　孩子做家务年龄表

年　　龄	家务内容
9—24 个月	给予孩子简单指示，让孩子自己拿汤勺吃饭。
2—3 岁	1. 在家长的指导下，把垃圾扔进垃圾桶； 2. 当家长请求帮忙是帮忙拿取东西； 3. 帮忙把衣服挂在衣架上； 4. 照顾植物； 5. 晚上睡觉前整理自己的玩具。
3—4 岁	1. 摆放碗筷和椅子； 2. 照顾植物、喂宠物； 3. 睡前帮忙铺床，如拿枕头、被子等； 4. 饭后自己把碗盘放到厨房水池里； 5. 帮忙把叠好干净的衣服放回衣柜； 6. 把自己的脏衣服放到装脏衣服的篮子里。

续表

年　龄	家务内容
4—5 岁	1. 自己铺床； 2. 饭前准备餐桌； 3. 饭后收拾餐桌,把脏餐具放回厨房； 4. 把洗好的衣服叠好(家长要交给孩子如何正确折叠不同的衣服)； 5. 自己准备第二天要穿的衣服； 6. 将自己用完的毛巾、牙刷挂好、放整齐。
5—6 岁	1. 帮忙擦桌子； 2. 帮忙换床单； 3. 自己准备第二天去幼儿园要用的书包和要穿的衣服等； 4. 收拾房间,养成把乱放的东西捡起来并放回原处的习惯。
7—12 岁	1. 能在父母的帮助下洗碗盘； 2. 做简单的饭； 3. 擦地； 4. 清理洗手间； 5. 会用洗衣机
13 岁以上	1. 日常家务； 2. 清理冰箱、灶台等

　　美国哈佛大学对波士顿地区 456 名少年长达 20 年的跟踪研究显示"爱做家务的孩子跟不爱做家务的相比,失业率为 1:15,犯罪率是 1:10,收入比后者高 20%,而且婚姻更幸福。此外,离婚率和心理疾病患病率也较低。"[1]国内研究机构对全国 2 万个小学生家庭进行的调查也表明,孩子做家务的家庭比不做家务的家庭,孩子成绩优秀的比例高了 27 倍。据相关统计,中国孩子每日平均劳动时间是 11.5 分钟,美国为 72 分钟,韩国为 42 分钟,英国为 36 分钟,法国为 30 分钟,日本为 24 分钟。[2]我国有 72.3% 的学生劳动不主动,有 35.6% 的孩子从

---

[1]　鲍忠良:《青少年学生劳动教育现状的实证研究》,载《教育探究》,2013 年第 8 期,第 91 页。

[2]　李林:《谈谈家庭劳动教育对形成孩子优良品德的意义》,载《江西教育科研》, 1997 年第 6 期,第 45—67 页。

来不干家务,53.3%的孩子每天从事家务劳动的时间不超过 20 分钟。由于职业期望和价值观的原因,家长重智轻劳,逐渐剥夺了孩子的劳动权利,64.7%的家庭不要孩子做家务,当孩子以学习为由拒绝做家务时,93.8%的家长表示妥协。[①]经常参与做家务的孩子,有较强的责任感,做事情的主动性也比较高,更容易体会到他人的感受,关爱到别人的情绪。因此,家长一定要认识到日常生活中通过家务活动对孩子进行劳动教育的重要性。

家长在引导孩子做家务的过程中还需要注意一些问题。首先,由简到难,循序渐进。要做的劳动一定要在孩子的承受范围之内,不要让孩子做一些完成不了的劳动。家长可以引导孩子先从服务自己的简单事情做起,锻炼生活自理能力,比如自己用勺子吃饭,逐渐过渡到能够使用筷子;自主拿衣服、穿衣服,收拾玩具等。在孩子做家务的过程中家长引导并且告诉孩子正确的方法,比如示范穿衣服的动作要点。其次,真诚的赞美。作为家长的我们,要时常激发孩子的劳动积极性,以身作则,参与到劳动中去;我们要适当的鼓励与引导孩子,引发孩子对劳动的积极性,发挥劳模榜样的作用。我们可以用比较轻松愉快的方式教导孩子做家务,当孩子做得不够完美时,我们千万不要嫌弃批评孩子做得不好,或是给孩子重新示范,这样会大大打击孩子的积极性。真诚赞美不要等家务完全做完后再称赞孩子,可以在做家务的过程中称赞,且称赞要具体,让孩子感受到父母发自内心的赞美。这样能够很好地增加孩子做家务的效率。最后,学会放手,不要以为孩子太小还不能做家务。可以尝试着给宝宝做很多家务事,比如 2 岁左右的孩子在自我意识形成的过程中会出现我要自己做的强烈意识,家长在给孩子穿衣服的时候可以给孩子留一些自己动手的机会,比如

① 易杏:《家庭教育:在缔结中华民族的未来》,载《人大复印》,1996 年第 1 期,第 42—54 页。

自己提裤子、袜子等。自己把脚放到鞋子里面扣上，让孩子们边干边学，在学习中成长的。孩子在自己动手的过程中国逐渐体会到劳动的快乐，看似简单的家务劳动，带给孩子的独立、自信、自强都是一生的财富。

（三）劳动能力和劳动精神培养并重

当下家庭文化中关于劳动的教育内容更加丰富，形式也更加多样。劳动教育包括劳动观念、劳动精神、劳动能力、劳动习惯。家庭劳动教育也应该是围绕这一目标进行，因为家庭教育的特殊性，所以家庭劳动教育也有区别与学校劳动教育的不同的侧重点。新时代劳动教育是要培养人的劳动幸福观和"劳动最光荣、劳动最崇高、劳动最伟大、劳动最美丽。"檀传宝认为"劳动价值观"是劳动素养的核心内涵。[1]应该从劳动观念、劳动态度、劳动习惯和品质、劳动情感、劳动知识、劳动技能、劳动思维 7 个方面培养学生劳动素养。[2]因此家庭劳动教育的重心也应该是围绕劳动价值观展开这些方面的教育。但是在家庭中要有具体的教育内容和形式促进劳动价值观的形成。根据表 2 中小学生劳动素养评价指标框架，[3]结合家庭教育的特点我们认为家庭劳动教育的内容应该包括：基本的生活自理能力教育，服务自己掌握基本日常家务以及安排衣食、住、行的基本技巧；劳动习惯养成教育，家庭是孩子的第一所学校，要在家庭帮助孩子养成劳动习惯；另外是劳动精神和价值观培养的培养。具体我们从以下几个方面分析。

---

①　檀传宝：《开展劳动教育必须解决好三大理论问题》，载《人民教育》，2019 年第 17 期，第 34 页。

②　卓晴君：《劳动教育培养学生核心素养的关键工程》，载《创新人才教育》，2017 年第 1 期，第 35 页。

③　曹飞：《中小学生劳动素养评价指标体系探析》，载《劳动教育评论》（第一辑），2020 年 3 月，第 54 页。

表2 中小学劳动素养评价指标体系框架

视角	内在心理品质视角			
	纬度	知识观念技能	情感态度	行为习惯
外部社会需要视角	德性劳动	"四最"劳动价值观、劳动助我成长、认识生产劳动、职业理解、摒弃不劳而获	热爱劳动、致敬榜样、敬业求精、感恩奉献，责任担当、尊重劳动(者)、体会劳动艰辛	自理自立、完成劳动作业、分担家务、志愿劳动、辛勤劳动、诚信劳动
	智慧劳动	掌握基本劳动技术、目标意识和计划性、尊重客观规律	积极主动、细心自信、意志坚定、专注严谨	勤俭环保、使用工具、问题解决、踏实肯干、刻苦耐劳
	健康劳动	安全保护、量力而行	劳动兴趣、乐观负责	劳逸结合、自我调节
	美感劳动	认识劳动创造美	劳动文明、劳动情趣	舒适得体、分享收获
	创新劳动	了解新技术、独立思考、反思批判、科学方法、成就意识	开放、理解、包容、创建和谐氛围、感悟劳动幸福	多元合作、创意物化、探究应变、自我实现

（四）尊重个性 强调发展 注重创新

从古至今在家庭劳动教育的过程中依然强调源于生活、以身作则、躬身示范等基本方法，但是在当前社会发展的过程中，与传统家庭劳动教育相比，对于孩子的教育我们更加注重孩子个性发展的差异性，关注孩子的能力发展过程，强调孩子创新思维和能力的培养。劳动教育过程中关注劳动观念、技能、情感等能力培养的同时注重孩子劳动思维的培养。

1. 注重劳动教育的生活化

"真正的劳动，就是每天坚持做好自己应该做的家务事：自己叠被子、整理房间，自己做早点，晚饭后洗碗；主动购买家里需要的东西；清理卫生间、盥洗间，自己洗衣服；周末打扫家里的卫生……这一切融于日常生活的劳动，远比参加'夏令营'等游戏式的'劳动'要有意义得多。"①作为家长要根据孩子的年龄特点有意识地培养孩子养成做家务的好习惯，注意日常提醒和监督。学生做家务最大的意义就是自立能力的自我培养。这就是古人所说"一屋不扫，何以扫天下！"日常生活中的自我服务，居家环境卫生。

2.关注孩子身心发展特点，重视个体差异

"在任何劳动中，都允许有正常的疲劳，但是绝不允许过度地耗费体力和神经系统。所谓儿童劳动的量力性，不仅是指体力负担要适合儿童的力量，而且要求把体力劳动和脑力劳动正确地交替进行，以及变换劳动活动的种类。"②因此对孩子进行劳动教育时，要根据孩子的生理和心理特点进行。孩子在两三岁时喜欢模仿大人做事情，看到大人做什么都想去尝试，跟着大人做。2—6岁是孩子正常的对劳动产生兴趣的时期，大人一定要保护好孩子的兴趣与好奇心，允许孩子参与进来，并且要演示给孩子，手把手地去教孩子如何做。由于这个阶段孩子各方面的发育没有完成，手、脑、肢体运动不是很协调，也许越帮大人越惹来更多的麻烦，大人要有充足的耐心和爱心，接纳孩子犯错，因为只有在不断地锻炼中，孩子才能提高做家务的技巧，越来越熟练。在这个阶段，可以让孩子自己吃饭，做简单的家务，比如，给花浇水、松土、施肥、拔草、种植、扣纽扣、系鞋带、拉拉链、给娃娃喂饭、替大人拿东西或递东西、整理衣物、整理玩具，逐渐过渡到自己穿衣，收拾整理自己的物品，参与力所能及的劳动。

小学低年以个人生活起居为主要内容，开展劳动教育，注重培养劳动意识和劳动安全意识，使学生懂得人人都要劳动，感知劳动乐趣，爱惜劳动成果。家长可以指导孩子：(1)完成个人物品整理、清洗，进

① http://paper.chinateacher.com.cn/zgjsb/html/2020-06/03/content_580657.htm?div=-1.李镇西.家务劳动就在简单生活中.中国教师报,2020年6月3日第7版.

② 蔡汀、王义高、祖晶莹:《苏霍姆林斯基选集五卷本》(第一卷),北京:教育科学出版社,2001年,第228页。

行简单的家庭清扫和垃圾分类等,树立自己的事情自己做的劳动意识,提高生活自理能力;(2)参与家务劳动,主动维护居家内外环境卫生等,整洁卫生习惯;(3)进行简单手工制作,照顾家中的动植物,关爱生命,热爱自然。小学中高年级:家庭劳动主要为引导孩子体会劳动光荣,尊重普通劳动者,初步养成热爱劳动、热爱生活的态度。指导孩子:(1)参与家居清洁、收纳整理,制作简单的家常餐等,每年学会1—2项生活技能,增强生活自理能力和勤俭节约意识,培养家庭责任感;(2)参加家庭卫生保洁、居家环境美化等,和家长一起适当参加社区环保、公共卫生等力所能及的公益劳动,增强公共服务意识;(3)在养殖动物植物过程中,初步体验种植、养殖、手工制作等简单的生产劳动,初步学会与家人和他人合作劳动,懂得生活用品、食品来之不易,珍惜劳动成果。

初中阶段家庭教育要引导孩子体会劳动创造美好生活,养成认真负责、吃苦耐劳的劳动品质和安全意识,增强公共服务意识和担当精神。家长可以引导孩子:(1)承担一定的家庭日常清洁、烹饪、家居美化等劳动,进一步培养生活自理能力和习惯,增强家庭责任意识;比如,房间整理,每周帮忙刷几次碗,拖地等;(2)引导孩子参与助残、敬老、扶弱等服务性劳动,初步形成对学校、社区负责任的态度和社会公德意识;(3)带领孩子参加职业体验,适当体验包括金工、木工、电工、陶艺、布艺等项目在内的劳动及传统工艺制作过程,尝试家用器具、家具、电器的简单修理,参与种植、养殖等生产活动,学习相关技术,获得初步的职业体验,形成初步的职业生涯规划意识。

普通高中家长主要引导理解劳动创造价值,接受锻炼、磨炼意志,具有劳动自立意识和主动服务他人、服务社会的情怀。家长可以指导孩子:(1)持续开展日常生活劳动,增强生活自理能力,固化良好劳动习惯,比如承担家长固定的家务劳动;(2)了解父母的职业岗位。带领孩子经历自己真实的岗位工作过程,获得真切的职业体验,培养职业兴趣;引导孩子积极参加大型赛事、社区建设、环境保护等公益活动、志愿服务,强化社会责任意识和奉献精神。值得注意的是,不论哪个阶段的孩子,我们在引导他们进行劳动时都不能要求得太多太细。我们的主要目的是让孩子认识到努力劳动的价值,并且我们是希望他们能获得成就感,而不是挫折和失败。因此,在每次劳动任务结束后,不论他们做得多么糟糕,你都要找出闪光点,并对其进行适当的表扬。你对孩子完成的工作的评价和反应,会影响孩子对待家务劳动的态度。时常对他们完成的家务活儿给予赞赏,让孩子从小就明白,操持一个家,这些劳动是必不可少的。

3. 重视劳动习惯养成尊重孩子的意愿

家长可以和孩子一起制定家务劳动分工计划,培养孩子从小就要有"我是家庭的小主人,家里的活儿我要干"的意识。每当进行像家务整理这样全面而又细碎的家务劳动时,父母应该和孩子一起制定一个家务劳动分工计划,全家人先列出一个劳动项目,再讨论具体分工。制定计划时,要根据孩子的生理和心理特征,充分尊重孩子的意见,将所有家务劳动进行细化分工,随后按照分工进行劳动。这样孩子就有了一个固定的劳动岗位,也就无形中给了必须完成工作任务的动力。在劳动的过程中,父母一定要注意彼此之间互相协作,既要保证自己所"承包"的劳动任务圆满完成,还要注意帮助对方。这种分工明确但互帮对方的劳动方式,能让孩子明白自己工作的必要性,也能充分理解团队合作的重要性。

4. 重视家长言传示范

"广大家庭都要重言传、重身教,教知识、育品德,身体力行、耳濡目染,帮助孩子扣好人生的第一粒扣子,迈好人生的第一个台阶。"这是 2016 年 12 月 12 日,习近平在会见第一届全国文明家庭代表时的讲话专门强调的。家长要充分发挥自身在劳动教育中的言传身教和模范带头作用。"家长要时时处处给孩子做榜样,用正确行动、正确思想、正确方法教育引导孩子。要善于从点滴小事中教会孩子欣赏真善美、远离假丑恶。要注意观察孩子的思想动态和行为变化,随时做好教育引导工作。"家长首先在思想上要尊重劳动,并把这一观念传递给孩子。

在中国传统的学而优则仕的观念影响下,一些家长片面地认为考上理想的大学才是衡量孩子成才的标准,在这种片面人才观的影响下,父母在日常的言行中会不自觉地流露出对体力劳动的歧视,而一旦孩子在潜移默化中接受了轻视劳动的思想,整个家庭劳动教育可能注定走向失败。家长要积极投入到家庭劳动中来,并引导鼓励孩子参与家庭劳动。孩子的模仿力是难以想象的,孩子的想象迁移力也是无穷的。如果父母对家务劳动总是互相推诿,甚至把劳动作为一种教育的惩罚,孩子就会把劳动当作不愉快的事情,不会对劳动有好感;如果父母二人都乐于承担家务劳动,就会使孩子产生参加劳动是愉快的,也就愿意积极参加其中。在每项劳动结束后,父母都应该记得肯定对方的劳动成果,尤其是孩子完成劳动任务后,家长更应该及时予以积极的表扬,使孩子由衷地产生一种自信心和自豪感,愿意做这样的事。

劳动是一般素养在教育过程中的"学以致用",或者德智体美学习之后的"理论联系实际"环节。这就意味着:劳动教育应当通过特定劳动实践形式与教育目的的自觉衔接,实现对受教育者德、智、体、美诸素养之"理论联系实际"的培养。因此家庭劳动教育切记只是动手、流汗,应该注重既要与劳动更要有教育。家长对劳动的理解和示范的榜样作用极为重要。

小结:

人世间的一切幸福都需要靠辛勤的劳动来创造。劳动是财富的源泉,也是幸福的源泉。劳动意识,劳动行为,劳动习惯是在生活中逐渐养成的,因此家庭是劳动教育的重要场所,父母的劳动的观念是潜移默化中传递给孩子的。社会分工越细,劳动的内涵也越丰富,但是不论何时引导孩子服务自己,服务社会是不变的话题。劳动习惯的养成会让孩子自己主动学习,做事更有条理,并会合理安排自己的时间。劳动能力越强,孩子的自信心就会越足,交往能力也会变得更强。应该让孩子明白现在的生活来之不易,一定要珍惜当下,学会劳动并尊重别人的劳动成果。父母应该引导孩子树立辛勤劳动、诚实劳动、创造性劳动的理念。要教育孩子们从小热爱劳动、热爱创造,通过劳动创造播种希望、收获果实,也通过劳动和创造磨炼意志、提高自己。

后　记

　　经过课题组成员一年多时间的共同努力，几易其稿，这本书终于成形。这其中蕴含着课题组成员大量的心血和辛勤付出，然而由于种种原因，离写作的初衷仍有较大差距，只能是阶段性的成果。

　　本书力图从文化的角度来回顾和剖析我国传统的家庭教育，以便更好地为今天的家庭教育、学校教育和社会教育提供借鉴和启示，推进新时代教育高质量发展，以满足人们日益增长的美好生活需要。然而由于课题组成员对传统文化的理解的差异、对从文化视角看教育的侧重点各有不同，以及从现代教育的"德智体美劳"五个方面去分析传统家庭教育的时代差异，再加上涉及学科广泛，资料收集有限，确有研究的现实困难，导致本书的初衷并未完全实现。问题始终存在，研究永远在路上，为了把本书这一阶段性成果更好的归纳，以便于读者掌握，下面做一简单小结。

　　关于传统家庭德育。中国传统家庭德育内容极其丰富，方法较为灵活，在家国同构的中国传统社会，家庭德育已成为社会德育的重要组成部分，并且是私学等学校德育的核心要素，这使得家庭德育在整个人生教育中基础性地位更加凸显，使得一家一族的家庭道德规范逐步融入到全民族、全社会的道德准则中，如《颜氏家训》、《朱子家训》、《弟子规》《曾国藩家书》等。尽管传统家庭德育由于社会历史局限和阶级意识不同而存在诸多缺陷，但其包含的仁爱孝悌、励志成才、治家兴业、睦邻友好、乐善好施、诚实守信和位卑不敢忘忧国的民族气节与爱国情怀等思想已经成为中华民族的精神财富；其重视环境育人，采取言传身教、因材施教、循序渐进等灵活多变的教育方法，对当前家庭

276

教育、社会教育和学校教育具有极其重要的学习和借鉴价值。

在当前复杂的社会环境和竞争激烈的学校教育的大背景下，如何做好新时代家庭德育，既是家庭的课题、教育的课题，也是时代的课题。我们需要从传统家庭德育思想与方法中汲取养分，并赋予其新的时代内涵。更需要从文化的角度去重新定义家庭德育的核心要素，建立新的适应时代发展要求的家庭德育体系。

关于传统家庭智育。智育是一个历史范畴，亦是一个文化范畴。智育的产生、发展都是随着文明的发展而不断演进。中国古代的家庭智育不仅是古代智育的一个重要组成部分，而且也是中国历史文化体系中的一个重要方面。在中国传统家庭智育文化中，中国的父母以其特有的观念和方式教育自己的子女，以实现人类知识、智力的保存、传承和发展，力所能及地将人类创造的文明和积累的知识一代代地传递下去。然而，由于在传统社会中，父母本身所受的系统的知识教育的有限性，很大程度上局限了传统家庭智育的普遍实施，一定程度上变成了读书人家的专利。中国传统家庭智育的目的主要包括传授子女基础知识和基本技能、发展智力、培养实践能力等。其内容主要包括经学教育、写作教学、生活训练和技术传承。在智育的培养上遵循持之以恒、及早施教、智德统一的基本原则。

如前所述，由于中国古代家庭中父母本身文化水平的程度，很大程度上局限了家庭智育的普遍实施，一定程度上家庭智育成为了读书人家的专利；同时由于古代家庭中父为子纲的局限，在家庭智育中，容易忽略儿童的主体性，存在忽略儿童身体心理发展规律而强调死记硬背，注重间接的知识经验而忽略孩子的直接体验等问题。今天，父母受教育程度的普遍提高为家庭智育的普遍实施提供了可能，但家长受教育的水平依然参差不齐，差异较大；此外，今天家长工作的压力和繁忙程度也对家庭智育的开展形成了挑战，家庭智育逐渐有向学校教育转移和过渡的倾向。

关于传统家庭体育。中国传统家庭体育其涵盖的内容非常广泛，不仅涉及受教育者的日常生活、身体健康,还涵盖受教育者的心理健康,具体内容主要包括饮食养生、运动坐卧以及心理健康教育等。传统家庭体育施教理念注重遵循育人规律,强调健康第一,方法上注重言传身教、动静结合,这些理念和方法都十分可贵。"言传身教"、"榜样示范"、"宽松的体育环境"等中国传统家庭体育的要求,给现代体育教学和社会体育教育有很大的启发,当前在强调五育并举的教育理念下,在现代快节奏、高压力的生活工作环境下,传统家庭体育有着更强的现实借鉴意义。当然在中国传统家庭教育中也存在注重身体健康教育而忽略心理健康教育的问题,存在家庭体育教育手段和方式单一的问题,存在家庭体育教育科学性、规律性不够的问题,这些都需要我们在新的时代赋予现代家庭体育、学校体育、社会体育更多的新的时代内涵。

关于传统家庭美育。美来源于生活又高于生活,一个民族审美的能力和水平代表着一个民族文化和文明的程度。而一个人的审美能力的养成最早即来源于家庭的熏陶和父母的教育引导。中国传统家庭美育教育以追求仁爱的人伦美、强调天人合一的自然美、重视艺术熏陶的艺术美为主要内容多层次的展开。我国传统社会审美的能力是独特而深刻的,无论是棋琴书画,还是诗经、汉赋、唐诗宋词元曲明清小说,我国传统社会审美的高度、宽度和深度都达到了一定的水准,并在世界上产生了积极而广泛的影响。当然,受制于生产力发展的不均衡和阶级阶层的分化、父母受教育的程度,同传统家庭智育一样,传统家庭美育的发展在不同的家庭也是极不均衡的。当一个家庭总是在为生计和温饱而努力挣扎时,我们很难想象父母能给孩子多好的美育教育。同样,当一个人的生存和发展不是依靠成熟的社会建设,而是依靠家庭和家族时,中国传统家庭美育思想以有为于世、光宗耀祖成了家庭和家族的不二选择,这些都似乎削弱了我国传统家庭美育教育在古代中国的地位。

近现代以来,"以美育代宗教"、三育并举、五育并举等观点颇为流行,特别是马克思美育思想具有举足轻重的地位。马克思美育思想与中国传统家庭美育思想相结合,推动我国家庭美育和整体美育思想的完善和发展。中国传统家庭美育利用家族荣誉感进行鼓励式教育,具有宽严相济、情理交融、育人为先、不求功利、以身作则、言传身教等特点,注重哲理思辨及艺术熏陶等方法,对当代的家庭美育教育、学校美育仍有启发和借鉴意义。

关于传统家庭劳育。中国传统劳动教育源于农耕文明,强调通过耕种创造物质生产资料,满足生存需要。由于我国是传统的农业大国,重视农业生产,确保农业丰收、农民安居乐业,促进社会稳定成为古代社会当政者的立国之本;由于长期重农抑商,农民没有其他收入,随着人口增长又必须生产更多的粮食,因此农业和劳动又成为广大民众的安身立命之本。所以在我国古代社会,无论是上层统治阶级还是下层民众一直高度重视农业和农业生产,并在此基础上形成了整个社会都高度重视的劳动观念,形成了耕读并重的传统文化。当然当时的劳动观念是侧重指农业生产,且随着社会发展逐渐形成"劳心者治人,劳力者治于人"的观念。这些都是我国传统家庭劳动教育的不足。

我国传统家庭劳动教育注重劳动态度的培养和勤劳习惯的养成,家长通过言传身教、寓教于劳、说理等方式将勤劳简朴、以简持家,自力更生等思想观念传承给子女。但是总体上轻视体力劳动,崇尚功名,以为官为荣,这样的观念根深蒂固。社会发展至今天,我们对劳动的认识更加的宏观,更加明晰劳动是社会发展的基本动力,不同的职业只是社会分工不同,劳动教育强调专业精神、职业精神、劳动精神。当下"勤劳"依然是家庭劳动教育的核心,家庭劳动教育的目的在于培养孩子热爱劳动、尊敬劳动、珍惜劳动成果的好习惯并获得一些基本的生产知识和劳动技能,引导孩子树立辛勤劳动、诚实劳动、创造性劳动的理念。使孩子成为具有独立生存能力的、有责任感的社会人。

几经寒暑假,课题组成员,把这一过程的研究成果成书,数次修改成终稿。本书的任务分工如下:张立驰承担本书的选题与结构、分工与统筹,部分章节撰写与全书定稿;其中德育由张文禄、张立驰执笔,劳育由金玲、张立驰执笔,其余智育、体育、美育章节分别由金柱伟、张艳丽、郭红超执笔,后记由张立驰执笔。

在后记的最后,我们带着遗憾相互鼓励,好在只是不成熟的阶段性成果,起点不决定终点,我们会继续努力,对所有的批评我们都虚心接受。相信在各位读者的批评指正下,在大家继续深入研究中,一定会有更好的、更深入系统的研究成果不断呈现。

张立驰

2022 年 9 月 10 日

图书在版编目(CIP)数据

中国传统家庭文化的现代教育价值研究/张立驰等著.—上海:上海三联书店,2023.6
ISBN 978 - 7 - 5426 - 8132 - 4

Ⅰ.①中… Ⅱ.①张… Ⅲ.①家庭文化-家庭教育-研究-中国 Ⅳ.①G78

中国国家版本馆 CIP 数据核字(2023)第 106680 号

中国传统家庭文化的现代教育价值研究

著　者 / 张立驰　等

责任编辑 / 殷亚平
装帧设计 / 徐　徐
监　制 / 姚　军
责任校对 / 王凌霄

出版发行 / 上海三联书店
　　　　(200030)中国上海市漕溪北路 331 号 A 座 6 楼
邮　箱 / sdxsanlian@sina.com
邮购电话 / 021 - 22895540
印　刷 / 商务印书馆上海印刷有限公司

版　次 / 2023 年 6 月第 1 版
印　次 / 2023 年 6 月第 1 次印刷
开　本 / 640 mm × 960 mm　1/16
字　数 / 250 千字
印　张 / 18.5
书　号 / ISBN 978 - 7 - 5426 - 8132 - 4/G · 1677
定　价 / 78.00 元

敬启读者,如发现本书有印装质量问题,请与印刷厂联系 021 - 56324200

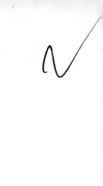